Reconstrução e emancipação

FUNDAÇÃO EDITORA DA UNESP

Presidente do Conselho Curador
Mário Sérgio Vasconcelos

Diretor-Presidente
Jézio Hernani Bomfim Gutierre

Superintendente Administrativo e Financeiro
William de Souza Agostinho

Conselho Editorial Acadêmico
Danilo Rothberg
Luis Fernando Ayerbe
Marcelo Takeshi Yamashita
Maria Cristina Pereira Lima
Milton Terumitsu Sogabe
Newton La Scala Júnior
Pedro Angelo Pagni
Renata Junqueira de Souza
Sandra Aparecida Ferreira
Valéria dos Santos Guimarães

Editores-Adjuntos
Anderson Nobara
Leandro Rodrigues

LUIZ REPA

Reconstrução e emancipação

Método e política em Jürgen Habermas

Prefácio
Vinicius Berlendis de Figueiredo

© 2021 Editora Unesp

Direitos de publicação reservados à:
Fundação Editora da UNESP (FEU)
Praça da Sé, 108
01001-900 – São Paulo – SP
Tel.: (0xx11) 3242-7171
Fax: (0xx11) 3242-7172
www.editoraunesp.com.br
www.livrariaunesp.com.br
atendimento.editora@unesp.br

Dados Internacionais de Catalogação na Publicação (CIP) de acordo com ISBD
Elaborado por Vagner Rodolfo da Silva – CRB-8/9410

R425r

Repa, Luiz
  Reconstrução e emancipação: método e política em Jürgen Habermas / Luiz Repa. – São Paulo: Editora Unesp, 2021.

  Inclui bibliografia.
  ISBN: 978-65-5711-022-5

  1. Filosofia. 2. Política. 3. Método. 4. Jürgen Habermas. 5. Filosofia alemã. I. Título.

2021-543

CDD 193
CDU 1(43)

Esta publicação contou com apoio da FAPESP
(Processo nº 2020/01075-8).

Editora afiliada:

Asociación de Editoriales Universitarias
de América Latina y el Caribe

Associação Brasileira de
Editoras Universitárias

Para Renata

Sumário

Prefácio: Havia um debate no meio do caminho   9
Vinicius Berlendis de Figueiredo

Apresentação   17

1 – Reconstrução e crítica imanente   25
2 – Reconstrução e reflexão transcendental   103
3 – Reconstrução e filosofia da história   125
4 – Encolhimento da moral, abertura para a política: sobre as transformações da teoria do discurso   147
5 – A normatividade do discurso: sobre a neutralidade do princípio do discurso em relação ao direito e à moral   165
6 – A teoria reconstrutiva do direito: a gênese lógica do sistema dos direitos fundamentais   189
7 – Transparência e publicidade: política deliberativa e a esfera pública em Habermas   205

Considerações finais   227
Lista de abreviaturas   231
Referências bibliográficas   233

Prefácio
Havia um debate no meio do caminho

Vinicius Berlendis de Figueiredo

Evocando a trajetória intelectual de G. Lebrun numa conferência em sua homenagem, José A. Giannotti diz não ter se dado conta do embaraço em que pôs o amigo, quando lhe encomendou redigir a orelha de *Origens da dialética do trabalho* (1966). À época, os estudos de Lebrun sobre Hegel já o haviam persuadido de que a dialética especulativa não passava de uma certa maneira de falar, de uma "retórica" voltada para deglutir e incorporar qualquer objeção que lhe fosse dirigida de fora. Nos antípodas dessa interpretação nada edificante, Giannotti, refazendo as etapas da transformação da dialética hegeliana na dialética materialista de Marx, insistia na tese de que a realidade é atravessada de ponta a ponta pela contradição. Em seu movimento dialético, a reflexão seria objetiva, assim como a própria objetividade, reflexionante. Conforme Giannotti, longe de ser apenas um modo de falar, somente a dialética seria capaz de refazer a gênese contraditória do real, expressa pela oposição entre capital e trabalho – o que lhe permitia, em acréscimo, projetar a emancipação social prometida, mas não realizada pela ideologia burguesa da igualdade e da liberdade. Difícil imaginar posições mais díspares.

Essa divergência iniciada nos anos 1960 lança luz sobre o livro que o leitor tem em mãos. Isso porque a trajetória de Habermas refeita nestes ensaios começa apresentando-o às voltas com questões muitas similares àquelas com que à mesma época se deparavam os estudos realizados entre nós. Por isso, premissas e escolhas metodológicas realizadas no Brasil, remontando a referências teóricas aglutinadas em torno das leituras de Marx e da filosofia clássica alemã, candidatam-se a iluminar, por comparação, as soluções e impasses com que foi se deparando Habermas ao longo de sua carreira. Apesar de simples sobrevoo, valerá a pena apontar como a trajetória redesenhada por Repa também projeta uma aproximação a nosso debate, que a certa altura incluiu o embate com Habermas, como atestam precocemente a discussão de Paulo e Otília Arantes sobre o significado da modernidade ou as objeções de Giannotti à ética do discurso.

Comecemos pelas indicações fornecidas pelo presente livro. O argumento principal de Repa reside em que, apesar de variações significativas, as questões de método levantadas por Habermas se pautam desde os anos 1960 pelo princípio norteador conforme o qual *método, crítica e transformação da realidade* devem ser tomados conjuntamente. Constituem, portanto, elementos inseparáveis. Tal exigência explica, segundo Repa, a ambivalência de Habermas diante de Hegel. Enquanto o debate entre Giannotti e Lebrun entre os anos 1960 e 1970 oscilava na alternativa entre aprofundar a dialética hegeliana, infletindo-a numa dialética materialista, e redefinir o hegelianismo como uma análise das significações infensa aos testes da realidade, Habermas desbravava outra via. Algo como recusar a solução de Hegel, sem abandonar o terreno e a problemática demarcados por ele.

Conforme escreveria em *O discurso filosófico da modernidade* (1985), Hegel foi, no entender de Habermas, o primeiro a firmar o duplo imperativo da filosofia de refletir e transformar sua própria época. No entanto, o autor da *Filosofia do direito* teria negligenciado a tarefa, abandonando o compromisso original de sua reflexão com a emancipação política. Embalado pelo pensamento especulativo, Hegel teria subordinado a contingência e abertura para o novo ao movimento da autorreflexão do espírito absoluto, desabonando a atitude crítica da modernidade diante do presente. Daí Habermas propor-se a ultrapassá-lo. Mas em qual direção?

Dada a importância do marxismo para a primeira geração da Teoria Crítica, alguém poderia ser levado a crer que Habermas relativizaria as prerrogativas que Hegel havia concedido ao conceito mergulhando-o na realidade contraditória do capital, como, por aqui, ensaiava fazer o marxismo uspiano. Em vez disso, Habermas fabricará sua própria volta a Kant, considerado como a melhor alternativa ao hegelianismo. Como explicar essa "caneta" em Marx?

A reinscrição efetuada por Repa do projeto habermasiano na tradição em que se originou fornece uma resposta bem fundada nas escolhas teóricas de Habermas. Retomando as reflexões de Adorno e Horkheimer sobre o capitalismo tardio juntamente com as contribuições da sociologia do trabalho (a referência principal será Claus Offe), Habermas começou sua carreira relativizando as prerrogativas com que Marx investira a categoria de "modo de produção". A avaliação era de que, no curso do século XX, o trabalho perdeu sua eficácia em estruturar o conjunto das relações sociais. Em conexão com isso, outro motivo também tomado de Adorno e Horkheimer vai moldar, apesar da dissidência que abre com eles, a acepção de crítica perseguida por Habermas nos anos 1970 e 1980.

Trata-se da cristalização do cinismo no seio da sociedade contemporânea. Se a crítica tradicional da ideologia contava com a eficácia subversiva da própria ideologia burguesa, que afirmava o valor universal da igualdade e da liberdade negado na prática, as coisas mudam de figura quando o empuxo transformador assegurado pela dialética entre forças produtivas e relações de produção é neutralizado pelo capitalismo administrado. Este último, na avaliação subscrita por Habermas, incorpora e dilui o potencial de negação da luta de classes por meio da integração do proletariado no Estado de bem-estar social. Isso não apenas afasta qualquer ideia de revolução, como, por tabela, põe na pauta o desafio de refletir sobre o peso que a racionalidade burocrática passa a exercer sobre os agentes sociais. O tema da alienação e da reificação, tão caro ao hegelianismo marxista, é então informado pela colonização do mundo da vida pelas esferas do poder e do dinheiro.

Esses são os dois fatores que, destituindo a dialética marxista de seu desenlace prometido, acarretaram orientações divergentes na constelação frankfurtiana. De um lado, Adorno, revertendo no plano crítico-conceitual os benefícios suprimidos na práxis, sofisticou a crítica da mercadoria no quadro de uma dialética negativa, com as conhecidas implicações para a abordagem da arte e da cultura de massas. Em contrapartida, Habermas, levando adiante o compromisso com a transformação efetiva do campo social, não renunciou a buscar novas fontes normativas, aptas a medir retrocessos e conquistas no terreno movediço da atualidade.

Naturalmente, reinterpretações do marxismo também se colocaram por aqui. Não foi preciso esperar que Giannotti temperasse Marx com Wittgenstein a partir da segunda metade dos anos 1980 para que circulasse, entre nós, a ideia de que a evolução do capitalismo tardio não poderia entregar a emancipação acenada por Marx. Já na conhecida interpretação que Roberto Schwarz fez de Machado de Assis no início da década de 1970, o "atraso nacional" surgia como foco privilegiado para descortinar contradições atravessando a modernização do conjunto do sistema capitalista. Se os exercícios desse tipo de crítica de viés adorniano vinham sem as respostas ao encalço das quais seguia Habermas, o motivo estava em que seu ganho analítico provinha da mesma argumentação que ensinava ver na dinâmica do Capital uma lógica impermeável à emancipação concebida em moldes tradicionais.

A alternativa de Habermas a Adorno passou por levantar elementos que, operando sob a racionalidade instrumental, fossem aptos a integrar um modelo crítico capaz de resgatar o nexo (buscado desde o princípio, como insiste Repa) entre método e transformação política. Eis como a ideia de reconstrução, *leitmotiv* deste livro, desemboca na ética do discurso elaborada no início dos anos 1980 – quando discussões em curso por aqui incorporam pela primeira vez referências diretas a Habermas. Vai nessa direção o interesse de pesquisadores ligados a Kant pela pragmática formal e pela ética do discurso (Guido de Almeida, Manfredo de Oliveira) ou pela reatualização do programa emancipatório da modernidade em chave não hegeliana (Ricardo Terra, Alessandro Pinzani). Na sociologia, a atenção habermasiana ao papel da esfera pública como instância intermediária entre o mercado e o Estado infletiu na aposta das virtudes emancipadoras dos movimentos sociais (Leonardo Avritzer, Sérgio Costa), só que por meio de uma inversão nem sempre aprofundada. Afinal, revitalizar o mundo da vida para fazer frente ao viés burocrático do Estado de bem-estar não parecia convir como programa em um contexto marcado pelo fim da ditadura. Bastaria dar voz aos movimentos sociais para as coisas seguirem seu rumo. Não se tratava de "democratizar a democracia", como na Alemanha do pós-guerra, mas de cogitar expedientes e instituições capazes de incorporar pautas represadas na negociação política aberta pelo fim dos anos de chumbo. Isso talvez explique por que os traços autoritários arraigados na sociedade brasileira tenham passado despercebidos até que eventos mais recentes soassem o alarme. Isso também fez recobrar sentido à suspeita de que a vocação transcendental para o acordo, erigida por Habermas em modelo da interação social, havia funcionado – mesmo fora da Alemanha – como uma espécie de "nota promissória da democracia" (Perry Anderson), que dinâmicas internas à sociedade civil exigiriam rever e questionar.

Interessa aqui observar que a descoberta de que o impulso de morte também palpita no "mundo da vida" poderia ter sido antecipada pelo exame dos pressupostos e do método – o eixo em torno do qual gravitam as questões abordadas neste livro. É o que atestam as ressalvas a Habermas levantadas entre nós no curso dos anos 1980 e 1990. Recorde-se, por exemplo, as objeções de Gabriel Cohn à apropriação da leitura weberiana da modernidade na *Teoria da ação comunicativa*. A seu ver, Habermas teria negligenciado a resignação a que Weber sempre associou o trabalho da crítica. Giannotti foi mais longe ao apresentar uma refutação em bloco da ética do discurso. Como aponta Repa ao apresentar a polêmica, o ponto de ataque consistia em mostrar que Habermas, enveredando pela trilha aberta por Karl-Otto Apel, teria permanecido refém de uma noção clássica de racionalidade.

O fulcro da objeção de Giannotti pode ser resumido assim. Ao passar da situação comunicativa ordinária ao levantamento de suas condições de possibilidade sem, no entanto, problematizar a fundo o suposto desimpedimento idealizado pela interação discursiva não coagida entre agentes, Habermas teria lançado mão de condições extrínsecas à práxis discursiva, atravessada pelo fato de que acordos concernentes às regras tácitas dos jogo de linguagem não admitem ser antecipados a título de conhecimento prévio dos falantes acerca dos comportamentos envolvidos nas interações linguísticas efetivas. No entanto, sem essa pressuposição, que Habermas e Apel enraizavam, no que Giannotti caracterizava como uma visão abstrata do mundo da vida, não há como lograr demarcar atitudes pragmaticamente distintas, como é exigido pelo argumento habermasiano de que as situações linguísticas podem ser reconstruídas de forma racional a partir de suas condições empíricas.

Até que ponto a crítica de Giannotti é legítima, o leitor poderá julgar por si mesmo ao percorrrer a via retomada neste estudo. Basicamente, Repa assume que, ao negligenciar as diferenças existentes entre Habermas e Apel, Giannotti teria errado de alvo, já que o viés reconstrutivo do modelo crítico habermasiano justifica situá-lo fora da quadra da filosofia primeira, restaurada por Apel através da pragmática formal. Mas talvez, com isso, a objeção de Giannotti apenas ressurja sob nova roupagem: o engajamento de Habermas com o falibilismo seria suficiente para assegurá-lo contra as implicações metafísicas assumidas por Apel? A julgar pelo fato de que Habermas permaneceu preso à ideia de "contradição performativa" apesar de consumar sua ruptura com Apel, a suspeita permanece. Pois o que mais é a "contradição performativa" senão uma forma de constrangimento argumentativo que envolve o recurso a condições universais do uso da linguagem idealmente disponíveis a agentes capazes de distinguir o conteúdo proposicional de sua asserção – exatamente o ponto colocado em xeque pelo recurso de Giannotti a Wittgenstein?

RECONSTRUÇÃO E EMANCIPAÇÃO 15

Sem dar a questão por decidida, registre-se que o enfrentamento direto de uma objeção formulada entre nós se presta aqui (salvo engano, pela primeira vez) como instrumento para caracterizar os deslocamentos pelos quais foi passando a reflexão habermasiana. Com efeito, Repa assinala como, da década de 1990 em diante, o modelo crítico reconstrutivo incorporou no nível analítico pressões que obrigaram Habermas a municiar as expectativas ligadas à esfera pública com recursos normativos situados além da ética do discurso. Eis a última parte recoberta por este livro, que, valendo-se dos resultados obtidos pelo restabelecimento da unidade do modelo crítico iniciado com *Conhecimento e interesse*, avança a tese de que a progressiva atenção de Habermas à esfera do direito e à ideia de democracia deliberativa foi motivada pela sua fidelidade ao programa de origem de cogitar o método a partir do diagnóstico de época.

Essas razões já bastariam para tornar este livro referência indispensável ao estudo de um autor que, convenhamos, além de copioso, não é fácil de organizar. Mas seu maior mérito, a meu ver, está em torná-lo polêmico. Isso porque o percurso refeito aqui se abre para leituras que, concorde-se ou não com Habermas, recobram o alcance de sua trajetória. Paralelismos, correspondências e divergências só podem ser suscitadas, *ali onde há obra* – no caso, uma obra atravessada por um engajamento metodológico que não cessa de suscitar comparações oportunas, visto que, como todo mundo sabe, "método" soa como poesia para ouvidos filosóficos. Visto que um mesmo intuito crítico guia as diferentes posições metodológicas de Habermas, não espanta no fim depararmos com o ponto de partida – a saber, o enlace entre reconstrução e emancipação, só que agora assegurado por outros expedientes.

É o que atesta o último momento do percurso de Habermas comentado por Repa. Notemos, a respeito, que a autonomia do direito e da política diante da moral, a ênfase sobre o falibilismo e o aprofundamento da tese da diferenciação entre as esferas de validade próprias à modernidade não fizeram Habermas virar as costas a Kant. Mas de que maneira o kantismo, que de partida estilizara os imperativos transcendentais da teoria do discurso, coexiste com a tese, proclamada a partir de *Faticidade e validade* (1992), de que a emancipação depende do aprofundamento da democracia? Kant, como se sabe, sempre envolve uma questão de ênfase. E a ênfase, agora, deixa de recair inteiramente sobre o princípio do método recursivo, que balizara argumentos fundacionais de toda ordem, para deslocar-se para o uso público da razão. É portanto o Kant da *Aufklärung* quem surge como marca definidora da democracia. Com isso, o compromisso da crítica com a política termina por orientar o método rumo a uma hermenêutica atuando sobre as diferentes esferas da modernidade, com atenção ao nexo entre esfera pública e direito. Paralelamente, a democracia é redefinida como participação dos cidadãos nas decisões conscientes sobre seu modo de existir. À crítica caberá, no último quadro deste livro, disponibilizar as mediações requeridas para o exercício de uma autonomia sempre ameaçada pelos sistemas do poder e do dinheiro.

Em termos metodológicos, isso significa que a práxis acaba ligada a uma reflexão mediada pela publicidade – apta, por conta disso, a fabricar uma normatividade emancipada. A crítica permanece presa a seu duplo combate, afirmando-se contra sua alternativa dialética ou sua completa assimilação ao discurso. No primeiro caso, a reflexão efetuada no real impediria o recuo (transcendental?) exigido para reter o fôlego, cogitar os impasses e buscar soluções. No segundo, completamente redobrada na liberdade do pensamento, a crítica daria as costas para a política, seria uma forma de apneia estética. Estamos de fato muito próximos, mas também distantes dos anos 1960. Pois, agora, posicionar-se a meia distância do marxismo (incluindo a dialética negativa) e da nova filosofia francesa (que, de resto, também realizou sua guinada linguística) dispensa o embaraçoso aparato da pragmática formal. A reflexão ganha uma acepção, por assim dizer, "aeróbica", já que o nutriente da crítica e a matriz para sua intervenção é o empuxo tomado da atmosfera em que se encontram efetivamente situados os agentes. Desbastada, a malha discursiva torna o salto à procura de condições racionais o gesto crucial.

Curitiba, janeiro de 2021.

Apresentação

O que apresento aqui é uma série articulada de estudos sobre o conceito habermasiano de "reconstrução racional", exposta como tese de livre-docência na Universidade de São Paulo, em 2018. Pontuada por intermitências, ela teve início logo após minha tese de doutorado, defendida em 2005, a qual já enfrentava a noção de "filosofia como ciência reconstrutiva", em consequência do que chamei então de "crise da crítica imanente da ideologia" (Repa, 2008). Se no começo essa investigação pretendia antes de tudo suprir uma lacuna considerável na literatura secundária, cada vez mais passou a ganhar corpo a intenção de sustentar a interpretação geral, apresentada por mim e por Marcos Nobre há alguns anos, de que a categoria de reconstrução é a categoria central da teoria crítica habermasiana (Nobre; Repa, 2012). No entanto, o modo específico pelo qual pretendo sustentar essa interpretação, nestes escritos, tem a ver com as implicações entre política e método que acompanham desde sempre – e com muitas variações e nuances – a categoria de reconstrução.

Embora Habermas recorra sempre aos termos "reconstrução racional", ou, mais simplesmente, "reconstrução" e "reconstrutivo" para se referir às suas contribuições – seja na teoria social, nas considerações sobre a linguagem, na ética do discurso, seja na teoria do direito e da democracia –, não é possível encontrar uma investigação sistemática de larga escala a respeito do tema, o que significa dizer que, no final das contas, não se buscou ainda compreender o significado maior do "método" para esse pensador. Surpresa de que dá testemunho um dos poucos a propor um esboço das considerações gerais sobre método, como é o caso de J. Pedersen (2008, p.458).

Tanto mais estranho isso se parece se consideramos que grande parte da literatura provém do terreno da filosofia e da teoria social, daqueles âmbitos de reflexão em que cujas grandes tradições de método e forma de pensar se aproximam e mesmo se igualam.

Não haveria risco em dizer que, de modo geral, a literatura de comentário acaba concordando com a visão, crítica ou elogiosa, em todo caso muito difundida e em franca oposição ao rechaço explícito por parte do autor, de que se trataria de uma nova versão da filosofia transcendental, como se afirma em um conhecido texto de José Arthur Giannotti (1991).

Em parte, tal situação precária começou a ser sanada com a atenção mais recente dedicada a essa dimensão da obra habermasiana e, portanto, às especificidades do método reconstrutivo. Mas, mesmo nesses casos, convém observar diversas unilateralidades e simplificações. Soma-se a essas tentativas o impulso dado por Axel Honneth ao assumir como conceito metodológico chave de sua obra a noção de "reconstrução normativa" (Honneth, 2011), de modo que cada vez mais ganha força a ideia de um "paradigma da reconstrução" no interior da Teoria Crítica (Voirol, 2012, p.98).

Da perspectiva da presente investigação, o grande mérito desses poucos trabalhos que abordam direta e indiretamente a categoria habermasiana de reconstrução, como os de Bernhard Peters (1996), Robin Celikates (2008), Mattias Iser (2008), Rahel Jaeggi (2014), Olivier Voirol (2012), deriva da contratendência ao aparente esgotamento que a questão do método experimentou nos últimos tempos na filosofia e na ciência social de modo geral, e que parece explicar o vácuo ou a incipiência na literatura de comentário sobre Habermas. É também em favor dessa contratendência que os estudos aqui apresentados tentam de algum modo contribuir, antes de mais nada.

Por outro lado, não se pode descartar que, em grande medida, a vacuidade e as simplificações de vulto se devam à própria articulação que Habermas confere ao tema ou, mais exatamente, à carência de uma. Ao que parece, falta-lhe um tratamento homogêneo e contínuo para que possa ter uma visão mais ou menos clara das reflexões metodológicas próprias da teoria da racionalidade comunicativa. O que resulta, ao primeiro golpe de vista, é um conjunto desanimador de remissões labirínticas, de fases mal demarcadas e muito sucintamente avaliadas e reavaliadas.

Não pretendo, deixa-se claro, vencer todas essas lacunas. Antes, meu principal objetivo se restringe a demonstrar a centralidade da categoria de reconstrução por meio das implicações políticas do método reconstrutivo e, de outro lado, por meio das implicações metodológicas da teoria do discurso e da teoria da ação comunicativa. O que pretendi investigar, mesmo onde Habermas parece apenas apertar e desapertar parafusos de caráter estritamente metodológicos, é o campo de relações com a política no sentido mais amplo do termo, algo mais próximo do que ele defende no início de *Mudança estrutural da esfera pública*:[1] uma concepção de política que tem função metodológica, pois exige por si mesma uma consideração que vai além das linhas estabelecidas pela investigação científica tradicional. Assim, entendo por política, ao longo desses estudos, não só a política deliberativa, por exemplo, não só as diversas concepções de poder, para dar outro exemplo, mas a teoria do direito, da moral e, enfim, da teoria da sociedade e da evolução social.

E ainda mais: semelhante noção de política nos remete à concepção de Teoria Crítica defendida por Habermas, na sequência de sua crítica aos modelos de Max Horkheimer, Theodor W. Adorno e Herbert Marcuse, na qual se insere a categoria de reconstrução. A noção de política não só exige passagens para além das esferas

---

1 "A categoria da esfera pública deve ser investigada muito mais no interior daquele vasto campo que outrora definia a perspectiva da 'política' tradicional. O objeto acabaria se dissolvendo se fosse considerado no interior dos limites de qualquer uma das disciplinas das Ciências Sociais" (MEEP, p.89).

especializadas, como é o caso de todo modelo de Teoria Crítica; ela se instaura em seu núcleo quando lembramos a exigência que separa todo modelo de Teoria Crítica das formas tradicionais de teoria: "o interesse por condições racionais", nas palavras de Horkheimer, no texto que serve de certidão de nascimento dessa tradição de pensamento. Tal interesse por uma sociedade livre de dominação ilegítima e com condições máximas de liberdade e igualdade, enfim, o "interesse pela emancipação" que caracteriza a Teoria Crítica, tem como contrapartida, para usar outra expressão de Horkheimer, um "comportamento crítico" em relação à sociedade da época e à sua cultura, o que significa orientar o interesse no sentido da descoberta das tendências à sua efetivação:

> Os pontos de vista que a Teoria Crítica retira da análise histórica como metas da atividade humana, principalmente a ideia de uma organização social racional correspondente ao interesse de todos, são imanentes ao trabalho humano, sem que os indivíduos ou o espírito público os tenham presentes de forma correta. É necessária uma determinada direção do interesse para descobrir e assimilar essas tendências. (Horkheimer, 1975, p.142)

A descoberta dos potenciais de emancipação, sob o pano de fundo das diversas formas de dominação existentes a cada momento histórico, se forma no interior de um "diagnóstico do presente", como sugere Marcos Nobre (2004) valendo-se de um termo consagrado por Habermas. Ora, se é assim, torna-se patente porque a categoria de reconstrução tem a centralidade que deve ser atribuída ao pensamento habermasiano:

> não se poderia falar de emancipação e de potencialidades de emancipação, se, por exemplo, a teoria da racionalidade comunicativa fosse estabelecida de maneira apenas construtiva ou de maneira apenas *a priori*. Isto é, se ela não pudesse ser de fato apreendida como efetividade da própria realidade social, a qual se caracteriza também por bloqueios ao desdobramento dessa mesma racionalidade. Assim, se

a teoria da ação comunicativa não for ela mesma *reconstrutiva*, ela não pode desempenhar um papel *crítico*, no sentido de *teoria crítica*, no conjunto da obra habermasiana. O procedimento reconstrutivo é a resposta de Habermas à ideia de emancipação que caracteriza o campo crítico, de modo que os principais componentes da teoria reconstrutiva da sociedade podem ganhar seu sentido à luz dessa ideia, inclusive o conceito de ação e de racionalidade comunicativa. (Nobre; Repa, 2012, p.9)

Dessa maneira, reconstrução e emancipação são noções que se comunicam de forma recíproca no projeto crítico habermasiano. É essa conexão em particular que se busca acentuar em seus diversos aspectos, seja pelas consequências metodológicas, seja pelas configurações teóricas diretamente ligadas à filosofia prática. Porém, a fim de conferir uma visão mais bem estruturada dessa conexão no núcleo da teoria crítica habermasiana, gostaria de encaminhar, no primeiro capítulo, uma discussão mais detalhada de como ela se desdobra por meio da noção de crítica imanente. A razão dessa estratégia é relativamente simples. Ao explicitar como a reconstrução se compreende como crítica imanente, a investigação mira a conexão de fundo entre o método e a reflexão sobre as tendências de transformação da realidade.

Assim, o primeiro momento dessa série de estudos pretende conferir o quadro mais geral em que cada um deles deve ser compreendido, mesmo lá onde se busca salvaguardar as especificidades da questão. Busco delimitar esse quadro na introdução, tentando responder a uma objeção de Rahel Jaeggi ao método da reconstrução, tomado por ela como uma espécie de crítica interna que, por si só, não tem nenhum compromisso metodológico com a ideia de transformação emancipatória que caracteriza a Teoria Crítica. Para responder a essa questão, tive de rearticular também o sentido da trajetória do conceito de reconstrução desde sua origem na obra *Conhecimento e interesse*, tendo como fio condutor uma proposta de diferenciação de "compreensões de reconstrução" realizada por Robin Celikates. Com isso, pretendi ganhar elementos para defender a tese de que "crítica reconstrutiva" em Habermas é uma forma especial de crítica imanente, não limitada assim a uma comparação entre as potencialidades não alcançadas de vida emancipada e a realidade das sociedades capitalistas avançadas. Indo além disso, ela atenta para aqueles elementos que explicitam formas de resistência e de transformação – o que está no horizonte de quase toda a obra habermasiana, pelo menos de *Conhecimento e interesse* até *Facticidade e validade*.

A partir daí, passo a expor os resultados mais específicos da pesquisa. Com isso, quero me referir aos sentidos mais particulares das implicações mútuas entre política e método que merecem atenção, os quais se movem no interior desse horizonte formado pela constelação entre reconstrução e emancipação. Trata-se aqui, sobretudo, das transformações no interior da teoria do discurso, das transformações da relação entre as formas de discurso que, como quero crer, são pressionadas por uma determinada disposição do procedimento reconstrutivo.

Nesse contexto, uma das principais referências dessas transformações é o notável deslocamento que a ética do discurso sofre no seu papel paradigmático de racionalidade normativa; se nossa hipótese está correta, há uma pressão de método cuja consequência é o deslocamento cada vez maior em direção à configuração discursiva da democracia deliberativa. O raciocínio subjacente pode ser formulado da seguinte maneira: se é possível comprovar, em primeira instância, que há vínculo íntimo entre reconstrução e emancipação, por consequência, esse vínculo tem de ganhar a forma de uma relação íntima entre reconstrução e democracia radical. E por democracia radical entende-se uma forma de deliberação em que a hierarquia de discursos é, *ipso facto*, rejeitada.

Junto a isso, é preciso reformular também o papel que cabe ao direito, enquanto forma de socialização, no interior de uma reconstrução da gênese dos direitos fundamentais. Se não mais a moral, a "ética do discurso", tem um papel estruturante exclusivo, é preciso atribuir ao direito a posição ambígua de uma invenção evolutiva que não pode, enquanto forma, ser fundada normativamente e que, com isso, pode ser em alguns casos substituída por outros modos de socialização.

Dessa maneira, apenas adianto parcelas do que está em jogo nesses estudos sobre método e política em Habermas. Outro alerta se faz necessário. Embora desde o início os estudos aqui apresentados tivessem como base, com diversos graus de consciência, a concepção de método e política acima mencionada, eles foram marcados como contribuições particulares nos contextos de colóquios e conferências, formas de artigos etc. Não pude corrigir inteiramente esse caráter circunstancial, que também é a somatória de muitos outros interesses, os quais têm a sua relevância. O preço disso foi alguma reiteração de certas ideias e linhas de interpretação, para o qual peço desde já a indulgência do leitor.

Essas circunstâncias sempre serviram de apoio, como fonte de ideias e questionamentos, pois foram acompanhadas de diálogos com pesquisadores que, afeitos ou não à discussão especializada, contribuíram de diversos modos para o andamento "tentativo" das teorias aqui apresentadas. Gostaria de mencionar aqueles que, em momentos diversos e em instituições diversas, propiciaram, deliberadamente ou não, em grau maior ou menor, esse impulso e encorajamento: Ricardo Terra, Marcos Nobre, Rúrion Melo, Vinicius de Figueiredo, Nathalie Bressiani, Fernando Costa Mattos, Yara Frateschi, Denilson Werle, Gabriel Cohn, Alessandro Pinzani, Delamar José Volpato Dutra, Ana Cláudia Lopes Silveira, Inara Marin, Maria Isabel Limongi, Monique Hulshof, Felipe Gonçalves Silva, Antonio Segatto, Maurício Keinert, André Duarte, Luiz Damon Santos Moutinho, Leandro Cardim, Rodrigo Brandão, François Calori, Catherine Colliot-Thélène, Magali Bessone, Marisa Lopes, José Carlos Estêvão, Monica Loyola Stival, Manoel Eduardo Alves Camargo e Gomes, Ângelo Cenci, Clodomiro Bannwart, Pierre--Yves Quiviger e Clélia Martins (*in memoriam*). A todos, os meus agradecimentos.

Agradeço igualmente a todos colegas e estudantes que participaram de diversos grupos de discussão do qual sou ou fui membro. Entre eles, destaco o Núcleo de Direito e Democracia do Centro

Brasileiro de Análise e Planejamento (NDD/Cebrap), o Grupo de Formação em Teoria Crítica do Departamento de Filosofia da Universidade Federal do Paraná, o Grupo de Pesquisa Filosofia Crítica e Modernidade (FiCeM) e o Grupo Filosofia e Teoria Crítica da Universidade de São Paulo. Faço um especial agradecimento a todas e todos integrantes do subgrupo Reconstrução e Teoria Crítica, no quadro do projeto temático Fapesp "Esfera pública e reconstrução", com sede no NDD.

Agradeço também a todas as instituições de fomento à pesquisa que apoiaram projetos correspondentes às investigações aqui apresentadas, em especial a Fundação de Amparo à Pesquisa do Estado de São Paulo (Fapesp), ao Conselho Nacional de Desenvolvimento Científico e Tecnológico (CNPq) e à Coordenação de Aperfeiçoamento de Pessoal de Nível Superior (Capes).

Agradeço ainda a Geni, Luciana, Ruben, Lucas, Suzan e, especialmente, Mariê, que nunca faltam ao apoio.

1
RECONSTRUÇÃO E CRÍTICA IMANENTE

I. Os sentidos da emancipação

Na origem desse livro se encontra a questão de saber como o método habermasiano da reconstrução racional pode satisfazer as exigências que caracterizam essencialmente a Teoria Crítica. Na concepção de Max Horkheimer, a Teoria Crítica se diferencia de toda forma tradicional de teoria porque é "inteiramente governada" pelo "interesse por condições racionais", pelo interesse na emancipação em relação a diversas formas de coerção. A Teoria Crítica, em razão desse interesse, caracteriza-se ainda, continua Horkheimer, por um comportamento "crítico", que tem como paradigmático o conceito marxiano de crítica desenvolvido no interior da "crítica da economia política". Tal comportamento crítico significa, enfim, uma certa direção conferida ao "interesse de todos", no sentido da descoberta das tendências que efetivamente podem transformar a sociedade em uma com máxima igualdade e liberdade (Horkheimer, 1975, p.132, 138, 142; cf. Nobre, 2004, 2008). Se é assim, cabe perguntar, então, como a "teoria que procede reconstrutivamente" (RHM, p.132), como a "teoria reconstrutiva da sociedade" (FV, p.37), que Habermas propõe, é capaz de reconfigurar em si mesma essas características e exigências? Em que sentido a teoria *reconstrutiva* pode ser uma forma, em sua especificidade, de Teoria Crítica? Parto do princípio de que a resposta a essa questão começa pela abordagem do sentido mais geral que se pode conferir à noção de emancipação em Habermas, assim como o modo particular pelo qual este sentido se liga com a categoria subjacente de reconstrução. Pois a noção de "crítica", se não deixa aqui de repercutir aquela kantiana, tem menos a ver com a tarefa de uma delimitação de campos de racionalidade – embora também possa assumir essa tarefa como condição –, do que aquele "comportamento crítico" voltado para a descoberta das tendências emancipatórias. O que significa de modo mais geral a emancipação para Habermas nos conduz para sua compreensão de crítica e, com ela, sua compreensão de método.

Nesse aspecto, concordo com Rúrion Melo no alerta contínuo de que a discussão sobre a Teoria Crítica tem de ser sempre uma discussão sobre os sentidos da emancipação que a cada vez ela incorpora de forma diferente, desde a emancipação no projeto de uma sociedade do trabalho, até formas de emancipação que não passam prioritariamente pela reorganização da esfera produtiva (cf. Melo, 2013, 2011a). Nessa perspectiva de uma história da Teoria Crítica reconstituída em função de suas compreensões sobre uma sociedade ou uma forma de vida emancipada, a concepção habermasiana de emancipação se localiza em uma longa trajetória de crítica ao trabalho como conceito em que se cifra o processo da emancipação, como seria o caso em Marx, em que pese as diferentes concepções e valorizações do trabalho nele.[1]

---

1 Aqui pouco importa o debate sobre se a centralidade do trabalho em Marx deve ser entendida como uma forma de valorização intrínseca (o trabalho não alienado como o sentido da emancipação) ou como uma condição indispensável a partir da qual se ergue uma sociedade emancipada, a qual, porém, não se reduz propriamente ao trabalho (por exemplo, o "reino da liberdade" no último livro de *O capital*). Nas duas variantes, o trabalho é uma categoria-chave a que cabem ao mesmo tempo funções explicativas, críticas e normativas. O projeto de emancipação é, assim, inseparável da implementação de um modo de produção.

É significativo que, com isso, se altera também a ideia de socialismo, uma vez que desde o início ela se fundia concretamente com a ideia de emancipação em Marx. Para Habermas, o socialismo não deve mais designar uma forma concreta de vida emancipada, determinada por modos específicos de organizar a produção material e distribuir a riqueza. Isso porque não só os diversos projetos de sociedade igualitária do trabalho sofreram um esgotamento de suas energias utópicas, mas porque, enquanto particular, encurta de um modo ou de outro a dimensão da autonomia democrática que deve sustentar os projetos emancipatórios:

> se concebermos "socialismo" como súmula das condições necessárias para formas de vida emancipadas, sobre as quais os próprios participantes precisam primeiro se entender, reconhece-se que a auto-organização democrática de uma comunidade de direito também forma o núcleo normativo desse projeto. (FV, p.28; cf. também NR, p.179 ss.; NO, p.99 ss.)

Não se trata, portanto, de reconhecer apenas a debilitação histórica de um projeto de emancipação que, tanto em uma direção reformista, com o Estado de bem-estar social, ou em uma direção revolucionária, com o socialismo de Estado, enxergou o seu núcleo normativo na organização, mais ou menos racional, da produção e distribuição de riquezas. Justamente porque vai de par com a noção de trabalho – assim a crítica habermasiana – uma certa orientação normativa que confunde emancipação e organização, práxis e técnica, a democracia enquanto tal não desempenharia maior relevância, o que desde o início prejudicou o marxismo (cf. TP, p.143 ss.).

Em vez disso, na ideia de socialismo como sumário das condições necessárias à emancipação, enquanto objeto de deliberação democrática no âmbito de um Estado de direito, projeta-se o cerne do sentido de emancipação que Habermas procura pelo menos desde sua aula inaugural na Universidade de Frankfurt, em 1965, ou seja, desde seu plano de realizar uma investigação sistemática sobre o elo entre conhecimento e interesse: "Com a estrutura da linguagem é posta *para nós* a maioridade [*Mündigkeit*]. Com a primeira proposição é exprimida de modo inequívoco a intenção de um consenso universal e isento de coerções" (TCI, p.195).

É, portanto, na linguagem, na ação orientada ao entendimento linguístico e nos procedimentos discursivos que se nutrem das condições da racionalidade comunicativa que Habermas vai situar, sem esquecer os diversos deslocamentos que se apresentam ao longo de sua obra, o sentido da emancipação. A discussão isenta de coerção não é apenas a condição para a definição, a cada vez na história de uma sociedade, da base de formas de vida emancipadas. Ela se inclui também como condição primordial da emancipação.

Emancipação significa, então, comunicação livre de coerções externas e internas aos participantes, tanto no plano interpessoal como no intrapsíquico.

Além disso, o sentido da emancipação se reveste da capacidade efetiva dessa discussão isenta de coerções de poder se impor de alguma forma na realidade factual das sociedades do chamado capitalismo tardio. Dessa maneira, a própria ideia de formação livre de consenso se torna potencial de emancipação, de negação das coerções vigentes, tão logo a socialização linguística seja posta como fundamento da reprodução da sociedade e, de modo geral, da própria espécie. Veremos mais adiante que essa ideia só ganhará força se for possível mostrar que as sociedades modernas dependem estruturalmente, em função do processo de racionalização que elas sofrem ao longo da história, de procedimentos institucionalizados de discussão em quase todos os seus âmbitos, da ciência à política, da arte ao direito. A contradição própria das sociedades do capitalismo moderno consiste, então, nessa sua dependência estrutural da discussão pública e ao mesmo tempo, em virtude da reprodução dessa sociedade como um sistema constituído e reproduzido pelos *media* dinheiro e poder, na tentativa sistemática de reduzir a amplitude da discussão, o que leva a formas distorcidas e coercitivas de comunicação.

Porém, antes de avançar no terreno da teoria da modernidade propriamente dita, é preciso se ater um pouco mais ao sentido da emancipação em Habermas. Pode-se dizer agora que ela se destaca por sua amplitude e por seu grau de exigência: uma distribuição material igualitária não significa por si só uma sociedade emancipada. Por outro lado, esse sentido da emancipação tem de apresentar-se nas potencialidades dos contextos particulares da reprodução social. Assim, a emancipação é inseparável das condições de sua própria emergência. Esses dois aspectos são recolhidos no comentário que Gabriel Cohn faz a respeito das condições de uma comunicação livre no âmbito dos processos factuais da ação social. Trata-se, segundo ele, de

> uma possibilidade real, e nisso se traduz o potencial emancipatório da ação comunicativa. Mas não se trata de uma construção utópica, no sentido usual do termo. Ela não aponta para um estado futuro a ser realizado, mas assinala uma possibilidade sempre presente, mesmo na comunicação mais distorcida. [...] As condições ideais não figuram como um estado final, mas como condições formais prévias de uma ação que [...] aponta para a possibilidade de uma emancipação de todas as tutelas que tolhem o livre exercício da racionalidade comunicativa. Mas, como são condições formais, nada se diz sobre os conteúdos desse mundo, possível no horizonte de todas as ações. Quando se fala de comunicação livre de coerções quer-se realmente dizer livre, ou seja, sem o risco de enredar-se em conteúdos predeterminados. (Cohn, 1993, p.69)

O sentido da emancipação se junta assim à exigência de autonomia como procedimento da discussão e à possibilidade real dessa exigência na medida em que a racionalidade comunicativa se configura como base de toda ação efetivamente social, mesmo aquela mais distorcida.

De um lado, portanto, a concepção de emancipação como autonomia de discussão que, como tal, tem efeito de dissolução sobre os conteúdos determinados, ainda que em nenhum momento se possa contar com uma discussão cristalina, transparente para todos os envolvidos, se torna patente quando verificamos a diferença entre transparência e publicidade em Habermas, como proponho no capítulo final deste livro.[2] Faz parte das condições constitutivas da comunicação livre que nada seja aceito como dado, uma regra como algo factual. A crítica do dado se incorpora como elemento de efetividade de processos de discussão emancipatórios. Não se trata, porém, de um formalismo abstrato, uma vez que não há um ponto de vista externo à discussão intersubjetiva que possa coordenar o que se discute independentemente daqueles que discutem. As condições ideais da comunicação, os pressupostos pragmáticos da fala, impelem para a recusa de conteúdos predeterminados, eles não instauram uma instância transcendente em relação à discussão. Assim, a teoria reconstrutiva da comunicação procura "uma pretensão de razão branda, porém obstinada, nunca silenciada, embora raramente cumprida, que, no entanto, precisa *de facto* ser reconhecida em todos os lugares e todas as vezes em que se deve agir consensualmente" (RMH, p.28). Por essa mesma razão, por sua imanência, a racionalidade comunicativa pode ser uma possibilidade real de transformação, de rejeição do dado e de criação. Não é algo a ser realizado no futuro, mas o presente como o que é de fato possível, pois sem a racionalidade comunicativa nenhum processo linguístico pode se efetuar conforme a tese da pragmática formal.

Com isso, no entanto, avançamos demais no terreno da teoria da pragmática formal sem sequer ter dado os sedimentos metodológicos do significado de emancipação em Habermas. Pois agora seria preciso reter, a princípio, como a noção de reconstrução se vincula a essa noção de emancipação, o que significa perguntar em que sentido a noção de reconstrução tem de ser entendida como crítica, como tarefa essencial de descobrir na realidade o que vai além dessa realidade ao mesmo tempo que é constitutivo dela.

---

2 O que não significa dizer que Habermas não tenha se deixado levar por uma concepção de situação ideal de fala, em sua primeira formulação, que induz a pensar justamente isso. O texto em questão é "Wahrheitstheorien" (1972) (VETKH, p.127 ss.). Em especial, a crítica de Wellmer (cf. 1997, 1994) ao ideal de transparência rapidamente foi absorvida por Habermas.

II. Conceito e unidade da Teoria Crítica – o comportamento crítico

Como mencionamos de início, a Teoria Crítica foi concebida de tal sorte por Horkheimer, que ela se diferencia de toda outra abordagem teórica, chamada, em geral, de "tradicional", porque se deixa governar inteiramente pelo interesse dirigido à emancipação e por um comportamento crítico capaz de descobrir as tendências que de fato apontam para o alcance de formas emancipadas. O comportamento crítico desemboca, desse modo, em um diagnóstico de época que busca realizar uma atualização dos potenciais de emancipação (cf. Nobre, 2004), à luz dos seus novos significados (cf. Melo, 2013).

Por seu lado, a teoria tradicional se caracteriza por uma rejeição metodológica de princípio a qualquer interesse, vale dizer, a qualquer aspecto normativo enquanto aspecto interno da teoria. A objetividade da teoria social deveria ser garantida por uma espécie de neutralidade axiológica, para usar a expressão consagrada por Weber, por uma separação de princípio entre a ordem do ser, que cabe à ciência, e do dever ser, que é extracientífica, embora a teoria tradicional não se afaste, no seu todo, da pretensão de melhorar o mundo. Ou seja, a teoria tradicional pode contribuir para a melhora o mundo, mas, em sua autocompreensão, ela não deve se constituir internamente como um meio de melhorar o mundo, ela deve ser antes de tudo metodologicamente "neutra" (Horkheimer, 1975, p.148). Como em Durkheim, poderíamos acrescentar, a melhora da sociedade dependeria da neutralização de todos os juízos de valor, da redução dos fenômenos sociais a fatos objetivos, como coisas estatisticamente examináveis, pelo menos a princípio (Durkheim, 1971, p.64).[3]

---

3 "Se aquilo que é desejável não constitui produto da observação, mas pode e deve ser determinado por uma espécie de cálculo mental, nenhum limite pode, por assim dizer, ser imposto às livres invenções da imaginação em busca de melhorias" (Durkheim, 1971, p.64-5).

A rejeição do elemento normativo no seio de uma atividade que se compreende essencialmente como descritiva tem por consequência evidente a rejeição do que é assumido pela Teoria Crítica como "interesse de todos". O argumento crítico de Horkheimer não se dá no sentido de recusar, por sua vez, a pretensão de objetividade da teoria tradicional. Pelo contrário, ele se volta antes para a predeterminação da teoria tradicional por interesses sociais não universais que a afetam na medida mesma em que ela rechaça a introdução de interesses por mor da autonomia científica.

Assim, a objetividade na acepção da teoria tradicional é, na realidade, o modo de operar de interesses prévios à ciência, em geral vinculados à reprodução da sociedade em suas estruturas de poder. Como Habermas acentua diversas vezes, é inerente à Teoria Crítica uma reflexão sobre seu contexto de surgimento e de aplicação, uma reflexão à qual é avessa por definição a teoria tradicional, uma vez que a análise do contexto social é realizada "sob o ponto de vista de sua superação possível" (TP, p.25 ss.; cf. TKH2, p.590 ss.).

Nos termos de Horkheimer, o custo da exigência específica e tradicional de objetividade é uma autonomização da teoria em relação à "práxis social" em que ela se insere, uma cegueira que é decisiva para a "objetividade" da teoria: "Na medida em que o conceito de teoria é autonomizado, como se ele devesse se fundamentar pela essência intrínseca do conhecimento, por exemplo, ou de alguma outra maneira a-histórica, ele se transforma em uma categoria reificada, ideológica" (Horkheimer, 1975, p.129)

Esse caráter ideológico dos rendimentos científicos tradicional não significa, porém, que o "comportamento crítico" deve rejeitá-los, ao modo de uma filosofia autossuficiente. Em vez disso, Horkheimer vai dizer, ainda no quadro de sua concepção da relação entre filosofia social e ciências empíricas (cf. Horkheimer, 1999; Abromeit, 2011, p.227 ss.), o qual recebeu o nome de Materialismo Interdisciplinar (BONβ, 1993), que o caráter ideológico da Teoria Tradicional pode ser superado se ela toma consciência de seu próprio "caráter limitado" (Horkheimer, 1975, p.132). Ou seja, o caráter ideológico coincide com a "unilateralidade" da teoria, a qual pode ser vencida pela junção das diversas disciplinas na realização daquele diagnóstico de época em que desemboca o comportamento crítico.

A urgência de atualizar o diagnóstico de época remete a outras características essências da Teoria Crítica. Em primeiro lugar, cabe recordar que o ensaio de 1937 sobre "Teoria Tradicional e Teoria Crítica" apresenta a particularidade de fazer uma referência constitutiva a Marx e, no entanto, mostrar uma certa caducidade do seu pensamento. Ou seja, por um lado, ele indica a crítica marxiana ao capitalismo liberal do século XIX como o primeiro caso de Teoria Crítica. Pois Marx localiza no trabalho humano o interesse de uma sociedade não mais marcada pela dominação e pela exploração de classe, e, ao mesmo tempo, reconhece no proletariado a força social capaz de superar essas condições capitalistas, uma vez que ele tem de lidar com o máximo desenvolvimento de forças produtivas, sofrendo a máxima degradação de sua existência social. Por outro lado, na esteira dos estudos de Friedrich Pollock sobre as transformações econômicas no início do século XX (Pollock, 2019a, 2019b), Horkheimer considera que o "capitalismo monopolista" do início do século XX apresenta uma série de condições novas que desmentem as expectativas revolucionárias de Marx e de boa parte do marxismo.

Trata-se aí, em primeiro lugar, da diferenciação social no interior do proletariado, induzida "de cima", a qual contraria a tese marxista da pauperização crescente do proletariado. Em vez de uma homogeneização, de uma massificação urbana do proletariado em condições cada vez mais degradantes, o desenvolvimento do capitalismo naquele momento demonstra, antes, uma integração social considerável de boa parcela dos trabalhadores. Em segundo lugar, a concentração do poder social em elites burocráticas privadas e públicas reduz a importância do burguês liberal clássico, juntamente à cultura liberal burguesa, assim como induz a formas de controle social conduzidas de cima. Em terceiro lugar, como maneira específica de controle, desenvolve-se o planejamento deliberado de ideologias por meio de mecanismos de comunicação de massa, que rebaixa o grau de consciência da população em geral e dá ensejo a todo tipo de charlatanismo intelectual. Soma-se a isso a realidade histórica da adesão de parte considerável do proletariado às formas de fascismo (cf. Horkheimer, 1975, p.142 ss.).

Todas essas alterações suspendem a validade do diagnóstico marxiano a respeito do desenvolvimento das forças produtivas e da formação do proletariado como classe revolucionária, para não falar da tentativa de Lukács de fundamentar uma garantia epistemológica do acesso do proletariado ao ponto de vista da totalidade, portanto uma garantia de superação do estado de reificação generalizado (cf. Lukács, 2003; Arato; Breines, 1979; Habermas (TKH1); Nobre, 2001). No entanto, o importante nessa consideração, no nosso contexto, não diz respeito diretamente ao conteúdo do novo diagnóstico de Horkheimer e seus desdobramentos (o que em todo caso será recuperado mais adiante), mas antes de tudo à sua implicação metodológica fundamental em relação à unidade da Teoria Crítica. Se Horkheimer pode ao mesmo tempo identificar Marx como pioneiro da Teoria Crítica e mostrar sua caducidade, é porque desde o início, na sua concepção, essa tradição de pensamento está longe de ser ou fundar uma "escola" (cf. Jay, 2008; Wiggershaus, 2002; Nobre, 2004). Ela sustenta uma unidade por meio da crítica, ou seja, pela realização de novos diagnósticos de época capazes de identificar em realidades sociais alteradas novos potenciais de emancipação, ou ao menos interrogar a realidade em função desse interesse, sem o que tampouco se entende o diagnóstico da simbiose total entre forças produtivas e relações de produção, entre esclarecimento e reificação, como se dá na *Dialética do esclarecimento* (Horkheimer; Adorno, 1985).

III. Comportamento crítico como comportamento reconstrutivo

A exigência de questionar a realidade em função das possibilidades reais de emancipação tem consequências diretas para a formação categorial das teorias. Decerto não se coloca com isso a suposição de que o teórico social possa apreender a realidade a seu bel-prazer.

Para Habermas, até certo ponto, o objeto só pode ser conhecido porque ele mesmo se impõe como fonte de problemas, e não porque o teórico é subjetivamente capaz de percebê-lo por si mesmo (cf. Strydom, 2011). Voltaremos a esse aspecto decisivo da concepção de reconstrução na teoria da ação comunicativa, uma vez que ele pode ser a chave para compreender a ligação entre reconstrução e crítica em Habermas. Importa por enquanto ressaltar que o "comportamento crítico", como princípio fundamental da Teoria Crítica, impõe-se em Habermas como – pode-se dizer – um "comportamento reconstrutivo". Isso porque a reconstrução se apresenta no pensamento habermasiano como a forma pela qual se descobre na realidade social as possibilidades reais de emancipação, sob o pano de fundo da pressão seletiva ou redutora dessas possibilidades, como é o caso das distorções sistemáticas da discussão.

Que sirva de exemplo inicial do procedimento reconstrutivo a seguinte passagem de *Facticidade e validade*, em um momento em que se debate a relação entre o conceito procedimental de racionalidade e política como arena tomada por processos de poder:

> uma sociologia da democracia que procede reconstrutivamente precisa escolher seus conceitos fundamentais de tal modo que possa identificar partículas e fragmentos de uma "razão existente" já incorporados nas práticas políticas, por mais distorcidas que possam ser. (FV, p.369)

O caráter peculiar da reconstrução, nesse caso, reside na ideia de que há uma racionalidade existente, no interior de um sistema de construções e práticas simbólicas e sociais, a qual não pode ser descartada na medida em que ela estrutura princípios elementares desse sistema. A reconstrução recupera, assim, na reprodução da sociedade como um todo, os elementos de uma racionalidade existente, porém insuficientemente explorada e capaz de exercer pressão sobre a realidade dada. Se com cada enunciado se antecipa um consenso sem coerções ou, como reza a fórmula mais amadurecida, as condições e os pressupostos de uma discussão livre de coerção, então a cada uso da linguagem, mesmo distorcido de modo sistemático, essas condições como que forçam para além do que vige factualmente:

as estruturas mais universais da comunicação que os sujeitos capazes de falar e agir aprenderam a dominar não abrem apenas o acesso a determinados contextos; elas não possibilitam apenas a ligação com e a continuação de contextos que, como pareceria de início, atraem os participantes à jurisdição do meramente particular. Essas mesmas estruturas oferecem ao mesmo tempo os meios críticos para penetrar um contexto dado, para explodi-lo e transcendê-lo a partir de dentro, para, se necessário, enfrentar de ponta a ponta um consenso factualmente estabelecido. (TKH1, p.176)

Em consonância com isso, Bernhard Peters tem razão em apontar o caráter negativo, no sentido do que contesta, resiste ou transforma, das reconstruções em Habermas. Embora ele se refira nesse contexto ao âmbito do direito, a direção do seu comentário se entende ao sentido inteiro das reconstruções:

a análise reconstrutiva pretende transcender ou ampliar esse horizonte [dos discursos cotidianos] em várias direções. Uma dessas direções é a procura por estruturas simbólicas subjacentes no interior da totalidade dos sentidos e das interpretações jurídicas que se encontra nas crenças e nos discursos sociais.
[...] somente assim nós podemos sustentar (como Habermas faz) que a interação social baseada na linguagem e a tentativa de alcançar o entendimento mútuo não contêm apenas o potencial para aprendizado, mas também a pressão [...] e o estímulo, uma irritação, um impulso para contestar, para questionar crenças pré-dadas e entendimentos na busca pelos melhores entendimentos que podem ser convincentes para todos. (Peters, 1996, p.107-8)

Nesse comentário, cabe destacar primeiramente o impulso para a negação de um conjunto de construções simbólicas dadas, em função do seu próprio princípio gerador. Em uma primeira aproximação do conceito habermasiano de reconstrução racional, podemos dizer, portanto, que não se trata aqui, como se poderia pensar a princípio, de restituir o sentido ou o conteúdo particular de determinado construto simbólico, de um determinado processo simbólico, ou de uma determinada instituição ou modo de agir em sua particularidade. Reconstruções não se confundem com narrativas históricas, como Habermas insiste diversas vezes, em especial em *Para a reconstrução do materialismo histórico*. Pelo contrário, busca-se descobrir, em uma linguagem cara ao estruturalismo de Chomsky, as "estruturas simbólicas profundas" que permitem a geração de símbolos em sua acepção mais ampla.

No entanto, o que não se pode perder de vista nessa primeira aproximação é o que Peters sublinha: faz parte da reconstrução, como ponto de vista inerente a ela, a perspectiva de que o princípio de geração simbólica possa ter um efeito crítico, de resistência ou de transformação, de modo geral, "negativo" sobre a realidade social estabelecida. Ora, é nesse sentido que a ideia de reconstrução se encontra imediatamente com o princípio da Teoria Crítica habermasiana, uma vez que lhe é inerente a direção do interesse pela emancipação no sentido da descoberta na realidade de potenciais imanentes de negação de práticas coercitivas.

IV. Crítica reconstrutiva

Para Mattias Iser (Iser, 2009, p.366; cf. Iser, 2008, p.10), é possível falar de uma "crítica reconstrutiva da sociedade", de acordo com a qual "a razão prática não se esgotaria em um mero dever, mas seria já operante no interior da realidade social". Se é assim, portanto, haveria um vínculo intrínseco, indissociável, entre reconstrução e crítica, entre reconstrução e emancipação.

No entanto, a expressão "crítica reconstrutiva da sociedade" não é de origem habermasiana. Ela foi criada por Axel Honneth para caracterizar a totalidade da Teoria Crítica "clássica". No seu pequeno ensaio de 2007 sobre "Crítica reconstrutiva da sociedade sob a reserva genealógica – sobre a ideia de 'crítica' na Escola de Frankfurt", Honneth pretende fazer uma defesa, ainda que relativamente distanciada quanto aos aspectos mais materiais, do "modelo clássico de crítica" empreendido por seus antecessores do Instituto de Pesquisa Social. Trata-se não de uma reconstituição da implementação desse modelo clássico em todos os escritos correspondentes, mas de uma "forma ideal".

Para tanto, Honneth parte de uma tipologia proposta por Michael Walzer, segundo o qual haveria três formas fundamentais de crítica social, diferenciadas entre si pelo modo como se chega às normas e aos princípios subjacentes, ou seja, pelos procedimentos da "revelação", da "invenção" e da "interpretação". Enquanto a primeira é de pouca relevância na contemporaneidade segundo Honneth, na medida em que tem como referência um pano de fundo fortemente metafísico ou religioso, a partir do qual se mede e critica os decursos sociais, o segundo ganharia em importância porque se refere ao procedimento de validade universal que permitiria alcançar normas justificadas. Para Honneth, o termo mais adequado seria "construção", pois se trata de métodos "construtivistas", cujo exemplo maior contemporâneo seria a teoria da justiça de John Rawls. Por seu turno, a terceira forma de crítica social, chamada por Walzer de interpretação, se caracterizaria pela obtenção dos critérios da crítica a partir da hermenêutica dos valores e princípios já operantes na comunidade a ser criticada. Para Honneth, no entanto, apesar do maior acento no aspecto hermenêutico, trata-se de algo que o próprio Marx realizara a título de crítica imanente da ideologia: "a ideia de que a má realidade das condições dadas tem de poder se deixar medir pelas pretensões normativas que nela são incorporadas institucionalmente ao mesmo tempo como ideais" (Honneth, 2007, p.62). Também aqui, Honneth propõe uma modificação terminológica, que, ao que parece, é apenas uma reação à primeira: em vez de interpretação, tal crítica imanente merece o nome de "reconstrução". Além disso, ele acrescenta ao esquema de Walzer outra forma de crítica, "genealógica", de origem nietzschiana e cuja principal referência na contemporaneidade é naturalmente a obra de Michel

Foucault; nesse caso, trata-se em geral da tentativa de mostrar como as normas e ideais de uma sociedade são engolfadas na legitimação de práxis disciplinadoras.

Uma vez que Honneth reinterpreta a crítica imanente em Marx já como uma forma de "crítica reconstrutiva", não é difícil para ele alastrar essa noção à Teoria Crítica clássica, de modo que "Horkheimer, Adorno e Marcuse se empenharam até certo momento por uma via reconstrutiva de fundamentação de sua crítica social" (Honneth, 2007, p.64), de modo que a teoria reconstrutiva de Habermas é, até certo ponto, apenas continuidade dessa via. As diferenças começam pelo modo como os critérios normativos, imanentes à sociedade criticada, são justificados, uma vez que a Teoria Crítica não pode lidar apenas com uma normatividade factual, mas com uma normatividade justificável, que se deixa demonstrar como "um progresso no processo de racionalização social". Além disso, essas diferenças se referem também à incorporação das desconfianças que a crítica genealógica nutre em relação aos elementos normativos, pois não se podem ignorar, à luz das experiências catastróficas do século XX, os deslocamentos desses elementos para a produção de formas de poder.

Nessa visão geral, enormemente surpreendente, sobre a unidade metodológica da Teoria Crítica como um todo, é chamativo que Honneth não recorra a Habermas a não ser como exemplo de crítica reconstrutiva. De certo modo, sua estratégia tácita parece consistir na substituição da "dialética" como categoria capaz de abranger as diferentes versões ou modelos de Teoria Crítica por uma categoria capaz de integrar não só Habermas como ele próprio – como ficará mais claro quando ele passa a valer de maneira sistemática da noção de "reconstrução normativa" (Honneth, 2011). Com isso, ele contribui de modo decisivo para a solidificação de um "paradigma da reconstrução" no interior da Teoria Crítica, como sugere Olivier Voirol:

> Seja na forma de uma "reconstrução normativa" (Honneth), seja na de uma "reconstrução racional" (Habermas), a reconstrução se tornou o método da Teoria Crítica desde a "virada reconstrutiva". Como já foi dito, a reconstrução também transformou as articulações

entre filosofia e ciência, entre teoria e pesquisa, entre fundação normativa e investigação científica, quando comparadas com o modelo dialético do primeiro Horkheimer. (Voirol, 2012, p.95)

Deixo de lado aqui a intricada questão sobre a unidade de método dada anteriormente com a dialética, visto que Benjamin, Adorno, Horkheimer e Marcuse, para citar os mais renomados, de modo algum parecem coincidir na determinação dos conceitos dialéticos mais fundamentais.[4] Assim como deixo de lado a correção da generalização da virada reconstrutiva para o conjunto dos autores pós-habermasianos.[5] Interessa-me antes observar que a generalização de Honneth, que faz a categoria de reconstrução abranger a Teoria Crítica clássica, serve claramente de índice da solidificação da "virada reconstrutiva".

Em semelhança com as observações de Voirol, Piet Strydom parte da consideração de que, com Habermas e Honneth, e na sequência da nova geração de teóricos críticos, passando por McCarthy e Bohmann, estabeleceu-se uma consciência mais evidente da reconstrução como o método adequado ao princípio da "transcendência imanente" que caracterizaria a Teoria Crítica por inteiro:

> Para os objetivos mais particulares da produção de conhecimento praticamente relevante, os teóricos críticos contemporâneos operam com outro conceito correlato [ao de transcendência imanente], o qual se tornou central para a autocompreensão metodológica da

---

4 A relação com os dois pensadores maiores da dialética moderna, Hegel e Marx, tampouco é consensual no paradigma "dialético". E é chamativo que tanto Habermas quanto Honneth pareçam mais próximos de diversos intentos dessas fontes, por exemplo na ideia de possibilidades imanentes de desenvolvimento histórico, do que seus antecessores. A respeito das noções de negatividade e totalidade em Hegel e Adorno, cf. Repa (2011), e, sobre a ideia de crítica em Horkheimer, cf. Repa (2017a).

5 Sem dúvida, Benhabib, Fraser, Forst, e, como veremos com mais detalhe, Jaeggi, não poderiam ser arrolados exatamente entre os reconstrutivos. A respeito da crítica de Benhabib à reconstrução habermasiana, cf. Lopes (2019, p.95).

Teoria Crítica – a saber: reconstrução. Eles especificam a estrutura metodológica geral estabelecida pela transcendência imanente ao providenciar os meios para a articulação do conceito global. [...] As implicações metodológicas da transcendência imanente são decifradas da melhor maneira quando se mantém em mente o conceito de reconstrução. (Strydom, 2011, p.135)

Para Strydom, apesar dos avanços no âmbito metodológico das reflexões sobre a Teoria Crítica que foram alcançados desde Habermas, faltaria desenvolver aspectos mais epistemológicos, que caminhariam na direção de um reforço maior da relação dessa tradição de pensamento com o pragmatismo norte-americano, em especial com a semiótica peirciana. A nosso ver, contudo, a própria conexão entre reconstrução e crítica precisa ser mais aprofundada, pelo menos em Habermas. Ao se converter a reconstrução como método por excelência dessa tradição de pensamento, não se perdem de vista apenas as diferenças metodológicas entre os diversos modelos de Teoria Crítica; de certo modo, ela parece pressupor, em que pese seu caráter programático, o que deveria ser demonstrado: a articulação da reconstrução com a crítica. O conceito de crítica reconstrutiva, em sua primeira formulação em Honneth, parte de um vínculo que precisa ser investigado.

V. Crítica reconstrutiva e crítica imanente: as objeções de Jaeggi à reconstrução

Em certa perspectiva, é este o propósito que Iser tem em mente ao conceber uma "Teoria Crítica que procede reconstrutivamente" (2008, p.13), a qual tem como ponto de partida os modelos representados pela teoria do entendimento linguístico em Habermas e a teoria do reconhecimento em Honneth. O que nos interessa aqui, porém, não é o modo como Iser procura reunir os dois modelos, em vista de suas insuficiências em separado e articulando assim uma concepção própria de Teoria Crítica, mas antes os traços gerais que conferem a ela enquanto teoria reconstrutiva, isto é, traços que remetem diretamente a Habermas.

De acordo com Iser, a Teoria Crítica reconstrutiva se articula, em primeiro lugar, por efetuar a "reconstrução horizontal de uma gramática normativa 'intramundana'". Nesse aspecto, a teoria busca reconstruir uma "gramática profunda" que é incontornável para toda "forma de vida humana" (Iser, 2008, p.14). Essa reconstrução horizontal deve fundamentar os critérios normativos da crítica (Iser, 2009, p.264). A essa operação horizontal, soma-se, em segundo lugar, o que o autor denomina "reconstrução vertical do progresso moral", que se destina a mostrar a plausibilidade dos critérios obtidos horizontalmente, isto é, no sentido de sua evolução histórica. Não se trata aqui, porém, de sustentar os critérios normativos a partir de uma pesquisa histórica empírica. Tal pesquisa deve reconstruir processos de aprendizagem que podem ser justificados como progressos morais, como o aumento de racionalidade que tem como referência o núcleo normativo alcançado no primeiro passo. A reconstrução vertical se efetua da mesma maneira que o desdobramento de uma lógica de desenvolvimento imanente às formações sociais. Iser acentua também a importância da conexão dessa lógica com a "dinâmica do progresso social", isto é, com o papel desempenhado por problemas materiais de reprodução social que tanto impulsionam novas etapas na lógica do desenvolvimento como são absorvidos de maneira determinadas por eles (Iser, 2009, p.366; 2008, p.18).

Em terceiro lugar, Iser aponta como tarefa o "diagnóstico de situações sociais deploráveis [*Missstände*]". Nesse aspecto crítico fundamental, trata-se, para o teórico crítico reconstrutivo, da tarefa de explicar a utilização unilateral ou apenas ausente de um potencial de razão teoricamente fundamentado nos dois primeiros passos. Por outro lado, esse diagnóstico tem de articular-se com outro, voltado para "os potenciais presentes de resistência":

> Uma vez que os defensores da abordagem reconstrutiva creem ter reconhecido o mecanismo normativo em que se baseia

a integração social das sociedades (modernas), eles julgam possuir um faro especial para os trilhos em que expectativas normativas são tão massivamente desiludidas, em que indignação e resistência são muito prováveis, se não até mesmo "garantidas". (Iser, 2008, p.18)

Para Iser, há um elo essencial entre as experiências de indignação e resistência e a reconstrução do progresso normativo e das tendências que conduzem a situações deploráveis. Mas, a partir da passagem citada, é possível perguntar também se os passos reconstrutivos elencados em primeiro e segundo lugar, e até mesmo em terceiro, não podem ganhar autonomia em relação ao passo realmente *crítico* no sentido da Teoria Crítica. Pois o elemento crítico passa a ser visto como resultado provável, ao modo de um prognóstico, de uma linha teórica dada. Isto é, podemos perguntar se a sensibilidade para as experiências críticas das sociedades contemporâneas, e com ela a noção de crítica que estamos perseguindo, não pode ser, *por causa da autocompreensão metodológica*, perder em substância. A função crítica da teoria reconstrutiva passa a ser uma função *a mais*, e com isso, *entre outras*. Involuntariamente, o próprio Iser levanta o problema ao se ater, no seu verbete sobre a "Rationale Rekonstruktion" em Habermas, ao modo como ocorre neste último uma diferenciação e uma articulação entre reconstrução e crítica:

> Enquanto a reconstrução racional se destina a articular os pressupostos implícitos do entendimento [linguístico], ou seja, sua estrutura profunda, cabe à crítica daqui em diante a tarefa posterior [nachgeordnet] de pôr em aberto, perante o pano de fundo dessa reconstrução, os déficits dos processos reais de entendimento em situações concretas. (Iser, 2009, p.365)

Ora, se essa diferenciação é aceita tal e qual, a própria noção de "crítica reconstrutiva", que, como temos visto, pretende estabelecer a unidade entre reconstrução e "comportamento crítico" no sentido de Horkheimer, se desfaz ou, no mínimo, se debilita.[6] Pois, nesse caso, a teoria reconstrutiva pode ser isolada da atividade crítica, autonomizada como uma "teoria tradicional", ainda no sentido de Horkheimer. A relação entre crítica e reconstrução passa a ser eventual, ela não é reciprocamente determinante. Se de um lado a reconstrução ganha feitio "tradicional", de outro, a crítica se torna de fato uma tarefa "posterior" e, além disso, facilmente redutível a uma mera comparação entre possibilidades estruturais e possibilidades factuais, a uma modalidade de "crítica interna".

Portanto, antes de abordar tal diferenciação entre reconstrução e crítica, que representa um momento específico da obra de Habermas – a saber, a "autocrítica" de *Conhecimento e interesse*, exposta no posfácio de 1973 –, é preciso apresentar os traços gerais desse último problema, isto é, a redução do modelo reconstrutivo a um tipo de retificação interna a respeito de possibilidades não realizadas, mas em si mesmas conformadoras. O que está em jogo é o vínculo da reconstrução com a possibilidade real de emancipação, já que sua tradução em crítica interna, entendida como comparação entre possibilidade e efetividade no interior de uma formação social, faria escapar da mão o que sustenta esse vínculo.

Entre os mais novos representantes da Teoria Crítica, Rahel Jaeggi é uma das poucas que não fazem da crítica reconstrutiva a forma mais adequada para essa tradição de pensamento.[7] Pelo contrário, ela considera que a crítica reconstrutiva pode ter características até mesmo opostas àquelas que se espera de uma Teoria Crítica da sociedade.

De acordo com uma tipologia das formas de crítica social proposta por Jaeggi, a crítica reconstrutiva pode ser vista como uma crítica interna, a qual precisa ser diferenciada da crítica imanente, que se caracteriza, esta sim, por trazer consigo a consideração sistemática

---

6 Algo semelhante ocorre na autocompreensão metodológica de Axel Honneth a respeito da noção de "reconstrução normativa", em que a "crítica reconstrutiva" é tomada como um caso de aplicação dos padrões reconstruídos em uma instância prévia (cf. Honneth, 2011, p.28).
7 Para uma versão mais detalhada da posição de Jaeggi, cf. Repa (2016).

da transformação social (Jaeggi, 2014, p.261 ss.; cf. também Jaeggi, 2008, p.137 ss). Segundo Jaeggi, a crítica interna se distingue de todo tipo de crítica externa porque procura situar os seus critérios normativos no objeto criticado. Ao contrário, portanto, da crítica externa, que seja de maneira transcendental, seja de maneira antropológica, parte de um princípio construtivista que pode coincidir com o âmbito do que é criticado, mas por natureza tem de situar-se exteriormente ou por exigência teórica precisa operar um distanciamento metodológico em relação ao objeto, a crítica interna pretende se colocar como no seu interior.

O que é propriamente crítico nessa forma de crítica interna é justamente a constatação de um descompasso normativo entre a autocompreensão daqueles que constituem o âmbito investigado e a realização do conteúdo dessa autocompreensão:

> Crítica interna é uma forma de crítica [...] que parte de que determinados ideais e normas pertencem, sem dúvida, à autocompreensão de uma determinada comunidade, mas de fato não são realizados nela. A "efetividade" de determinadas práticas e instituições é medida, então, por esses ideais já contidos nela, mas não realizados. (Jaeggi, 2014, p.263)

O que os diversos casos de crítica interna apontam, conforme a autora, é uma inconsistência, um desacordo ou uma contradição interior entre os componentes normativos, aceitos de modo ostensivo nos grupos criticados, e a realidade factual praticada em geral no interior deles. Aquele que não realiza o que afirma é criticado justamente pelos critérios que defende abertamente. Mas, se é assim, o empreendimento da crítica interna tende a ser conservadora: ela busca reafirmar os componentes normativos defendidos por quem não os realiza de uma maneira ou de outra. Trata-se, então, de uma "restituição de princípios" ou da "reativação do sentido verdadeiro" de alguns ideais – em todo caso, não se coloca a perspectiva de uma transformação dos princípios pelos quais a crítica se guia. O que implica, por sua vez, uma aceitação desses princípios como não dinâmicos. Soma-se a isso a pouca ou quase nenhuma distância normativa que a crítica interna pressupõe. De maneira geral, os princípios e ideais normativos não carecem de processo de legitimação, e, nesse sentido, a crítica interna caminha para um modo de convencionalismo normativo, e, por consequência, uma vez que se trata de um conjunto de convenções dadas em determinado contexto, se apresenta também como particularista, como é o caso exemplar dos patriotismos que lamentam a decadência dos valores da pátria.

Com esse convencionalismo, essa forma de crítica tende a subestimar a importância dos processos de interpretação sobre as normas e as práticas que se distanciaram delas. Em muitos casos, a contradição não se revela de maneira patente, como no caso de uma incoerência literal. Apontar uma incoerência entre práticas e normas pode significar a ignorância sobre o modo como essas práticas contraditórias se interpretam ou sobre a multiplicidade de referências normativas existentes em uma sociedade. Ou seja, a crítica interna tende a recusar os potenciais de conflito envolvidos nas necessidades de interpretações em situações complexas, pressupondo com isso certa homogeneidade social (Jaeggi, 2014 p.271).

Como último traço problemático, Jaeggi acentua a impossibilidade, no interior de sociedades plurais, de determinar até que ponto a crítica procede de "fora" ou de "dentro". Como valores diferentes são partilhados no interior de uma mesma sociedade, os limites da exterioridade ou interioridade normativa não podem ser bem definidos.

Embora a autora tenha em vista, sobretudo, a concepção de "interpretação" de Michael Walzer como crítica social interna, como foi aludido anteriormente a partir de Honneth, é chamativo que ela denomine "reconstrutivo" o caráter geral desse tipo, ao passo que a forma da crítica imanente seria "transformativa", enquanto a crítica externa seria "construtiva": "A crítica imanente é menos dirigida à reconstrução ou o resgate [*Einlösung*] de potenciais normativos do que a uma transformação do existente, promovida por problemas e contradições imanentes de uma determinada constelação social" (Jaeggi, 2014, p.277; cf. também 2008, p.155).

Diferentemente de Titus Stahl, que reserva o conceito de crítica interna apenas àquela forma de crítica que "se refere *exclusivamente* aos *critérios normativos explicitamente reconhecidos* em uma comunidade, práxis ou em um conjunto de pessoas" (Stahl, 2013, p.30), a noção parece ser mais abrangente em Jaeggi, já que ela registra o recurso a "potenciais normativos", às possibilidades trazidas pelos valores e normas reconhecidas. Com certeza, a formulação mais ampla pretende atingir, em primeiro lugar, a concepção honnethiana de crítica reconstrutiva (cf. Jaeggi, 2014, p.294), na versão geral que apresentamos antes. Por isso mesmo, são evidentes também suas consequências para a compreensão habermasiana, seja como caso exemplar de método reconstrutivo, seja como ponto de partida efetivo da compreensão honnethiana. Se em diversos aspectos a descrição feita da crítica interna está longe de acertar o alvo no caso de Habermas (como também no caso de Honneth), o problema maior apontado por Jaeggi se impõe: uma tarefa reconstrutiva de potencialidades não realizadas não se resume a uma crítica interna que simplesmente reitera seu sentido normativo? A crítica reconstrutiva, enquanto crítica interna, não se resumiria afinal em uma comparação entre potencial e efetividade? E assim a crítica reconstrutiva não seria estática, não inovadora, e, o que é mais importante, não escaparia à intenção e às categorias que explicam como se pode contar com uma transformação da sociedade em função das potencialidades reconstruídas? Se tivermos de concordar com essa tipologia, a unidade entre reconstrução e crítica evidentemente esmorece, para dizer o mínimo.

Cabe ressaltar, mais uma vez, que talvez o próprio Habermas tenha contribuído para isso ao distinguir reconstrução e crítica, reproduzida por Iser. Mas, antes ainda de retomar esse fio, é preciso verificar o que Jaeggi entende por crítica imanente, pois talvez nessa sua compreensão encontremos traços da concepção de reconstrução como crítica que se tem em vista aqui.

Para começar, Jaeggi estabelece como próprio da sua concepção de crítica imanente, apoiada em Hegel, Marx e na psicanálise, o "nexo íntimo entre análise e crítica":

Nisso, a análise não é apenas uma pré-condição instrumental para a crítica, mas o componente do próprio processo crítico. Ela é crítica enquanto análise (e não uma mera descrição do existente) e é análise enquanto crítica (e não uma mera exigência feita ao existente). (Jaeggi, 2014, p.280)

Portanto, não haveria aqui, no caso da crítica imanente, uma hierarquia lógica e temporal entre teoria e crítica, como é o caso, para insistir nisso uma vez mais, da relação entre reconstrução e crítica na descrição de Iser. A crítica não é um momento posterior e de algum modo eventual.

Tampouco haveria uma reafirmação do que é tomado como critério normativo. Como é o caso do primeiro modelo de crítica imanente, formulado pela primeira vez na Introdução da *Fenomenologia do espírito*, o critério é, certamente, interno ao objeto, ou seja, à cada figura da consciência na série em desenvolvimento da consciência. Mas, na medida em que cada figura da consciência se envolve na contradição entre o que ela estabelece como critério e seu saber ou prática efetiva, ela é transcendida a partir de dentro para fora de si mesma, isto é, para uma outra forma, que é, segundo o termo hegeliano, sua "negação determinada", o "nada daquilo de que resulta" (cf. Hegel, 2008, p.76).[8]

Nesse contexto, a conhecida crítica hegeliana à tentativa kantiana de estabelecer critérios para o conhecimento correto antes do próprio conhecer, caracterizada como a tentativa do escolástico de querer nadar antes de cair na água (cf. Hegel, 1995, p.50), deve significar que o exame da capacidade do conhecimento é um processo em que a crítica não é exterior ou prévio ao conhecimento. Poderíamos dizer: a crítica da faculdade de conhecer já é por si mesma um tipo de conhecimento, calcado em diversas concepções prévias sobre verdade, método, juízo etc.

Portanto, segundo esse conceito de crítica imanente, é preciso destacar que o objeto é analisado em seu aspecto dinâmico e

---

8 Sobre a origem e o desenvolvimento da crítica imanente em Hegel, cf. Repa, 2019.

transformativo, por meio de contradições imanentes a ele. A mesma linha de raciocínio é aplicada à crítica da ideologia em Marx, como segundo caso paradigmático de crítica imanente. Nesse âmbito, é chamativo, segundo Jaeggi, que Marx não se valha apenas de uma mera comparação entre o que é normativamente afirmado nas ideologias burguesas, como a liberdade e a igualdade, e a realidade de não liberdade e a desigualdade sociais produzidas pela sociedade capitalista. Mais importante seria a demonstração do funcionamento ideológico desses princípios, uma vez que eles se tornam mecanismos de produção do seu oposto, por exemplo, pelo contrato de trabalho que levaria a exploração ao mesmo tempo que segue as características formais da concepção burguesa:

> Vê-se agora em que medida a crítica imanente justamente não segue o modelo de argumentação típico para a crítica interna (hermenêutico-reconstrutiva), de que uma comunidade tenha perdido a ligação com seus ideais. Pois ela não considera a relação entre normas e realidade na situação por ela criticada como dissolvida ou enfraquecida, mas como invertida ou equívoca em si. Isto é (tal como no caso acima referido, dos valores constitutivos da sociedade burguesa, a liberdade e a igualdade), as normas são eficazes, mas, como eficazes, elas tornaram-se contraditórias e deficitárias. (Jaeggi, 2008, p.156; cf. 2014, p.290)

Na leitura de Jaeggi, não está em jogo na crítica imanente um descompasso entre norma e efetividade apenas, mas também do modo específico pelo qual a norma se torna eficaz e com isso contraditória, pois não produz liberdade ou igualdade alguma.

O terceiro caso paradigmático de crítica imanente seria o da psicanálise, mais precisamente, o diálogo psicanalítico, no qual a crítica se apresenta na forma de uma dissolução de autoenganos que parte dos próprios sintomas do paciente. Para Jaeggi, o diálogo psicanalítico comporta vários traços do processo dialético da *Fenomenologia do espírito*, na forma de uma relação recíproca entre a interpretação do analista e a autointerpretação do paciente (Jaeggi, 2014, p.286).

Embora ela seja bastante sucinta quanto ao papel da psicanálise como crítica imanente, isso é de nosso interesse, porque o diálogo psicanalítico, a crítica da ideologia e a crítica hegeliana fenomenológica (portanto, os três casos elencados) são formas de crítica que aparecem em *Conhecimento e interesse* como formas de reconstrução. Dessa perspectiva, poderíamos dizer, já agora, que a crítica imanente se expressaria nessa obra habermasiana de 1968 como crítica reconstrutiva, e de maneira bastante substancial, visto que incorpora os três casos paradigmáticos de "crítica imanente", segundo Jaeggi.

Porém, antes de abordar diretamente esse ponto, é preciso ainda conferir as sete características que Jaeggi atribui à crítica imanente, pois isso ajudará na discussão da ideia de crítica reconstrutiva ou de reconstrução como crítica. Trata-se, em primeiro lugar, da "normatividade do efetivo [*Wirkliches*]", a qual não se resume a valores e ideais explícitos, mas leva em conta a normatividade constitutiva das práticas sociais. Em segundo, do "caráter constitutivo (-funcional) das normas" à qual se atém a crítica: elas devem ser constitutivas do funcionamento da sociedade e também da autocompreensão dos participantes dela, como é o caso da igualdade e da liberdade de todos os indivíduos na sociedade burguesa, segundo o exemplo de Marx, e nesse aspecto as normas em questão não se apresentam de maneira factual, mas antes têm caráter de "fundamentadas, racionais" (Jaeggi, 2014, p.290, 2008, p.156). Em terceiro lugar, da mencionada "eficácia invertida das normas", que se tornam contraditórias e "deficitárias" em razão de sua efetividade, porque se opõe ao "conteúdo das normas". Em consequência do caráter contraditório das práticas sociais diagnosticadas, é preciso sublinhar, em quarto lugar, "a orientação da crítica imanente pela crise", pela instabilidade, deficiência, disfuncionalidade que estruturalmente põe sob ameaça a identidade de uma formação social. Em quinto lugar, destaca-se a "contraditoriedade paralela de efetividade e normas", com o que a crítica imanente se diferencia da interna porque não deixa intocadas as normas como padrão de medida fixo. Não se trata, assim, de atentar apenas para a efetividade da norma, mas também a "norma na efetividade". Por consequência, o "critério da crítica se altera no processo da crítica" (Jaeggi, 2014, p.293), como é o caso da crítica da liberdade e da igualdade como ideologia burguesa, que, se é primeiramente critério em oposição à realidade que nega a liberdade e a igualdade, precisa dar lugar a uma concepção positiva de liberdade e material de igualdade. Não se tem em vista assim a "efetivação do que está inscrito em um sentido estático", mas o próprio potencial a ser resgatado sofre também uma transformação no curso do resgate. A sexta característica foi enfatizada desde o início, mas agora é importante salientar também que a distinção entre transformação e reconstrução seria, para a autora, a "diferença mais marcante" entre a crítica imanente e a crítica interna (Jaeggi, 2014, p.294). Por fim, como sétimo traço distintivo, menciona-se a ideia de "crítica imanente como processo de experiência e aprendizado", uma vez que a experiência de contradição e de fracasso de uma formação social traz consigo o discernimento não só de uma posição falsa, mas também, junto disso, uma nova posição, em consonância com a noção hegeliana de negação determinada.

VI. A tipologia das compreensões de reconstrução em Celikates

Como dito, as objeções de Jaeggi ao método da reconstrução como forma de crítica interna parece ter em vista sobretudo a via aberta por Honneth. Porém, dado que a proposta de Honneth é ela mesma um remanejamento da categoria habermasiana, a despeito de diferenças relevantes, caberia perguntar agora até que ponto esta última se relacionaria com a concepção de crítica imanente proposta por Jaeggi, cujo mérito da sistematicidade é inegável nesse contexto. Com essa questão, poderemos nos acercar da distinção entre reconstrução e crítica, a qual parece condenar o modelo reconstrutivo de teoria crítica por ser uma forma antes tradicional de crítica, no sentido de que pode se satisfazer com modos reiterativos de normatividade e não com transformações substantivas em vista da emergência de formas de vida emancipadas.

É claro que o recurso à concepção de Jaeggi como padrão de medida deve ser visto como um expediente provisório, como um ponto de partida a partir do qual não só o nosso objeto pode ser relativizado, mas também ele próprio, pois o que pretendo alcançar é justamente uma forma específica de crítica imanente intrínseca à reconstrução.

Para encaminhar uma solução para tamanha tarefa, no entanto, continuarei ainda com uma abordagem indireta, isto é, partirei da apresentação que Robin Celikates faz das compreensões de reconstrução em Habermas e, ao corrigir suas lacunas, mostrar como tem de relacionar-se reconstrução e crítica nesse pensador. Essa proposta se justifica porque Celikates é o único entre os membros da geração recente da Teoria Crítica que abarca modelos diferentes de reconstrução nessa tradição de pensamento, em particular, no próprio Habermas. Enquanto Honneth e Iser agrupam as compreensões de reconstrução sob o amplo denominador de "crítica reconstrutiva", e Jaeggi não deixa de fazê-lo em perspectiva negativa, Celikates opera diferenciações importantes que sugerem uma complexidade maior do conceito de crítica reconstrutiva. Além disso, a diferença entre reconstrução e crítica, que para Jaeggi condena a crítica reconstrutiva em geral a ser uma modalidade tradicional de crítica interna, é acusada diretamente por Celikates como deficiência de apenas *uma* das compreensões de reconstrução em Habermas.[9]

O ponto de partida de Celikates é a seguinte concepção geral de crítica reconstrutiva:

> A crítica reconstrutiva não aduz de fora para os destinatários os critérios normativos da crítica; pelo contrário, ela procura desenvolvê-los a partir de estruturas normativas das práticas constitutivas de um determinado contexto social (não incondicionalmente articuladas de maneira integral e explicitamente sabidas pelos destinatários) – mais exatamente, a partir de normas, valores,

---

9 Retomo aqui um desenvolvimento analítico presente em Repa (2017).

autocompreensões, expectativas e intuições ligadas a essas práticas. A reconstrução representa, de acordo com isso, a tentativa de tornar explícito um conteúdo normativo implícito. Ela é uma construção de segunda ordem, na medida em que ela se reporta às práticas e autocompreensões dos atores "ordinários" e a suas construções reflexivas de primeira ordem [...]. (Celikates, 2008, p.187)

A crítica reconstrutiva consistiria, portanto, em uma concepção de teoria crítica que se apoia na reconstrução de construções normativas internas às práticas sociais, de modo a derivar delas seus próprios critérios normativos. A reconstrução se definiria, portanto, como explicitação de conteúdos normativos implícitos, os quais não são conscientemente sabidos por aqueles que os compartilham, os atores sociais.

Com esse modelo reconstrutivo de teoria crítica, Celikates pretende escapar das dificuldades de uma crítica sociológica externa às práticas de poder, como a desenvolvida por Bourdieu, e de uma sociologia da crítica interna (em sentido diferente daquele de Jaeggi), elaborada de modo exemplar por Boltanski. No primeiro caso, o da crítica externa, Celikates observa de modo geral um modelo de ruptura entre o teórico e o ator social. O teórico teria uma espécie de privilégio epistemológico e metodológico, uma capacidade crítica e reflexiva superior de alguma maneira à dos atores sociais. Ele poderia identificar o que há de ideológico no processo social, a partir de uma instância livre de elementos ideológicos (cf. Celikates, 2006). No caso da crítica interna de Boltanski, parte-se, ao contrário de uma simetria entre o teórico e o ator, de modo que o primeiro pode apelar para a capacidade crítica do segundo ou até mesmo renunciar para si mesmo uma atividade crítica, já que o segundo seria suficiente nesse aspecto. Os tipos de crítica, interna e externa, são operacionalizados, portanto, em função da relação entre teórico e destinatário. A crítica interna incorpora a atitude metodológica típica de um participante, ao passo que a externa se caracteriza pela atitude de um observador, que se distancia metodologicamente do objeto social criticado. Com isso, trata-se de saber até que ponto a crítica pode se situar como práxis de transformação junto aos atores sociais, como se o crítico fosse um dos atores, mas ao mesmo tempo sem cair na pretensão de Boltanski de que não haveria uma constituição específica do crítico:

A "virada pragmática" proposta por Boltanski e outros não deveria levar-nos a abandonar o projeto da Teoria Crítica, como se toda a crítica necessária já estivesse articulada nas práticas cotidianas de crítica. As capacidades reflexivas dos atores "ordinários" e suas práticas de justificação e crítica, que são convincentemente reconstruídas pela sociologia da crítica, constituem a base social e metodológica da Teoria Crítica. Isso não deveria, contudo, levar-nos a atribuir uma autoridade epistêmica à perspectiva dos participantes que seja imune a ser colocada em questão de um ponto de vista informado em termos teóricos. (Celikates, 2012, p.31)

Partindo da ideia quase minimalista de reconstrução, o autor desdobra uma tipologia que visa alcançar esse ponto mediano entre a crítica totalmente externa, à la Bourdieu, e a crítica totalmente interna, à la Boltanski. Nessa tipologia, trata-se de dois modelos ou "compreensões" de reconstrução, presentes no pensamento de Jürgen Habermas, e um terceiro, presente na obra de Axel Honneth. O primeiro seria aquele proposto por Habermas em *Conhecimento e interesse*, tendo como ponto de partida a psicanálise freudiana. Segundo Habermas, o procedimento metodológico psicanalítico seria reconstrutivo porque, na situação analítica, o psicanalista reconstruiria o que foi esquecido pelo paciente a partir de textos fragmentados, de sonhos e repetições, ao passo que o paciente vai rememorando fragmentos de sua história de vida a partir das hipóteses reconstrutivas. É preciso haver uma combinação de reconstrução e rememoração (*Erinnerung*), que, se bem-sucedida, deve desencadear uma autorreflexão no paciente de modo que ele reorganize sua autocompreensão. A ideia fundamental de Habermas seria, nesse contexto, adotar para a teoria social crítica esse procedimento essencialmente dialógico capaz de liberar um processo autorreflexivo sobre formas arraigadas de dominação e ilusão.

A segunda compreensão de reconstrução seria representada pela pragmática formal de Habermas, que começaria a ser desenvolvida logo depois de *Conhecimento e interesse*, e que tem como grande desdobramento em termos de teoria social na *Teoria da ação comunicativa*. Nesse caso, a reconstrução pragmática visa transformar o saber intuitivo de regras dos atores no uso comunicativo da linguagem em um saber teórico, e de tal modo que se possa comprovar a universalidade dessas regras como condições "quase-transcendentais" da fala. O terceiro modelo, por fim, é o de Axel Honneth, chamado de "hegeliano de esquerda". Trata-se de "reconstruções normativas" que buscam, na realidade de uma sociedade concreta, os ideais normativos que incorporam algo como uma razão social, como um conteúdo normativo racional que está na base de relações de reconhecimento institucionalizadas. A reconstrução é crítica na medida em que pode mostrar que esse conteúdo normativo não é inteiramente realizado nas instituições existentes, de modo que esse excesso de validade pode provocar uma pressão normativa que tenha efeitos práticos progressistas na forma de uma evolução moral da sociedade. É digno de nota que a ideia de uma potencialidade emancipatória no sentido de um fator socialmente objetivo de transformação da sociedade ganha lugar mais bem definido apenas nessa terceira compreensão.

Segundo Celikates, as três compreensões de reconstrução se diferenciam a princípio pelo que é reconstruído e como isso é reconstruído. No caso da compreensão "reconstrutivo-psicanalítica", trata-se de reconstruir patologias concretas e sua gênese; portanto, o objeto é inteiramente marcado por uma concretude histórica, e isso é desdobrado no modo de uma interação dialógica com os destinatários da crítica. No caso do modelo reconstrutivo-pragmático, o que é reconstruído se constitui de um sistema de regras formando as condições de possibilidade da interação comunicativa, o objeto é abstrato e supra-histórico, e isso é desdobrado ao modo de tipos ideais representando as condições da comunicação como universais. Já no caso da compreensão reconstrutiva-hegeliana, o objeto de reconstrução é o conteúdo normativo de uma práxis ou forma de vida, ele não é tão historicamente concreto como no primeiro caso, nem tão generalizado de maneira supra-histórica como no segundo, e isso é desdobrado como um processo de realização progressiva da razão.

De acordo com Celikates, a segunda e a terceira compreensões são mais exigentes do que a primeira, na medida em que buscam algo de constitutivo, de intransponível (*unhintergehbar*) e quase-transcendental; além disso, ambas, a segunda e a terceira, são monológicas, a identificação do que é constitutivo dispensa, a princípio, o diálogo com o ator social cuja prática é reconstruída. O grande problema da segunda compreensão, a "pragmático-formal", seria, no entanto, a separação entre reconstrução e crítica que ela supõe e que, como temos visto, pode até mesmo desfazer a base de um modelo reconstrutivo de Teoria Crítica. Na visão de Celikates, a reconstrução oferece os critérios da crítica, mas não se exerce como crítica – ou seja, ela se desliga por princípio da relação dialógica com os destinatários. Algo semelhante também acontece com a terceira, na medida em que se confia demais no potencial de racionalidade das relações de reconhecimento para além ou aquém das autocompreensões dos atores dessas relações de reconhecimento, ou seja, uma confiança típica do pensamento fundado na filosofia da história. Tudo isso apontaria para a superioridade crítica e metodológica da primeira compreensão, psicanalítico-habermasiana, de reconstrução.

De fato, é essa compreensão articulada por Habermas em *Conhecimento e interesse* que Celikates considera como a via mais adequada para o desenvolvimento da Teoria Crítica da sociedade. Uma vez que se trata de reconstruir a gênese de uma patologia social a partir de uma instância próxima dos atores sociais, em diálogo com eles, mas não em total simetria com eles – como na diferença entre analisando e analista –, esse tipo de reconstrução se conforma à ideia fundamental de pensar a crítica como práxis social, não como um exercício que se situa por princípio aquém ou além das práticas dos atores sociais comuns.

VII. Reconstrução horizontal e vertical

Na perspectiva da presente investigação, o mérito de Celikates consiste em propor uma tipologia que serve em grande parte para organizar o debate a respeito da reconstrução como método privilegiado da Teoria Crítica mais recente. Porém, de um ponto de vista histórico-filosófico, ela é ainda precária, pois realiza fortes abstrações, sobretudo em relação às duas compreensões propostas por Habermas, e não leva em conta a possibilidade de novas diferenciações. Além disso, de um ponto de vista reconstrutivo, ela não leva em conta possibilidades de integração não realizadas entre as diversas compreensões ou modelos de reconstrução, o que poderia fortalecer a ideia de um campo reconstrutivo com mais capacidade crítica e explicativa.

Em relação à segunda compreensão, "pragmático-formal", a grande abstração que Celikates comete é ater-se apenas a um dos dois vetores de reconstrução que Habermas elabora no contexto teórico referido. Ou seja, a compreensão pragmático-formal de reconstrução só pode ser apresentada como abstrata e supra-histórica porque ela é separada da dimensão propriamente histórica, ou ligada à história, que Habermas de fato desenvolve simultaneamente ao longo dos anos 1970.

Falta à formulação de Celikates a diferenciação entre reconstrução vertical e horizontal identificada por Iser, embora esta diferenciação se incline a uma dimensão estritamente normativa, a qual quase se confunde com o desenvolvimento de princípios morais propriamente ditos. A meu ver, pelo menos desde o começo dos anos 1970, é possível falar que há para Habermas, na sua ideia central de reconstrução, dois vetores reconstrutivos articulados, um horizontal e outro vertical (Repa, 2008, 2012; Pedersen, 2008). Uma longa citação de uma discussão de Habermas com Luhmann mostra como a ideia de reconstrução se articula nesses dois aspectos:

> As reconstruções efetuadas na horizontal de alguns poucos sistemas de regras antropologicamente fundamentais [...] são para as teorias genéticas apenas uma preparação. Estas teorias têm a tarefa

mais geral de tornar transparente a lógica do desenvolvimento: na dimensão ontogenética, da aquisição da linguagem, da consciência moral, do pensamento operativo; na dimensão da história da espécie, o desdobramento das forças produtivas, e as grandes transformações históricas do quadro institucional que estão associadas à mudança estrutural das imagens de mundo e do desenvolvimento do sistema moral. Essas tentativas de reconstrução efetuadas na vertical, por assim dizer, [...] são teorias que, falando hegelianamente, têm de pressupor a lógica do conceito, isto é, a reconstrução de sistemas de regras abstratas, para poder elucidar, por sua vez, sob condições empíricas, a lógica do desenvolvimento, portanto as sequências necessárias da aquisição e estabelecimento daqueles sistemas de regras. (Habermas, 1971, p.175)

No nível "horizontal", sincrônico (cf. Benhabib, 1986; Pedersen, 2008), busca-se reconstruir as regras já operantes no contexto das sociedades contemporâneas, enquanto em um segundo nível "vertical", diacrônico, busca-se reconstruir a lógica de desenvolvimento dessas regras à luz da história das sociedades, verificando até que ponto a dinâmica histórica concreta obstruiu ou promoveu o desenvolvimento do sistema de regras. Nesse aspecto, a reconstrução vertical engloba uma distinção interna entre a lógica de desenvolvimento, que procura determinar as margens de variação de estruturas em um determinado processo de aprendizagem, e dinâmica de desenvolvimento, que explicita como as modificações suscitadas no interior daquelas estruturas se dão como resposta, segundo princípios próprios, a "desafios de desenvolvimento", representados em geral por problemas na reprodução material da sociedade. Como acentua Pedersen, "o que é reconstruído é uma competência que os sujeitos agentes possuem. A reconstrução descobre algumas competências fundamentais (reconstrução horizontal), mas também o modo como essas competências se desenvolveram no tempo (reconstrução vertical)". (Pedersen, 2008, p.463)

Habermas teria assim articulado dois elementos nessa elaboração da reconstrução, um propriamente kantiano, na medida em que a pragmática formal busca determinar as condições de possibilidade do entendimento linguístico, porém, na base de argumentos transcendentais fracos, ou "quase-transcendentais", que podem ser ligados indiretamente a testes empíricos, e um elemento hegeliano, em geral desprezado na literatura, representado pela reconstrução vertical, na qual "as estruturas e a diversas manifestações de consciência são historicamente constituídas" (Pedersen, 2008, p.467). Porém, cabe acrescentar a essa interpretação que a restrição que Habermas faz ao transcendentalismo kantiano como uma tentativa de fundamentação última tem também de ser feita ao elemento hegeliano: a reconstrução vertical, na forma de uma teoria da evolução social, não pode ser um sucedâneo da filosofia da história, como se verá na sequência desses estudos. A ideia de Habermas, segundo a qual tanto um vetor como o outro devem ser desenvolvidos a título de ciências reconstrutivas, mostra por si só quanto ele quer privar as sugestões filosóficas de qualquer orientação metafísica.

Em todo caso, é evidente que Celikates desarticula no Habermas posterior a *Conhecimento e interesse* duas compreensões de reconstrução que permitiriam juntas realizar a ancoragem histórica do objeto reconstruído. De certo modo, pode-se dizer que a terceira compreensão, a hegeliana de esquerda encontrada em Honneth, estaria presente também no Habermas desta fase. Celikates parece restringir-se aos textos habermasianos dedicados à pragmática formal ou universal, deixando de lado os textos dedicados à teoria do desenvolvimento social e à teoria da ação comunicativa como um todo. Com isso, e estranhamente para uma abordagem que tem em vista desenvolver o método reconstrutivo como método da Teoria Crítica, a estratégia habermasiana de reconstruir o materialismo histórico por meio da categoria de reconstrução não entra no campo de visão de Celikates.

Além disso, dizer que a compreensão de reconstrução da pragmática formal é monológica, não dialógica, merece um comentário mais desenvolvido. Celikates tem razão por um lado, mas comete um equívoco por outro.

De acordo com Habermas, as tentativas teóricas de reconstrução têm uma dimensão hermenêutica que só pode ser aberta por meio de um diálogo entre o cientista e os atores sociais, como destaca no ensaio "Ciências sociais reconstrutivas *versus* ciências sociais compreensivas" (cf. MKA, p.29 ss., trad. p.37 ss.). O acesso ao âmbito de objetos das ciências reconstrutivas é de natureza hermenêutica, daí Habermas falar nesse contexto de um "reconstrutivismo hermenêutico". Isso significa fundamentalmente que o processo de interpretação dos produtos simbólicos tem de assumir a forma de um diálogo. Ou seja, o cientista social precisa adotar a atitude de um participante, ainda que virtual, nas interações sociais que lhe interessam como objeto de pesquisa. Ele não poderia ter acesso ao significado atribuído pelos atores sociais aos seus produtos e práticas simbólicos se ele mesmo não pudesse se introduzir como um possível agente. O significado de um produto simbólico não pode independer da validade que lhe é atribuída, e essa conexão entre sentido e validade só é discernível para o cientista porque ele mesmo é um sujeito linguisticamente socializado. Como no texto fundamental de 1976, "Was heiβt Universalpragmatik" (VETKH, p.353 ss.), Habermas fala, às vezes, até mesmo de um processo maiêutico como uma forma de acesso às estruturas a ser reconstruídas.

Por outro lado, a racionalidade comunicativa discernida no processo de diálogo deve ser exposta na forma de uma teoria. Nesse caso, a perspectiva do participante em uma interação se transforma na perspectiva de um teórico que, em terceira pessoa, afirma algo sobre a interação comunicativa dos atores. Assim, a reconstrução se torna ela mesma um conjunto de hipóteses a respeito de estruturas profundas da interação comunicativa. Com isso, porém, não se pode perder de vista que, como esse conjunto de hipóteses, a reconstrução passa para outro âmbito de diálogo, que é a discussão ou discurso teórico. Assim, pode-se dizer que a reconstrução se principia na forma do diálogo e é discutida na forma de diálogo (embora em um índice cientificamente reflexivo), mas não pode prescindir de um momento objetivante em que se afirma algo sobre o mundo. Celikates parece isolar esse momento de todo restante, para afirmar, então, que a reconstrução pragmático-formal é, na essência, monológica. Na verdade, teríamos de dizer que o diálogo assume papéis distintos nas diversas concepções de reconstrução.

VIII. Reconstrução em *Conhecimento e interesse*

Celikates comete abstrações também no que se refere à primeira compreensão de reconstrução, chamada de "psicanalítica". Para ter consciência imediata disso, basta lembrar que a expressão "quase--transcendental" já fazia parte do repertório conceitual, por assim dizer, de *Conhecimento e interesse*. Ou seja, Celikates reduz o conceito de reconstrução operante nessa obra à reconstrução própria da situação analítica entre médico e paciente, e deixa de lado que boa parte do livro se dedica a um projeto reconstrutivo que alia também estratégias "kantianas" e "hegelianas".

Essa redução não afeta o mérito de modificar consideravelmente a orientação exegética segundo a qual *Conhecimento e interesse* seria apenas a origem do método reconstrutivo – como já defendi (Repa, 2008) –, mas não incluiria por si só uma articulação própria. Ou seja, o conceito de reconstrução emergiria principalmente na autocrítica de 1973, exposta no posfácio, a qual conteria, como mencionada acima, a distinção entre reconstrução e crítica. O que seria preciso mostrar é que, repetindo o ponto, nesse contexto Habermas se vale de uma noção de reconstrução com diversas variantes.

Para começar, todo o empreendimento é visto como a "tentativa, historicamente direcionada, de reconstruir a pré-história do positivismo contemporâneo com o propósito sistemático de analisar o nexo de conhecimento e interesse" (CI, p.21). Essa reconstrução terá a forma de uma "historiografia reconstrutiva" (CI, p.441), em sentido muito semelhante à noção de "reconstrução da história da teoria" na Teoria da ação comunicativa (TKH1, p.201; cf. Repa, 2012). Trata-se de uma reconstrução da história da teoria com propósito sistemático de solucionar problemas, e nesse caso a reconstrução discerne os conceitos fundamentais de uma teoria contrastando-os com os rumos efetivos dela (no mais das vezes sob pressão histórica e ideológica) e as potencialidades não realizadas (no mais das vezes só perceptível retrospectivamente). As teorias que aqui importam, no horizonte de uma radicalização da crítica do conhecimento, são as de Peirce, Dilthey e Freud. A reconstrução da reflexão metodológica desses autores, em sua especificidade, levaria à autorreflexão sobre o que o positivismo nega e encobre: o nexo entre teoria e práxis, entre conhecimento e interesse. O propósito crítico imediato é, portanto, dado pela crítica ao positivismo no âmbito das reflexões sobre teoria do conhecimento e metodologia. Nesse sentido, o projeto subjacente a *Conhecimento e interesse*, expresso na conferência homônima de 1965, se origina de um contexto teórico marcado pela assim chamada "querela do positivismo", na qual Adorno e Habermas se bateram contra Popper e Albert, no início dos anos 1960.

Em 1968, Habermas dá continuidade ao debate quando parte da premissa de que o positivismo significa, antes de tudo, a denegação da experiência de reflexão no âmbito da teoria do conhecimento (cf. CI, p.23). Isso implicaria a transformação dessa linha de pensamento filosófico na disciplina da teoria da ciência. O propósito consiste, então, em reconstruir a história do pensamento que levou à vitória do positivismo, à imposição da teoria positivista da ciência sobre a teoria do conhecimento, inaugurada pela filosofia moderna e amadurecida com Kant. A questão sobre as condições de possibilidade do conhecimento, tratadas por Kant como condições transcendentais configuradas pelo sujeito do conhecimento, é substituída pela justificação de metodologias científicas já aplicadas e filosoficamente emagrecidas. O positivismo se sustentaria na denegação da reflexão do e sobre o sujeito do conhecimento, sendo, ao mesmo tempo, uma operação reflexiva. Por outro lado, nas reflexões metodológicas de Peirce, Dilthey e Freud – respectivamente no âmbito das ciências da natureza, do espírito e do saber reflexivo como tal –, seria possível encontrar o nexo entre interesse e conhecimento, que o positivismo renega como princípio, mas que ao mesmo tempo está em sua base de constituição.

Dessa maneira, a reconstrução da história da teoria conduz a uma reconstrução das condições de possibilidade do conhecimento, determinadas por interesses constitutivos da espécie. O conhecimento das ciências é definido de maneira "quase transcendental" por interesses da espécie humana em sua reprodução contínua. Seriam eles "interesses condutores do conhecimento" que não se escorariam em um sujeito transcendental, mas nas condições fundamentais de reprodução da espécie humana. Portanto, seriam antropologicamente enraizados e, embora contingentes do ponto de vista da teoria da evolução – dado que a origem da própria espécie seria contingente –, se encontrariam na base de cada etapa histórica de sua formação. Essas condições são o trabalho e a interação, a ação instrumental e a ação comunicativa.

Os interesses condutores do conhecimento estruturam os respectivos "quadros transcendentais dentro dos quais se constitui o sentido dos enunciados" (TCI, p.186). Dessa perspectiva, os interesses fundamentais não devem ser concebidos como meros impulsos, subjetivos e determinados particularmente pela situação; eles definem, como os conceitos da razão pura em Kant, as condições da objetividade possível:

> Para as três categorias de processos de pesquisa é possível demonstrar um nexo específico de regras lógico-metodológicas e interesses condutores o conhecimento. [...] Na abordagem das ciências empíricas e analíticas entra um interesse técnico, na das ciências históricas e hermenêuticas, um interesse prático, e na abordagem das ciências de orientação crítica, o interesse emancipatório do conhecimento. (TCI, p.186)

Assim, na construção de teorias científicas, o quadro transcendental em que se definem regras construtivas vem predeterminado pelo interesse técnico que incide no processo de objetivação de estados de coisas. O pragmatismo de Peirce revelaria o nexo entre o conhecimento da natureza e o interesse técnico, o qual determina o sentido dessa objetivação como disponibilização dos processos naturais para a reprodução material da sociedade humana – como Marx já demonstrava, em outra perspectiva, na ligação entre as forças produtivas e a "eterna necessidade natural de mediação do metabolismo entre homem e natureza e, portanto, da vida humana" (Marx, 1983, p.50), à qual corresponde o trabalho útil, isto é, na qualidade de condição da existência humana, em que pesem as diferenças históricas das formas de trabalho. Dessa maneira, Habermas religa as ciências naturais ao interesse técnico próprio dos contextos de ação instrumental, de trabalho.

Por sua vez, as ditas ciências do espírito escolhem seus padrões de interpretação, por mais que busquem se colocar no horizonte particular em que apresenta o objeto simbólico, a partir da situação em que de fato se encontram, a fim também de compreender esta. A história do pensamento metodológico das assim chamadas ciências do espírito, em especial em Dilthey, deixa vestígios de uma autorreflexão sobre o procedimento hermenêutico que, em última instância, tornaria palpável, atrás das tentativas contínuas de interpretar um texto, uma obra, uma ação, uma cultura, o laço com o interesse prático de preservar e ampliar a interação sociocultural. A hermenêutica é relançada, assim, ao âmbito da ação comunicativa cotidiana, em que os atores sociais buscam se compreender reciprocamente sobre suas construções simbólicas. Por consequência, em analogia com a relação entre a construção de teorias e o teste de hipóteses delas derivadas, as regras metodológicas das ciências hermenêuticas são constituídas em virtude do interesse prático pela conservação e ampliação de tradições culturais em que se incorporam processos comunicativos.

Por fim, as ciências sociais críticas buscam, tais como as ciências naturais, produzir um saber nomológico, mas, além disso, se esforçam por examinar quando os enunciados teóricos apreendem legalidades invariantes da ação social em geral e quando elas apreendem relações de dependência ideologicamente congeladas, mas em princípio alteráveis. Se é este o caso, a crítica da ideologia, bem como, além dela, a psicanálise, contam com que as informações sobre nexos causais desencadeiem na consciência do próprio concernido um processo de reflexão (TCI, p.190).

No caso das ciências críticas, o interesse pela emancipação se revela no conceito de autorreflexão. É na reflexão que o sujeito faz sobre si mesmo a respeito de representações injustificáveis que se descobre o momento do interesse pela emancipação, ou pela "maioridade", como diz Habermas, seguindo Kant. As reflexões metodológicas de Freud sobre a psicanálise são o objeto privilegiado dessa reconstrução que descobre o nexo entre conhecimento e interesse porque ela seria o único exemplo tangível de uma ciência que se vale da autorreflexão como método. Com o surgimento da psicanálise se abre a possibilidade de um acesso metodológico, franqueado pela própria lógica da pesquisa, a uma dimensão soterrada pelo positivismo (CI, 323).

A psicanálise freudiana se apresenta, então, como um modelo metodológico de Teoria Crítica porque faz uso sistemático da autorreflexão, se supomos desde o início que a situação dialógica entre analista e analisando constitui o ponto de partida fundamental. Afinal, o que move o diálogo seriam a força e a necessidade de autorreflexão, o interesse por emancipar-se de uma série de ilusões sistemáticas que prendem o paciente em uma rede de deformações da linguagem, impedindo-o de conhecer a si mesmo e ao outro.

Nesse contexto, Habermas elucida as patologias da comunicação lançando mão da ideia que lhes é subjacente um processo de privatização da linguagem pública. Ela resultaria de uma limitação da comunicação pública, imposta por relações de dominação. Na medida em que essas relações de dominação não pretendem tornar patente a ilusão de uma comunicação livre de toda coerção, elas impõem limites à comunicação no interior do próprio sujeito. Dessa maneira, o neurótico zela por uma falsa comunicação pública, afetando a comunicação consigo mesmo. Ele não consegue compreender seus próprios textos e, com isso, suas próprias necessidades. Porém, uma falsa comunicação pública já indica processos de privatização da esfera pública em grande escala. A privatização psíquica corresponde a uma privatização social que se choca com as próprias estruturas linguísticas. Daí que o analista precise também desprivatizar não só a linguagem do analisando, mas também deslimitar o discurso público em que aquela pode ser compreendida. Essa observação é importante para compreender o alcance emancipatório da reflexão: menos do que um saber de si, ela franqueia um saber sobre inter-relação, na linguagem, entre o Eu e a sociedade. Na interpretação de Habermas, os conceitos basilares da psicanálise, como recalque, inconsciente e mesmo o de pulsão, devem ser remetidos então a operações de distorção e privatização da linguagem, cujo processo o analista reconstrói para o paciente, de modo que este possa se recordar do que foi tirado da comunicação pública:

> O trabalho do analista parece coincidir de início com o do historiador; mais exatamente, com o do arqueólogo, pois a tarefa consiste, com efeito, na reconstrução da pré-história do paciente. No final da análise deve ser possível expor em narrativas aqueles eventos dos anos de vida esquecidos, relevantes para a história da doença, os quais, no começo da análise, nem o médico nem o paciente conhecem. O trabalho intelectual é partilhado entre médico e paciente de tal maneira que um reconstrói o esquecido partindo dos textos defectivos do outro, partindo de seus sonhos, associações e repetições, ao passo que o outro se recorda, incitado pelas construções do médico, que são hipoteticamente propostas. (CI, p.282, trad. p.345)

A reconstrução ilumina por contraste com as possibilidades reais de um desenvolvimento biográfico mais ou menos autônomo aquilo que prende o sujeito a uma coerção persistente. Nesse sentido, o vínculo íntimo do trabalho reconstrutivo com a emancipação e com a crítica é patente: reconstrói-se em função da emancipação relativa a um quadro de coerções repressivas, cujos sinais se apresentam na segregação de símbolos. Com isso, a própria patologia passa ter uma função ao mesmo tempo teórica e prática. Habermas fala então da "paixão da crítica", do impulso emancipador do sofrimento causado pela distorção da linguagem, como um papel determinante do processo de análise:

A crítica termina em uma transformação do fundamento afetivo-motivacional, assim como ela começa também com a necessidade de uma transformação prática. A crítica não teria o poder de romper a falsa consciência, se não é impelida por uma paixão da crítica. No começo se encontra a experiência do sofrimento e da aflição, e o interesse pela superação do estado oprimente. (CI, p.350)

No fundo dessa articulação, encontra-se o ponto de vista segundo o qual a reflexão sobre o vínculo de todo saber com interesses é, enquanto tal, um processo de autorreflexão emancipatória, e, portanto, há uma espécie de primado do interesse pela emancipação sobre os interesses técnico e prático do conhecimento. Desse modo, também uma reconstrução da história da espécie sobre seu processo de formação determinado pelas dimensões do trabalho e da interação está intrinsecamente ligada ao interesse pela emancipação. A dominação, como conceito complementar da emancipação, não é, como o trabalho e a interação, condição antropológica fundamental, mas é uma constante histórica que depende do recalque imposto ao vínculo entre interesse e conhecimento. Assim, a reconstrução da história da teoria tem de produzir uma reconstrução dos nexos diversos de conhecimento e interesse, a qual se compreende como autorreflexão emancipatória, porque "tal reconstrução é efetuada com o propósito de oferecer a força analítica da recordação contra aquele processo de recalque em que se enraíza o cientificismo" (CI, p.444).

A reconstrução da história da teoria, operada com esse propósito, é entendida assim como uma reformulação da *Fenomenologia do espírito*. Se esta não foi de fato a radicalização da crítica kantiana do conhecimento – assim a crítica de Habermas – porque pressupôs a possibilidade de um saber absoluto, isto é, uma instância de saber que torna caduco todo o sentido de uma crítica do conhecimento, ela aponta para a necessidade de ligar o conhecimento ao processo de formação do espírito.

A crítica da ideologia de Marx seria, por sua vez, uma continuidade da fenomenologia hegeliana sob os pressupostos materialistas: o saber é remetido a uma síntese operada na condição do trabalho como metabolismo com natureza e sua forma social específica determinada pelas relações de produção e pelo grau de forças produtivas. Nesse caso, porém, Marx encurtou o conceito de síntese, o nexo entre conhecimento e interesse, porque privilegiou apenas o trabalho, a ação instrumental enquanto tal, como princípio modelador da práxis. Por isso, a ideia habermasiana de fundo consiste em corrigir Marx com o jovem Hegel, e pensar a dialética da luta de classes como uma dialética da eticidade e da luta por reconhecimento. Nesses modelos de pensamento hegelianos, a identidade de cada um e de cada grupo é determinada pelo outro que é renegado. O conflito social ganha assim uma dimensão normativa interna – os envolvidos não se batem unicamente por interesses materiais na manutenção de propriedade e poder; junto a isso, e mais fundamentalmente, eles se batem por e contra o congelamento de relações de reconhecimento excludentes, formas de vida ideologizadas que paralisam a gramática intersubjetiva. Como o diálogo nas condições de uma comunicação distorcida de modo sistemático é a condição da situação analítica, Habermas faz que a intersubjetividade da dialética da eticidade migre para o interior da psicanálise. E isso de uma dupla forma: na relação conflituosa entre analista e analisando por conta dos fenômenos de resistência e, de maneira mais fundamental, na relação do analisando consigo mesmo, pois se trata aqui de um Eu cindido, cuja parte alienada e sistematicamente recalcada se faz valer em formações de sintomas:

> Pois o discernimento ao qual a análise deve conduzir é, com efeito, unicamente aquele segundo o qual o Eu do paciente se reconhece em seu outro representado pela doença, como seu si-mesmo que lhe foi alienado, identificando-se com ele. Como na dialética da eticidade de Hegel, o criminoso reconhece em sua vítima o próprio ser arruinado, uma autorreflexão mediante a qual as partes abstratamente separadas reconhecem a totalidade ética destruída como seu fundamento comum e com isso retornam a ele. (CI, p.353)

O significado dessa linha de raciocínio para a teoria social se encontra nos textos de metapsicologia em que Freud transfere os pressupostos da comunicação distorcida para a origem das instituições sociais, de modo que a crítica psicanalítica das ilusões teria alcance maior que a crítica marxiana das ideologias:

> O padrão da atividade produtiva é pouco apropriado para reconstruir a dominação e a ideologia. Ora, em contraposição a isso, Freud obteve na metapsicologia um quadro da ação comunicativa distorcida, que permite compreender o surgimento das instituições e o valor posicional das ilusões, justamente da dominação e da ideologia. Freud pôde expor uma correlação que Marx não discerniu. (CI, p.414)

Com isso, a ideia do materialismo histórico de reconstruir o processo de formação não é abandonado. Ela é ampliada pela dimensão da interação e da dominação que são reveladas pela reconstrução da história da ciência. Em suma, podemos então dizer que a noção de reconstrução tem um sentido imediatamente crítico, ligado ao interesse da emancipação que é despertado por condições de dominação que se expressam em distorções sistemáticas na comunicação. No âmbito da teoria do conhecimento, essa crítica reconstrutiva se desdobra também na forma da reconstrução de um quadro transcendental que determina o sentido das ciências, e com isso faz um desmentido sistemático do que é renegado pelo positivismo. Essa autorreflexão reconstrutiva das ciências se dá, no entanto, na forma de uma reconstrução da história da ciência. O pano de fundo a ser desdobrado é a reconstrução do processo de formação da espécie, o que constitui, para Habermas, o núcleo da teoria da sociedade, cujo acesso teria sido propiciado pela reconstrução autorreflexiva das ciências. A crítica do conhecimento teria de ser radicalizada como teoria da sociedade ao mesmo tempo que é um acesso para ela.

Ainda que tenha caráter projetivo, essa reconstrução do processo de formação da espécie assume, no entanto, um sentido vertical se comparado ao caráter horizontal das autorreflexões das ciências da natureza, do espírito e da psicanálise/crítica da ideologia. Se é assim, vemos que faz parte do projeto de *Conhecimento e interesse* uma reconstrução de dois vetores, horizontal no sentido da autorreflexão das ciências, e vertical no sentido do processo de formação da espécie nas condições historicamente determinadas, mas antropologicamente cogentes da interação e do trabalho.

IX. Reconstrução e crítica imanente

Com tudo isso, torna-se ao menos evidente que Celikates só se atém a um momento de *Conhecimento e interesse*. Pois de todos os sentidos que são passíveis de ser determinados no projeto habermasiano de crítica do conhecimento, ele dá atenção unicamente à reconstrução no âmbito da situação analítica. Nem a reconstrução do quadro metodológico *a priori* das ciências da natureza e das do espírito, nem a reconstrução da história da teoria, nem reconstrução da história de formação da espécie são levadas em conta.

No entanto, a despeito dessas abstrações, Celikates poderia responder que há uma forte diferença na organização metodológica das duas compreensões de reconstrução que ele detecta em Habermas, já que na segunda, na versão pragmático-formal, haveria uma distinção rígida entre crítica e reconstrução, enquanto na primeira, de *Conhecimento e interesse*, haveria uma fusão entre os dois momentos. Esse ponto é crucial também da perspectiva desses estudos, como tenho enfatizado desde o início.

De fato, Celikates se refere à autocrítica de Habermas, apresentada como posfácio de 1973 para *Conhecimento e interesse*. Segundo essa autocrítica, o projeto todo de uma reconstrução dos interesses condutores do conhecimento padece de uma confusão entre a noção de crítica no sentido kantiano, que agora deveria ser chamada propriamente de reconstrução – a determinação do quadro transcendental que confere sentido aos enunciados científicos – e a crítica no sentido do enfrentamento de falsas consciências que Habermas desenvolve a partir de Hegel, Marx e Freud – a determinação do aspecto oculto da dominação em uma crítica ideológica que tem como referência o diálogo sob condições patológicas –, a única que se vincula estritamente ao interesse pela emancipação.

Nesse caso, Habermas distingue as duas formas de reflexão sob três pontos de vista (CI, p.491-8): primeiro, se a crítica, no sentido da crítica da ideologia e da psicanálise, se volta para processos particulares da experiência, em especial as distorções sistemáticas da comunicação, a reconstrução trata de sistemas de regras universais que estão na base de ações, manifestações linguísticas e operações cognitivas e que são seguidas por qualquer sujeito competente; segundo, a crítica procura tornar consciente a coerção produzida inconscientemente, que subjaz àquelas distorções ideológicas, ao passo que a reconstrução pretende transformar o saber implícito e intuitivo (saber pré-teórico) incorporado no uso daquelas regras em um saber explícito (saber teórico); terceiro, o processo de conscientização desencadeado pela crítica deve poder produzir consequências práticas, enquanto a passagem do *know how* ao *know that*, para usar os termos adotados de Ryle, não modifica em nada a práxis em que o primeiro está inserido.

Com isso, Habermas introduz um novo tipo de ciência, que não se encontrava na tipologia dos saberes presente em *Conhecimento e interesse*. Trata-se das ciências reconstrutivas que (como a lógica, a linguística, a ética, a teoria da ação etc.) representam um tipo de saber especial no sistema das ciências. Ao contrário das ciências objetivantes, as reconstruções de sistemas de regras não têm outro impulso que aquele do próprio discurso, isto é, a reflexão sobre os pressupostos, sobre as regras seguidas implicitamente nas argumentações. Esse caráter reflexivo e independente da reconstrução lhe confere *status* especial, o de um "saber puro". Com isso, elas não remetem a um interesse técnico ou prático, como o que Habermas ainda afirma para as ciências da natureza e as da cultura. Quanto ao interesse emancipatório da crítica enquanto tal, a reconstrução racional de regras mantém uma relação indireta com ele, na medida em que a autorreflexão crítica depende dos parâmetros dados com as reconstruções de padrões de racionalidade. A reconstrução identifica e fundamenta os critérios normativos da crítica, a qual se refere a um diagnóstico de época que se vale desses critérios para localizar processos de dominação e potenciais de emancipação. O caráter problemático dessa distinção também foi apontado a partir das considerações de Jaeggi sobre as formas de crítica. A reconstrução corre o risco de se tornar uma tarefa tradicional – a expressão "saber puro" já seria um indicativo disso –, de recolher estruturas cujas potencialidades não foram esgotadas, se ela não tem intenção prática que a determina desde o início; além disso, a crítica passa a ser uma comparação interna entre efetividade e potencial, sem indicar como ela se vincula ao caráter de emancipação e, portanto, de transformação. Ou seja, o laço entre teoria e práxis estaria dissolvido. Em sua interpretação clássica dessa passagem de *Conhecimento e interesse* para os escritos dedicados diretamente à teoria da comunicação, Thomas McCarthy já salientava esse conjunto de problemas:

> A questão importante é se essa reformulação mais diferenciada permite ainda a Habermas manter aquela relação da razão com a emancipação, sobre a qual ele tratava de basear a teoria crítica. Ao tentar fazer justiça ao caráter teórico da teoria (as reconstruções racionais como conhecimento "puro") e o caráter prático da prática (a crítica como algo ligado ao sistema de ação e de experiência), parece ter introduzido um hiato entre teoria e práxis [...] A reflexão "transcendental" parece constituir uma exceção à determinação do conhecimento por interesses; pois essa reflexão não persegue nem um interesse técnico, nem um interesse prático, nem um interesse emancipatório. (McCarthy, 1989, p.101-2)

Não precisamos, porém, nos circunscrever à teoria dos interesses do conhecimento para problematizar a distinção entre crítica e reconstrução. Como Habermas se afastou consideravelmente dessa abordagem, a problematização passa a ser exterior ao novo desenvolvimento que se inicia sob a égide da ideia de ciências reconstrutivas, o qual vai do começo dos anos 1970 até início dos anos 1980. A questão é como esse novo desenvolvimento pode articular reconstrução e crítica de modo a satisfazer princípios estruturais da Teoria Crítica.

O conceito que Jaeggi propõe de crítica imanente pode ser um primeiro passo para desenvolver a questão. De certo modo, pode-se dizer, de início, que *Conhecimento e interesse* se encaixa quase perfeitamente nas exigências que ela estabelece para conferir à crítica social a qualidade de imanente. Pois, o primeiro traço da crítica imanente, a "normatividade do efetivo" se refletiria na normatividade da linguagem, que se faz apesar de toda distorção, e em geral de forma dolorosa e patológica. O "caráter constitutivo(-funcional) das normas" também se expressaria nas instituições que impõem sistematicamente a distorção da comunicação. Para a terceira característica, "eficácia invertida das normas", há a correspondência de uma exigência de comunicação pública que só se exerce pela privatização, e com isso contradiz qualquer sentido de "público". A quarta propriedade da crítica imanente, "a orientação pela crise" se expressa claramente na ideia de "paixão da crítica": não há reconstrução se não há contexto de crise que põe em vibração o interesse pela emancipação. A quinta característica, a "contraditoriedade paralela de efetividade e normas" se expressaria por sua vez no fato de que aquilo que conta como linguagem pública pode também ser produto de uma privatização coletiva exercida pelas instituições fundamentais da sociedade. Com isso, os critérios da crítica não são fixados e, por consequência, as potencialidades a ser efetivadas tampouco são efetivadas de maneira intacta. A sexta característica, a respeito do caráter transformador da crítica imanente, se apresenta como consequência das anteriores: tanto o sujeito individual como a sociedade se transformam no momento em que podem flagrar o nexo sistematicamente ocultado entre patologia e dominação. Pelo menos, Habermas conta com uma pressão constante do efeito de esclarecimento sobre as estruturas de dominação. O sétimo traço distintivo, "crítica imanente como processo de experiência e aprendizado" ganharia uma correspondência com a ideia de processo de formação.

Se essas correspondências são pertinentes, teríamos que admitir – mas em sentido contrário àquele estabelecido por Jaeggi – que em *Conhecimento e interesse* encontramos uma crítica que é imanente enquanto reconstrutiva. Isso não deveria surpreender, já que os modelos de crítica imanente em Jaeggi (crítica fenomenológica no sentido hegeliano, crítica da ideologia no sentido marxiano e crítica psicanalítica) são justamente os modelos de reconstrução crítica em *Conhecimento e interesse*, como observamos acima. Com isso, é possível afastar também uma possível objeção à exposição feita até agora, segundo a qual a adoção do conceito de crítica imanente elaborado pela autora seria um expediente absolutamente externo ao objeto, à compreensão de método em Habermas. Pode-se compreender que, em grande medida, o artifício se releva não só útil, mas também se justifica em sua aplicação.

Por outro lado, o reconhecimento de que a obra de 1968 seria mais condizente com tal concepção de crítica imanente tem também o efeito de despertar dúvidas quanto à adequação da reconstrução como ideia central da Teoria Crítica, se a autocrítica habermasiana ligada ao projeto de *Conhecimento e interesse* implica necessariamente e, de uma vez por todas, uma distinção fundamental entre reconstrução e crítica.

No entanto, essa linha de raciocínio supõe que a Teoria Crítica tem de privilegiar a crítica imanente, mais ou menos na acepção dada por Jaeggi, como forma própria, específica, da tradição de pensamento iniciada por Max Horkheimer. Nesses termos, essa problematização extrapola os limites da nossa abordagem, já que teríamos de investigar se e como todos os modelos de Teoria Crítica desenvolvidos até agora – e eles são muito diversos – obedece às regras da crítica imanente. Uma perspectiva mais viável é dada com a questão de saber como Habermas lida com a forma da crítica imanente, tendo como pano de fundo o afastamento do projeto de *Conhecimento e interesse*.

Decerto a relação do método reconstrutivo com a crítica imanente não é claramente estabelecida em Habermas depois dessa obra. Mas isso tem a ver menos com a recusa metodológica desse tipo de crítica *em seu todo* do que com problemas específicos que, para Habermas, estavam ligados ao projeto anterior e, também, a seus precursores na Teoria Crítica, ou seja, à forma específica da crítica da ideologia como crítica imanente.

Dessa perspectiva, podemos dizer, assim como Titus Stahl, que "compreendemos o projeto da Teoria da ação comunicativa como o desenvolvimento de um modelo de crítica imanente", o qual "pertence claramente ao campo da crítica baseada em práticas" (Stahl, 2013b, p.537). Com essa última expressão, Stahl pretende fazer uma diferenciação entre duas formas de crítica imanente, uma que busca seus critérios de orientação nas compreensões normativas partilhadas pelos atores sociais, na tentativa de realizar reinterpretações inovadoras, e outra que se pauta pela normatividade de práticas realizadas, não necessariamente formulada e compreendida pelos atores. Nessa segunda via, Habermas representaria, de fato, um desdobramento do modelo de crítica proveniente de Marx. Ao mesmo tempo, esta já é descrita em termos habermasianos:

> Teóricos críticos marxistas e pós-marxistas frequentemente pretendem que eles estão engajados na forma da "crítica reconstrutiva" ou "imanente", isto é, [...] uma forma de crítica que objetiva empregar potenciais normativos, tais como os potenciais para a nova sociedade contida nas práticas de solidariedade dos trabalhadores ou na experiência partilhada de opressão. Esses potenciais transcendem as normas consentidas de uma sociedade, mas são, de uma maneira ou de outra, já "imanentes" na realidade social. (Stahl, 2013b, p.534)

Essa fusão, quase imperceptível, de crítica reconstrutiva e crítica imanente pode ser vista como um elemento a mais da mencionada tendência de privilegiar a reconstrução como método da Teoria Crítica. Porém, mais interessante é a distinção entre a forma hermenêutica de crítica imanente, relativamente próxima do que antes foi designado de crítica interna – para Stahl haveria, no entanto, uma diferença importante na pretensão de interpretações inovadoras –, e a forma reconstrutiva-imanente, baseada em práticas sociais. Na visão dele, Habermas rejeita a primeira, para seguir tacitamente com a segunda.

Ora, a linha hermenêutica de crítica imanente se casa até certo ponto com a via clássica da crítica da ideologia. Stahl relembra as conhecidas objeções que Habermas levanta, de uma perspectiva histórica, contra a crítica imanente da ideologia na medida em que predomina o cinismo na consciência dos destinatários da crítica. Uma passagem conhecida é a tirada de *Para a reconstrução do materialismo histórico*:

> A falta de clareza imperou desde o início sobre os fundamentos normativos da teoria social de Marx. [...] Ele pôde se contentar em tomar ao pé da letra e criticar de modo imanente o conteúdo normativo das teorias burguesas dominantes, do direito natural moderno e da Economia Política (o qual, além disso, havia sido incorporado nas constituições burguesas revolucionárias). Entretanto, a consciência burguesa se tornou cínica: ela foi completamente esvaziada de conteúdos normativos vinculantes, como mostram as ciências sociais, em especial o positivismo jurídico, o neoclassicismo das ciências econômicas e a nova teoria política. Mas se os ideais burgueses são suprimidos, como se apercebe de forma cada vez mais flagrante em tempos de recessão, faltam normas e valores aos quais uma crítica que procede de maneira imanente poderia apelar com concordância. (RMH, p.27-8)

Para Stahl, uma semelhante passagem mostraria que o cinismo, a afirmação nua e crua de dominação, de exclusão, de subjugação, de desigualdade e de coerção afetaria apenas a forma hermenêutica de crítica imanente, porque ela se prenderia às compreensões normativas dos atores sociais, no caso, à consciência burguesa na qualidade de padrão cultural dominante. A distinção entre as duas formas de crítica imanente é de grande valia aqui, pois permite recolocar os problemas nas duas vias.

Para tal propósito, lembremos de imediato que Jaeggi considera que esse tipo de problema suscitado pelo cinismo, tal como formulado por Habermas, afetaria tão somente a crítica interna: "Em uma sociedade sem ideais ou em uma sociedade que tivesse se convertido ao cinismo, a crítica interna não encontraria de certa maneira nenhum suporte" (Jaeggi, 2014, p.273). Porém, as coisas não se passam de maneira tão simples em uma ótica habermasiana. Na concepção proposta por Jaeggi, é digno de nota que, se os valores e normas que servem de objeto e apoio para a crítica não podem ser arbitrários, apenas convencionais, deve haver uma instância de racionalidade normativa: "as normas não dadas de maneira meramente fática, mas são consideradas como fundamentadas, como racionais" (Jaeggi, 2014, p.290, 2008, p.155). Além disso, segundo ela, a crítica imanente se liga também a um processo de aprendizagem que representaria uma forma de progresso. Se, porém, não é possível contar com um mínimo de racionalidade, como prevê a hipótese de uma sociedade completamente cínica, também a crítica imanente, como Jaeggi a projeta, enfrenta dificuldades.

A dependência em relação ao objeto não é de todo afastada quando se mantém distância em relação às autocompreensões e aos valores dos envolvidos. Enquanto imanente, a crítica tem de apelar a um passo de racionalidade – a forma da contradição dialética não é uma maneira de contornar essa exigência, é uma forma de explicitar a necessidade desse passo. Por isso, para Habermas, o problema do cinismo coloca uma exigência de fundamentação normativa dos critérios da crítica que não existia antes, para Marx. É justamente esse papel que Habermas confia às reconstruções racionais. A ética do discurso vai se compreender como um projeto de teoria moral inscrita no círculo das ciências reconstrutivas, capazes de fundamentar os critérios pelos quais se podem medir avanços ou retrocessos normativos. De modo geral, portanto, pode-se dizer que a identificação da debilidade da crítica imanente vai de par, em Habermas, como a urgência de uma tarefa de fundamentação normativa.

Vale lembrar nesse contexto que a "crise da crítica imanente", como poderíamos chamar essa problematização a partir de fenômenos que enfraquecem ou anulam qualquer apoio em uma normatividade ou racionalidade existente não é algo que Habermas considere ser o primeiro a identificar. Na realidade, ela é reconhecidamente herdada de Horkheimer, Adorno e (com algumas modulações)

Marcuse. No texto em que Horkheimer sistematiza o conceito de Teoria Crítica, já na mencionada passagem do capitalismo liberal para o monopolista, o planejamento propositado de ideologias representa um caso de dominação "cínica" (Horkheimer, 1975, p.158). Mais tarde, sob as condições do capitalismo de Estado, em que a manipulação das massas se torna total e ganha expressão especial na indústria cultural, a crítica da ideologia perde sua referência normativa interna, pois a ideologia "se converte na proclamação enfática e sistemática do existente. [...] Para demonstrar a divindade do real, a indústria cultural limita-se a repeti-lo cinicamente" (Horkheimer; Adorno, 1985, p.138).

Com isso, a possibilidade de realizar uma crítica imanente das ideologias burguesas no sentido clássico estabelecido por Marx e Engels já havia se perdido para Adorno e Horkheimer. Se na *Ideologia alemã*, a ideologia burguesa sustenta sua força de legitimação da ordem existente na pretensão de identificar os interesses de classe com os interesses da sociedade como um todo, e desse modo oferecer na desigualdade inevitável o estopim da crítica (Marx; Engels, 2007, p.72), a pretensão de universalidade é substituída, na visão de Horkheimer e Adorno, pela pretensão de poder desigual que só assegura a sobrevivência por meio da lealdade.

Porém, não está em jogo apenas confiar no conteúdo racional da ideologia, seja como for que ele se inscreva aí junto à força conservadora de legitimar a ordem existente. Na interpretação de Habermas, a crítica imanente das ideologias no sentido marxista clássico só faz sentido se há uma expectativa teoricamente fundada de que o potencial racional das ideologias burguesas tem de realizar para além da consciência burguesa. Na acepção de Marx, a crítica imanente significa de fato uma destruição do objeto, mas isso porque ela conta com uma dialética de forças produtivas e relações de produção que o diagnóstico geral do capitalismo de Estado desmente de modo sistemático. Tampouco o outro fator de impulsão histórica, a luta de classes, mantém sua relevância em termos de potencial de negação com a integração do proletariado – integração esta que continuou também com o Estado de bem-estar social:

Sem uma *teoria* da história não pode haver uma crítica imanente, uma crítica que parta das formas do espírito objetivo e que distinga "entre aquilo que os homens e as coisas podem ser e aquilo que factualmente são", pois se não contasse com essa teoria da história, a crítica teria que se entregar em termos historicistas aos critérios que *contingentemente* se oferece a cada época [...]. Horkheimer e Adorno, e também Marcuse, haviam perdido a confiança de que a filosofia da história lhes havia levado a abrigar no potencial de razão da cultura burguesa, potencial de razão que seria liberado nos movimentos sociais sob a pressão exercida pelo desenvolvimento das forças produtivas. [...] Com isso desaba a forma clássica da teoria crítica. (VETKH, p.494-5)

Habermas não se cansa de lembrar que seus antecessores tiveram de lidar com essa crise da crítica imanente. Não se poderia mais nem contar com o racional da cultural burguesa, nem com o desenvolvimento das forças produtivas, nem com o desdobramento inequívoco dos movimentos sociais. De certo modo, este é o ponto de partida do desenvolvimento da teoria crítica de Adorno, Horkheimer e Marcuse no pós-guerra. E também do próprio Habermas, se nos ativermos de imediato ao diagnóstico de época proposto em *Mudança estrutural da esfera pública*.

No entanto, ainda assim é preciso considerar a importante mediação que representa *Conhecimento e interesse* nesse contexto de crise da crítica imanente. Ou seja, é preciso observar que a crítica da ideologia se apresenta no contexto de *Conhecimento e interesse* como modelo de ciência ligada intimamente ao interesse pela emancipação, é preciso observar ainda que a crítica psicanalítica se assemelha também a uma crítica da ideologia – em ambos os casos a pretensão de um enraizamento dos potenciais de emancipação nos próprios contextos de dominação – a pretensão, portanto, de imanência desses potenciais persiste. Se é assim, é preciso concluir que a "crise da crítica imanente" não é diretamente herdada, ela é mediada por uma experiência teórica própria, específica da segunda metade dos anos 1960 e que ganha configuração com a articulação de um método reconstrutivo de vários aspectos.

X. Reconstrução e fundamentação normativa

No posfácio de 1973 para *Conhecimento e interesse*, Habermas introduz a distinção entre reconstrução e crítica como o resultado da percepção de que o livro teria cometido, sob influência do idealismo alemão, uma confusão entre formas de autorreflexão, aquela, justamente, da investigação sobre as condições de possibilidade do conhecimento, da ação e do juízo, e aquela autorreflexão que leva o sujeito ao discernimento de uma autoilusão persistente, arraigada e, no limite, socialmente induzida. A aceitação dessa "justificativa", por mais cândida que seja, não deve, porém, afastar do campo de visão outros problemas, com força mais convincente, para essa distinção.

Como vimos, a distinção entre reconstrução e crítica coincide com a necessidade de fundamentação dos critérios da crítica. E é nesse ponto, mais do que em qualquer outro, que podemos dizer que há um corte profundo de método entre a concepção de *Conhecimento e interesse* e o projeto da *Teoria da ação comunicativa*, contando neste último o desenvolvimento nos anos 1970 sob o signo de ciências reconstrutivas "horizontais" e "verticais".

Certamente, Habermas elenca ainda outros problemas, como o envelhecimento do ensejo crítico, já que o próprio positivismo se enfraqueceu no debate epistemológico, pelo menos desde a obra de Thomas Kuhn. Além disso, lembra que a reflexão da história da espécie remete ainda à ideia de sujeito como fundamento, e, portanto, o livro permaneceria em parte preso ao assim chamado "paradigma da filosofia da consciência", o que não o impede, porém, de continuar a desenvolver uma lógica de desenvolvimento da espécie em *Para a reconstrução do materialismo histórico*; enfim, menciona-se o esgotamento da teoria do conhecimento como "via régia" para a fundamentação da Teoria Crítica, em contraposição a uma teoria social crítica direta, voltada para os paradoxos da modernização capitalista.

Esse último ponto envolve diversos aspectos que merecem uma discussão mais aprofundada; para começar, ele remete de novo ao problema da crítica da ideologia, já que a via régia da crítica do conhecimento pretendeu se desenvolver, no caso de Habermas – seguindo em grande parte a estratégica teórica da Teoria Crítica clássica –, na forma de uma crítica imanente da ideologia. Em um texto publicado trinta anos depois de *Conhecimento e interesse*, que pode ser visto como um segundo posfácio para esse livro, o motivo da crítica da ideologia é abordado mais explicitamente, em conexão com o problema da fundamentação dos critérios da crítica:

> Em primeiro lugar, falta uma explicação mais exata do critério pelo qual se pode criticar uma "falsa consciência". Certamente, eu me orientei pela ideia, inspirada por Hegel e Freud, de um aumento de autonomia mediante a conscientização de motivos subjetivos silenciados. Mas só mais tarde eu tentei clarificar essa ideia à luz das reflexões no âmbito da teoria da comunicação. Em segundo lugar, a formas clássicas de ideologia nas sociedades de nosso tipo perderam o seu significado: como o capitalismo funciona e que padrão distributivo ele produz é algo que se lê hoje em quase todo jornal diário. Ambas as considerações apontam na mesma direção: eu concordo com Foucault em que aquele poder que não quer se admitir a si mesmo se instala nos poros dos discursos e das práticas cotidianas. As microanálises desse poder carecem, no entanto, de um pano de fundo teórico generalizador que fundamente o "aspecto sistemático" na variedade das comunicações distorcidas. (CI, p.503)

Essa passagem sintetiza as estratégias teóricas distintas que se expressam nas etapas mencionadas da evolução do pensamento habermasiano. Como vimos, em *Conhecimento e interesse*, Habermas elucida as patologias da comunicação, tendo como referência a psicanálise, a partir de um processo de privatização da linguagem pública. Acontece, porém, que em relação à questão sobre quais são as estruturas que constituem o discurso público e permitem identificar uma privatização com efeitos destrutivos intrapsíquicos e sociais,

Habermas responde que ela não pode ser satisfeita por princípio. Pois uma teoria que se arrogasse ter a posição para definir padrões de universalidade, independentemente do contexto de interesses em que ela se encontra, estaria por princípio sob suspeita de ideologia. Nesse contexto, Habermas teme que a reconstrução prévia do diálogo livre de dominação fosse uma retomada da filosofia tradicional:

> A filosofia supôs desde o começo que a maioridade posta com a estrutura da linguagem era não antecipada, mas efetiva. Justamente a teoria pura, que pretende obter tudo por si mesma, sucumbe exterior recalcado e torna-se ideológica (TCI, p.196).

Se é assim, então a Teoria Crítica tem de recusar à tarefa de descobrir e fundamentar as condições de possibilidade da comunicação livre de dominação; ela tem de limitar-se aos vestígios de uma repressão que desencadeia a "paixão da crítica". Sem o pressuposto da dor, do sofrimento e do interesse em superá-la, a crítica seria sem efeito. Habermas atém-se, então, à sua ideia primordial de que, com todo ato de linguagem, antecipa-se um ato de emancipação, mas nesse contexto a reconstrução dos elementos constitutivos da comunicação emancipada representaria um afastamento em relação à crítica enquanto momento de crise. É preciso se ater à crise e investigar nela o que se sente como recalcado, ao preço de não colaborar com outras formas de recalque. O que se tem em vista, então, é uma "dialética que, a partir dos sinais históricos do diálogo reprimido, reconstrói aquilo que foi reprimido" (TCI, p.196). Nesse aspecto, a reconstrução se dá internamente a partir dos vestígios de estruturas de comunicação possíveis, sob o efeito da repressão. Com isso, é preciso concordar com Celikates a respeito da dimensão essencialmente dialógica do projeto de reconstrução, em que pese a ênfase posterior no acesso hermenêutico da reconstrução, como já mencionado.

Portanto, Habermas não vê nesse contexto uma necessidade premente de fundamentar sistematicamente os critérios da crítica a partir da reconstrução das condições de possibilidade do entendimento, do diálogo isento de coerções. Segundo a passagem citada anteriormente, essa necessidade vai de par com o esgotamento do modelo da crítica da ideologia. Por um lado é preciso saber o que significa "falsa consciência"; por outro, qualquer leitor de jornal não poderia se enganar quanto às formas de funcionamento do capitalismo. Ou seja, os modos de coerção da comunicação se tornaram bem mais sutis, e não se cristalizam mais em configurações mais ou menos concretas de ideologias ou de ilusões neuróticas. E isso tem consequências para a crítica imanente, pois ela não pode apelar para a significação, tida por racional, dessas ideologias e dessas ilusões, uma vez que elas deixam de ser elementares nas coerções comunicativas.

Habermas não demorou a chegar a esse discernimento, o qual leva a uma crise da crítica imanente tal como ele havia elaborado na segunda metade dos anos 1960. No ensaio "Técnica e ciência como 'ideologia'", também de 1968, ele considera um tanto caduca a ideia marxiana de ideologia como elemento fundamental da reprodução da ordem capitalista. A dominação no capitalismo tardio não promete mais nada a não ser a eficiência de sua própria reprodução, portanto, oculta pouca coisa a respeito de si mesma. Curiosamente, é nesse ponto que Habermas se aproxima de posições próprias dos seus antecessores, Adorno em especial, segundo as quais a ideologia se converte, como dito, em todos os mecanismos culturais de mera imposição do existente. Não há propriamente um véu normativo que encobriria uma realidade danificada. Para Habermas, a ideologia passa a consistir, em última instância, na substituição de questões práticas sobre a vida boa e justa por questões técnicas e administrativas a respeito do melhor funcionamento da sociedade como sistema ou, de modo mais amplo, na substituição da discussão comunicativa aberta para a imposição de uma racionalidade instrumental redutora.

Em 1968, Habermas considera essa racionalidade instrumental uma nova forma de poder ideológico, embora o próprio conceito de ideologia mereça aspas. Trata-se de uma forma de consciência tecnocrática, que, ao se impor, faz desabar os princípios com os quais ele arquitetava seus intentos críticos anteriores:

A consciência tecnocrática não é nenhuma fantasia desiderativa racionalizada, nenhuma "ilusão" no sentido de Freud, com a qual um contexto de interações é representado, constituído ou fundamentado. As ideologias burguesas podiam ainda ser reduzidas à figura fundamental de uma interação justa e livre de dominação, satisfatória para ambas as partes nela envolvidas. Elas preenchiam justamente os critérios da realização de desejos e da satisfação compensatória, erguidas sobre a base de uma comunicação de tal modo restringida pelas repressões que as relações de poder institucionalizadas por meio do capital não podiam ser conhecidas por seu nome. A causalidade dos símbolos dissociados e dos motivos inconscientes, que davam origem tanto à falsa consciência quanto à força da reflexão à qual se deve a crítica da ideologia, não é mais do mesmo modo subjacente à consciência tecnocrática. (TCI, p.117)

Portanto, nem a crítica da ideologia marxiana, nem a crítica psicanalítica podem funcionar adequadamente com a nova forma de consciência que se impõe no contexto do capitalismo tardio, sobretudo no âmbito do Estado de bem-estar social. Tampouco as ideias hegelianas de dialética da eticidade e luta por reconhecimento se mantêm em pé como traços primários de uma teoria da sociedade que se desenharia a partir das reflexões sobre a crítica do conhecimento. Pois os conflitos sociais não se reportam a um rasgo no tecido das relações de reconhecimento recíproco, que põe pelo menos dois atores em antagonismo, ao mesmo tempo que dependem um do outro.

Não é difícil reconhecer que esse ensaio de 1968 é a base a partir da qual Habermas vai desenvolver seu diagnóstico de época. A tese da tecnocracia, que já se encontra nos modelos antecessores de Teoria Crítica, em especial em Marcuse (cf. Marcuse, 1999; Horkheimer, 2002), é o primeiro momento de uma análise que se desenvolverá no sentido de compreender os conflitos sociais como ligados a um processo de invasão de sistemas de ação instrumental, como a economia capitalista e a administração estatal, no âmbito das ações comunicativas, criando um sem-número de patologias sociais – ou seja, argumento que constituirá o cerne da *Teoria da ação comunicativa* (cf. Honneth, 1986, p.265 ss.).

De certo modo, é só a partir desse ensaio que Habermas passa a enfrentar sistematicamente o diagnóstico da dominação da razão instrumental, pois, até então, ou concordava em parte com suas bases (*Mudança estrutural da esfera pública*) ou desenvolvia uma forma de crítica do conhecimento como teoria da sociedade que apontava para outra direção (justamente *Conhecimento e interesse*).

Daí que um autor tão fundamental para a crítica da razão instrumental, referência maior da *Teoria da ação comunicativa*, como é Max Weber, só tenha recebido até então uma única referência, e bastante lateral, em *Conhecimento e interesse*. No entanto, a distinção entre tipos de ação, entre interação e trabalho, permite desenvolver um conceito complexo de racionalidade que serve de padrão de medida para a crítica da razão instrumental, ou seja, da monetarização e da burocratização do mundo da vida. O tema lukacsiano da "racionalização como reificação" (TKH1, p.454) passa para o primeiro plano.

Se Adorno e Horkheimer desenvolveram esse tema na direção de um "mundo administrado" onde impera o padrão reificador da razão instrumental, Habermas tentará mostrar que tanto a crítica da razão instrumental necessita de critérios racionais que vão para além desse conceito de razão, como os fenômenos sociais mais chamativos das sociedades do capitalismo tardio na segunda metade do século XX evidenciam novas formas de conflito que supõem o enfrentamento de dois princípios distintos de integração da sociedade: o sistêmico, que se cumpre mediante ação instrumental e ação estratégica, e o social, que se cumpre mediante a ação comunicativa. Trata-se de mostrar que a teoria da racionalização teve base estreita desde Weber (pelo menos no que se refere à modernização social), e que essa estreiteza não foi eliminada, mas antes pressuposta pelos teóricos críticos anteriores.

XI. Reconstrução e crítica imanente na *Teoria da ação comunicativa*

Com a inflexão no sentido do conceito de reconstrução, que passa de uma tentativa de reconstruir a partir de vestígios históricos o que é reprimido no diálogo para a reconstrução prévia de condições de possibilidade do diálogo autônomo, decerto saltamos para além dos limites de *Conhecimento e interesse*. Porém, como temos visto no enfrentamento da tipologia proposta por Celikates, esse salto não encontra um terreno inteiramente desconhecido. A reconstrução em um sentido quase-transcendental também fazia parte da estratégia teórica de identificar condições fundamentais do desenvolvimento da sociedade ou da espécie. O que mudou significativamente, em princípio, é a relação desse sentido de reconstrução e o sentido da crítica, uma vez que eles se diferenciam e se recompõem de maneira distinta, com uma dependência, pode-se dizer, normativa da crítica. A fundamentação dos critérios normativos da crítica ganha destaque e se antecipa à crítica na ordem da exposição.

A emergência dessa fundamentação e seu destaque não podem ser compreendidos se não se identifica em Habermas a crise da crítica imanente da ideologia, tanto no que diz respeito à tradição anterior da Teoria Crítica quanto ao seu próprio modelo, desenvolvido na segunda metade dos anos 1960. Porém, Stahl não errava ao dizer que Habermas desenvolve sua abordagem no interior de um modelo de crítica imanente mais ligado às práticas do que às ideias e às autocompreensões imediatas dos autores. Só que agora podemos ver que não se trata de um prolongamento – pelo menos não para o próprio Habermas – do que vinha sendo feito com essa forma de crítica na tradição do marxismo e da Teoria Crítica. Se aí a crítica imanente da ideologia pode também se referir à práxis, é para mostrar a sua contradição com o conteúdo normativo da ideologia no interior de uma dinâmica histórica que aponta também para a caducidade desse conteúdo.

Habermas quer evitar tanto o vínculo imediato com as ideias e configurações históricas concretas quanto a remissão a uma teoria ou filosofia da história que, de certo modo, confere garantia à superação de suas contradições ou antagonismos internos e que, além disso, confere importância decisiva ao desenvolvimento de complexos de racionalidade técnica, como as forças produtivas. Isso se torna evidente no novo prefácio de *Mudança estrutural da esfera pública*, de 1990, que tem por referência a esfera pública burguesa e seus ideais:

> Quando os ideais burgueses são confiscados, quando a consciência se torna cínica, desmoronam aquelas normas e orientações valorativas em torno das quais a crítica da ideologia tem de pressupor algum acordo, se quer apelar a elas. Por isso, propus aprofundar os fundamentos normativos da teoria crítica da sociedade. A teoria da ação comunicativa deve explicitar um potencial da razão inscrito na própria práxis comunicativa cotidiana. Com isso, ao mesmo tempo, abre-se o caminho para uma ciência social que procede reconstrutivamente, que identifica os processos de racionalização cultural e social *em toda a sua extensão* e também os rastreia para aquém do limiar das sociedades modernas. Então, não mais precisamos procurar por potenciais normativos apenas na formação de uma esfera pública surgida em uma época específica. A necessidade de estilizar as manifestações individuais prototípicas de uma racionalidade comunicativa incorporada institucionalmente desaparece a favor de uma abordagem empírica que dissolve a tensão da oposição abstrata entre norma e realidade. Diferentemente das suposições clássicas do materialismo histórico, surgem no primeiro plano o sentido estrutural próprio e a história interna de tradições e sistemas de interpretação culturais. (MEEP, p.66)

No contexto do desenvolvimento teórico posterior a *Conhecimento e interesse*, o correspondente da tese do cinismo é a tese da tecnocracia e, depois, a da colonização sistêmica do mundo da vida, ou seja, a imposição de um tipo de racionalidade instrumental em meio a interações que necessitam estruturalmente das operações da ação comunicativa. Não é possível, nesse caso, partir da racionalidade instrumental porque essa não tem para Habermas um conteúdo normativo na acepção da palavra. Daí a necessidade de uma fundamentação dos critérios que orientam a crítica, mais especificamente a fundamentação de um conceito de razão complexo, a partir do qual a racionalização instrumental pode ser vista como unilateralidades que distorcem os âmbitos de ação dependentes de todas as dimensões de racionalidade.

Habermas fala nesse contexto de complexos de racionalidade cognitivo-instrumental, prático-moral e prático-estético (ou expressivo). É evidente que, com esse tipo de abordagem, ele se inspira diretamente em um modelo kantiano de crítica (cf. Kneer, 1990; Terra, 2003; Nobre, 2008a), já que encontraríamos aqui, na realidade social, um tipo de intervenção em jurisdições alheias, que perdem sua autonomia, como é o caso da invasão da razão teórica no âmbito da razão prática.

Voltaremos a esse ponto. É importante não confundir, antes de tudo, esse modelo kantiano de crítica com a estratégia de uma fundamentação transcendental dos critérios orientadores da crítica. O abandono das diretrizes da crítica da ideologia não é substituído – como se considerou por muito tempo, em parte por preconceito e em parte por conta de formulações enviesadas do próprio Habermas – pela estratégia da fundamentação transcendental, como se busca mostrar no capítulo seguinte. Em vez disso, trata-se de buscar fundamentar tais critérios de maneira reconstrutiva: identificando-os nas práticas comunicativas cotidianas à luz de um longo desenvolvimento histórico que remonta para aquém do surgimento das sociedades modernas, como veremos ainda no terceiro capítulo. Os potenciais inscritos nas estruturas subjacentes aos desenvolvimentos históricos servem de esteio para a crítica. Trata-se aqui, justamente, daqueles vetores horizontal e vertical da reconstrução a ser seguidos pelas ciências reconstrutivas.

Portanto, a imanência dos potenciais normativos, dos quais se derivam os critérios da crítica, é preservada ainda que tenha ocorrido um processo teórico de abstração das configurações concretas de ideias e instituições. O ganho que se obtém à estratégia teórica orientada segundo a passagem anterior, é, para Habermas, evidente e urgente. A Teoria Crítica não pode mais dispensar uma fundamentação de seus critérios. Isso significa, entre outras coisas, que a teoria que procede reconstrutivamente tem de cumprir um "papel construtivo" (MKH, p.41, trad. p.48). Por exemplo, ela pode propor, no âmbito das discussões morais, uma ideia de ética fundada no discurso e um princípio de justificação discursiva de normas. Esse princípio, porém, deve poder ser fundamentado nas reconstruções daquelas regras estruturantes das práticas comunicativas e discursivas. A própria ideia da ética do discurso é uma explicitação do significado normativo da discussão de normas. De modo geral, pode-se dizer que o procedimento a ser formalizado para a condução de discursos morais, no âmbito da ética do discurso, é derivado, em grande parte, dos procedimentos, por assim dizer, espontâneos na dimensão pragmática da fala.

O segundo ganho é que a Teoria Crítica não precisa contar mais com a figura de pensamento da filosofia da história, que, segundo Habermas, ainda domina as construções do materialismo histórico. Porque há uma diferenciação entre lógica de desenvolvimento e dinâmica de desenvolvimento, os potenciais de racionalidade alcançados em termos estruturais não significam por si só uma garantia histórica de progresso. Antes, significam potencialidades de emancipação que podem se traduzir em novas práticas concretas sob determinadas condições.

Mas, cabe perguntar: esse modelo de crítica imanente, mais ligado às práticas, ou melhor dizendo, mais ligados às regras e às estruturas subjacentes às práticas sociais, pode cumprir ainda as exigências de uma noção mais rigorosa de crítica imanente como aquela defendida por Jaeggi? Além disso, a distinção de reconstrução e crítica, como acusa Celikates, não afasta irremediavelmente, ao final das contas, a Teoria Crítica reconstrutiva da práxis?

Se podemos sustentar, mais uma vez contra Jaeggi, que há, além do abordado em *Conhecimento e interesse*, um tipo de crítica imanente que pode ser chamado de reconstrutivo, como também o quer Stahl, então o passo natural a ser dado é realizar o mesmo que já fizemos em relação a *Conhecimento e interesse* e verificar até que ponto as exigências da crítica imanente, como formuladas por Jaeggi, podem ser cumpridas por Habermas na constelação da teoria da ação comunicativa.

Para poder dar esse passo, no entanto, precisamos acompanhar mais de perto o diagnóstico de época que Habermas começa a realizar no ensaio "Técnica e ciência como 'ideologia'" e que se consolida na *Teoria da ação comunicativa*. Pois só assim poderíamos verificar a relação íntima entre crítica e crise que, segundo Jaeggi, é constitutiva da dimensão da imanência. Com isso, podemos responder afinal por que a distinção entre reconstrução e crítica acaba se invertendo em Habermas, ou seja, por que não se trata de ordenar a crítica como um passo posterior e dependente, mas antes como um princípio reflexivo que faz da reconstrução uma exigência da crítica.

Há pouco antecipamos que o núcleo do diagnóstico de época que ocupará Habermas dos anos 1970 até meados dos 1980 consiste sobretudo na tese da colonização sistêmica do mundo da vida e que esta é um desenvolvimento da tese da tecnocracia. O pano de fundo histórico é dado com a evolução do Estado de bem-estar social, a qual Habermas analisa como uma solução política para a tendência à crise do capitalismo e para a tendência ao desencadeamento de crises sociais, como a luta de classes. De um ponto de vista crítico, Habermas sustenta, já em 1968, no ensaio sobre técnica e ciência, que surge nesse contexto uma política de compensação social e uma política de aumentar a funcionalidade do sistema econômico cuja meta é evitar crises e preservar o sistema econômico-social como um todo. A chamada "consciência tecnocrática" se instaura com forma específica de ideologia, normativamente magra, que tende a substituir as questões políticas propriamente ditas, as questões práticas, por questões técnicas a respeito do melhor funcionamento do sistema.

Esse diagnóstico pressupõe duas críticas de peso no âmbito da teoria da sociedade. De um lado, Habermas propõe uma reformulação da teoria da racionalização de Weber, a qual estaria, segundo ele, por demais presa à lógica da ação racional com respeito a fins, ou seja, presa à lógica da eficiência na escolha de meios para fins dados, que encontra um âmbito exemplar na esfera da economia e na esfera da organização burocrática do Estado. Seria preciso acrescentar um segundo aspecto nessa teoria, ligado agora à interação simbólica e comunicativa: também a ação comunicativa tem uma racionalidade que pode ser corporificada em condutas, atitudes e instituições. Além disso, há também a proposta inicial de uma reconstrução do materialismo histórico, pois o conceito complexo de razão e racionalização permite a Habermas estabelecer de outro modo a conexão entre forças produtivas (racionalização técnica) e relações de produção (racionalização simbólica). Essas premissas podem, então, se encontrar no diagnóstico de época de tal sorte que se afirma aí uma penetração da racionalidade técnica em âmbitos próprios da racionalidade simbólica e comunicativa.

A *Teoria da ação comunicativa* reformula o núcleo desse diagnóstico com os conceitos já maduros de sistema e mundo da vida. O pano de fundo histórico é ainda o Estado de bem-estar social em crise, agora não só em sinal evidente de crise econômica, mas também em uma crise persistente de legitimação. Habermas continua sustentando, tal como antes, que o apaziguamento dos conflitos de classe alcançado por meio do compromisso em torno do Estado de bem-estar social tem de pagar um alto preço. A substituição da racionalidade prática e simbólica pela racionalidade técnica e instrumental passa a significar o surgimento, a multiplicação e o espraiamento de formas de patologia social. Por sua vez, essa substituição é traduzida na forma de uma invasão e de uma colonização dos sistemas dinheiro e poder nos núcleos do mundo da vida, na esfera privada da família e das relações de amizade e na esfera pública orientada para a discussão política e cultural de modo geral.

O conceito de sistema, tirado do funcionalismo, mas visivelmente remetido à ideia marxiana do capital como totalidade que se reproduz às costas dos participantes dos processos econômico e à ideia weberiana de máquina viva para a explicação do funcionamento da burocracia estatal, representa um âmbito de ação racional com respeito a fins cuja base simbólica é completamente engatada às realizações de funções, em uma concatenação que escapa aos atores individuais. Os âmbitos da administração e da economia capitalista podem ser vistos como subsistemas interligados cujo meio de comunicação interno é dado por códigos deslinguistizados, isto é, dotados de linguagem artificial, redutora, como são o dinheiro e o poder administrativo.

Por seu turno, o conceito de mundo da vida, proveniente da fenomenologia, se interconecta com aquele de ação comunicativa. Esta representa para Habermas um tipo de interação social em que o entendimento linguístico constitui o mecanismo de coordenação de ação de pelo menos dois atores sociais cujos fins só são alcançáveis se eles partem de saberes de fundo compartilhados e se, dado um conflito a respeito da melhor interpretação da situação, realizam novos acordos com base naqueles saberes.

A ideia fundamental a respeito da potencialidade emancipatória da ação comunicativa já foi apresenta no início, a partir da citação de Gabriel Cohn. Em princípio, o entendimento linguístico se revela, de uma perspectiva reconstrutiva, dependente de uma série de condições exigentes que deve ser pressuposta como realizada e ao mesmo tempo, e por isso mesmo, que pressiona para a sua realização – como a condição de máxima igualdade, máxima liberdade, autonomia dos processos comunicativos etc. Por outro lado, a ação comunicativa é essencial para a reprodução simbólica do mundo da vida, e este, como saber de fundo inquestionável no momento da ação, suporta as operações simbólicas dos atores no que diz respeito ao saber de objetos, ao saber de normas e ao saber de si mesmo. A cada vez, o saber de fundo que constitui o mundo da vida em cada contexto ou se reforça ou se renova nas interações cotidiana. Mais exatamente, o que se reforça ou se renova é a validade que os atores sociais associam aos símbolos, proferimentos, normas, hábitos etc. Cada ato de fala, cada proferimento verbal ou cada manifestação verbalmente traduzível traz consigo uma pretensão de validade que o ouvinte pode apenas acatar de maneira habitual, mas também questionar. O questionamento sistemático de pretensões de validade faz que a ação comunicativa propriamente dita ceda lugar para uma forma de comunicação exigente, em que as condições idealizadoras da comunicação se impõem com mais força, ou seja, uma forma que recebe o nome de "discurso".

Se essa visão geral simplificadora da teoria da ação comunicativa é aceitável, pode-se dizer que o diagnóstico de época elaborado por Habermas aponta para um antagonismo persistente entre dois tipos de integração das ações individuais: a integração sistêmica operada pelos *media* dinheiro e poder e a integração social, de caráter simbólico, que se dá através das ações comunicativas. Porém, a tese de Habermas consiste mais propriamente em que esse antagonismo só surge quando os imperativos de cada sistema levam à colonização. Isto é, os sistemas vão para além das funções necessárias de reprodução material da sociedade e pressionam para que todo o entorno seja submetido aos seus imperativos, seja de valorização do capital, seja de controle burocrático. Com isso, surgem as tendências de monetarização e burocratização das relações sociais em todos os âmbitos da sociedade, inclusive aqueles mencionados que carecem da linguagem natural em toda a sua complexidade para a realização de operações simbólicas. Como a reprodução simbólica do mundo da vida é afetada, aparecem como resultado patologias sociais de diversos aspectos. As mais chamativas, no entanto, são perda de sentido em relação às produções culturais – quer dizer, as pessoas não conseguem abarcar e interrelacionar as manifestações culturais –, fenômenos novos de anomia social – ou seja, as pessoas não reconhecem a validade das normas sociais – e fenômenos como psicopatologias, ou seja, distúrbios psíquicos de diversos tipos que impedem a socialização mais ou menos bem-sucedida dos indivíduos.

Por mais distintas que sejam em sua natureza e desdobramentos, essas três formas de patologias sociais são remetidas a processos de comunicação sistematicamente distorcida. A monetarização e a burocratização criam tendências nas interações comunicativas cotidianas para a objetificação, para a reificação tanto dos parceiros da interação, das próprias relações interativas e de si mesmos. Elas impõem a tendência, já mencionada, para "usurpação" da dimensão cognitivo-instrumental da racionalidade comunicativa sobre as dimensões prático-moral e prático-estética.

Se, agora, pudermos realizar uma breve comparação entre esse diagnóstico e aquele de *Conhecimento e interesse*, será fácil perceber que há um ponto comum marcado pela ideia de comunicação sistematicamente distorcida como forma fenomênica primeira da patologia. A privatização da linguagem em um caso se traduz em reificação da linguagem. Os efeitos parecem ser os mesmos de um ponto de vista estrutural: a complexidade da linguagem é encurtada e com isso os sujeitos se veem privados de possibilidades de simbolizar suas necessidades para além das coerções sistemáticas. Ou seja, o que está em jogo é a restrição da comunicação, o efeito patológico dessa restrição e a tendência para emancipação em relação a essa restrição.

Porém, há duas diferenças de monta nos dois projetos reconstrutivos: em primeiro lugar, tanto os efeitos patológicos como as reações a eles não são remetidos ao papel de um terapeuta que reconstrói e com isso desfaz, ao poucos, as resistências do paciente. Agora são os próprios processos comunicativos que devem trazer consigo o que desencadeia um processo reflexivo a respeito das restrições da comunicação. Em segundo, a privatização da linguagem era explicada em função da manutenção de uma comunicação pública aparente. Este era o elemento próprio da crítica imanente da ideologia de estilo mais antigo, já que pelo público se media o que não é público e simultaneamente este princípio de público produzia o não público. No contexto da *Teoria da ação comunicativa*, Habermas trabalha com uma imagem totalmente diversa. Os sistemas dinheiro e poder se comportam como senhores coloniais que invadem de fora uma sociedade tribal, usurpam seus recursos naturais e forçam os nativos a assimilar as regras do senhor. Se podemos falar de uma privatização da linguagem, não por isso se reconhece uma dissimulação que seja de algum modo normativamente produtiva e destrutiva ao mesmo tempo. Vale a pena repisar: não é pelo sistema que principia a crítica como sua base normativa, uma vez que ele é, para Habermas, normativamente ressecado. É evidente que a base normativa da crítica é dada com o que é reprimido, com o que é reificado no processo de colonização. Não se trata de partir de um princípio normativo dominante que gera crise, mas do que é reprimido por um princípio dominante que gera crise.

Com isso, a distância entre reconstrução e crítica parece diminuir, pois uma vez encaminhado o diagnóstico de época se torna evidente que as tentativas de reconstrução de princípios estruturantes das produções simbólicas se irmanam com a base da crítica, justamente esses princípios afetados e, ao mesmo tempo, que guardam consigo possibilidades de reação.

Porém, essa linha de argumentos só ganha plausibilidade se é possível mostrar, então, que as estruturas a ser reconstruídas apenas se tornam acessíveis por conta dos efeitos patológicos, de modo geral, por meio de uma crise no mundo da vida. Ou seja, os padrões de medida que a reconstrução procura fundamentar não seriam dados de antemão, como sugeria Habermas no posfácio de 1973. A crítica não apareceria como momento subordinado ou posteriormente ordenado, e em todo caso desvinculado da descoberta e da fundamentação reconstrutiva. Pelo contrário, haveria uma relação interna entre reconstrução e crítica dada a caracterização objetiva que ganha a crise diagnosticada por Habermas a partir da tese da colonização sistêmica do mundo da vida. Ora, é justamente esse o último passo dado pela Teoria da ação comunicativa:

> Uma teoria que quer se certificar das estruturas universais do mundo da vida, não pode proceder [*ansetzen*] de maneira transcendental; ela só pode esperar estar à altura da *ratio essendi* de seus objetos se há razão para supor que o contexto de vida objetivo, no qual o próprio teórico se encontra, providencia para que se lhe abra a *ratio cognoscendi*. (TKH2, p.590)

Não se trata de um expediente artificial. Como mostrei em outro lugar, a relação constitutiva entre crise, crítica e teoria é tema comum a Habermas desde os seus primeiros escritos e uma maneira específica de se filiar à tradição aberta por Horkheimer (cf. Repa, 2005, 2008; Strydom, 2011). Em um texto fragmentário de 1977, "Objetivismo nas ciências sociais", o qual pode ser visto como um primeiro esboço do projeto da teoria da ação comunicativa, Habermas já escrevia:

> Se as abordagens da teoria da evolução tiverem êxito, então se pode tentar colocar sob controle a ligação contextual da teoria da ação comunicativa. Nesse caso se trata de examinar se no curso dos processos de aprendizagem, próprios da evolução social, surgiu uma situação objetiva em que os universais da ação orientada ao entendimento se tornam acessíveis reconhecidamente como universais e se, além disso, o contexto fático de surgimento de nossa teoria da comunicação preenche exatamente essas condições objetivas do conhecimento. (ZLS, p.592)

Assim, a teoria da ação comunicativa, que procede de maneira reconstrutiva, deveria seu contexto de surgimento a "um desafio que coloca em questão as estruturas simbólicas do mundo da vida em seu todo", o que pode "tornar plausível por que estas (estruturas) se tornaram acessíveis para nós" (TKH2, p.593). Ou seja, com o seu diagnóstico de época, baseado na tese da colonização do mundo da vida pelo sistema, Habermas pode explicar como as estruturas constitutivas da ação orientada ao entendimento, como o objeto da reconstrução, se tornam acessíveis por conta de um contexto de crise.

Certamente, com esse passo metodológico, parece que somos enviados para o interior de um círculo. A teoria da evolução social – como vimos representa o vetor reconstrutivo vertical – se orienta de início por uma reconstrução horizontal cujo ponto de partida é a situação hermenêutica, a situação dialógica entre o cientista e os atores sociais. Mas, por fim, uma vez completada a história do desenvolvimento dos padrões de racionalidade, é preciso concluir que só houve aquele acesso porque as estruturas ameaçadas se fazem valer de algum modo nas práticas comunicativas cotidianas, ou seja, por meio de patologias.

É difícil discernir uma saída para esse círculo. Para o contexto de nosso problema, no entanto, ele serve para sustentar a interpretação segundo a qual, ao longo dos anos 1970, aquela distinção forte entre reconstrução e crítica, proposta no posfácio de *Conhecimento e interesse*, foi se diluindo até que, finalmente, ela se inverte em uma interdependência. Pois, vale insistir, para Habermas também a descoberta de critérios normativos depende da situação de crise social. É somente no momento de crise que o teórico social tem acesso àquilo e é, de algum modo, afetado por patologias sociais. Se *Conhecimento e interesse* confere valor prático para o sofrimento, a *Teoria da ação comunicativa* lhe confere valor teórico. Em ambos os casos, porém, as patologias são índice de que os processos comunicativos estão sofrendo alguma espécie de coerção.

Se estou correto nessa leitura, então pode-se dizer, tendo em vista a proposta tipológica de Celikates, que a diferença entre as duas primeiras compreensões de reconstrução tampouco residiria na distinção ou na indistinção entre crítica e reconstrução, o que significa também que haveria mais continuidade do que ruptura entre *Conhecimento e interesse* e a obra subsequente. Trata-se, antes, de formas diferentes de organizar a relação entre crítica e reconstrução.

É verdade, porém, que essas formas diferentes implicam em sentidos distintos de crítica e reconstrução. Pode-se dizer também que são concepções distintas de crítica reconstrutiva que rearticulam e reestruturam elementos relativamente próximos cuja referência crítica é sempre a mesma: a capacidade emancipatória da ação comunicativa em um contexto social que depende cada vez mais de processos de obtenção de acordo.

XII. Unidade de reconstrução e crítica

Com essa leitura, podemos retomar a comparação da crítica reconstrutiva em sua segunda concepção com aquela defendida por Jaeggi, a qual, vale lembrar, aproximava a crítica reconstrutiva de modo geral de uma forma de crítica interna incapaz de se vincular a uma ideia constitutiva de transformação, a qual tem de ser inerente à Teoria Crítica.

Se concordamos com essa exigência, embora ela possa ser matizada em vários aspectos, não podemos deixar de observar, por outro lado, que ela se torna vulnerável à consideração habermasiana sobre o cinismo e, de modo geral, sobre a falta de condições de aplicar uma crítica imanente na forma de uma crítica da ideologia. Ao mesmo tempo, concordamos com Stahl sobre a persistência da proposta habermasiana no interior da crítica imanente, ainda que sua distinção de dois tipos de crítica dessa natureza precisasse de considerações de caráter histórico-filosófico: o modelo de uma crítica imanente que se atém, antes de tudo, às práticas é próprio de Habermas, e não da tradição marxista de modo geral, a qual se filia de maneira positiva ou problemática à crítica de ideologias em função de seu caráter prático.

Além disso, é preciso enfatizar que Habermas confere à sua segunda concepção de crítica reconstrutiva, enquanto crítica imanente, uma configuração pouco usual: o diagnóstico se reporta a uma noção kantiana de crítica, de tal modo que o princípio normativo fundamental se baseia na ideia de que os âmbitos de racionalidade possuem legalidades próprias, que garantem sua autonomia e pleno desenvolvimento. Esse princípio está na base, portanto, do juízo segundo o qual, ao longo da modernização capitalista, os sistemas dinheiro e poder conduzem um processo seletivo de potenciais de racionalidade já disponíveis com a racionalização cultural. As patologias sociais se explicariam então pelo fato de que dimensões importantes da racionalidade comunicativa estariam sofrendo um sufocamento por conta da invasão sistemicamente induzida da racionalidade cognitivo-instrumental.

É importante observar, quanto a este último ponto, que tal predomínio não significa somente a eliminação das dimensões prático--moral ou estético-expressiva da razão. Nesse contexto, Habermas fala de marginalização e enfraquecimento dessas dimensões, as quais são, ainda assim, constitutivas da práxis comunicativa cotidiana. Mas essa imagem não se reduz a uma simples forma de recalque, na acepção literal de impedir a manifestação. Muitas vezes ela se apresenta como um encurtamento do prático-moral ou do estético-expressivo no interior dessas dimensões, por exemplo, em concepções morais que assimilam pretensões de verdade teórica e pretensões de correção normativa. Nesses casos, talvez pudéssemos pensar na possibilidade de uma aplicação da crítica imanente a partir do princípio dominante; mas geralmente, nesses campos, Habermas sempre parte da constatação da falta de alcance, e não tanto sobre a contradição do princípio. Ou seja, é o antagonismo entre dimensões de razão e não as contradições de um princípio de unificação o ponto de partida. De modo geral, a oposição se mantém na forma do antagonismo, e não se converte na autocontradição dos opostos, como ensina normalmente a tradição dialética (cf. Hegel, 2017, p.78; Repa, 2019), o elemento da identidade trazendo e pondo o outro de si mesmo.

Assim, se retomarmos as exigências estabelecidas por Jaeggi, salta à vista que o princípio da "normatividade do efetivo" seria, tal como antes, uma própria condição da imanência da crítica, porém o efetivo inscrito na linguagem ganha um caráter menos concreto. Isso porque, na segunda exigência, o "caráter constitutivo e funcional das normas" não tem necessariamente uma configuração institucional. Mais problemática nessa comparação, porém, é a "eficácia invertida das normas". Não faz sentido falar que as estruturas constitutivas da racionalidade comunicativa teriam eficácia invertida porque o ponto de ancoragem da crítica é aquilo que foi reprimido. Por sua vez, "a orientação pela crise" continua a ser constitutiva, o contexto de crise é o princípio epistemológico da reconstrução. A "contraditoriedade paralela de efetividade e normas" tem papel menor já que, outra vez, não se trata de partir de contradições internas às normas. Trata-se antes, nesse contexto, de tentar fundamentar os princípios normativos da crítica à luz de uma efetividade antagônica e ao mesmo tempo ancorá-los nas diversas dimensões dessa realidade. A sétima característica, "a crítica imanente como processo de aprendizado" tem paralelo muito próximo com a ideia habermasiana de reconstrução vertical de processos de aprendizado, embora esse ponto precise de maior aprofundamento.

Essas diferenças demonstram a especificidade da versão de crítica imanente com que Habermas passa a lidar depois de *Conhecimento e interesse*. No entanto, a sexta característica, a respeito do caráter transformador da crítica imanente, é, na realidade, o que mais importa. A ideia, já apresentada a respeito de *Conhecimento e interesse*, segundo a qual o sujeito individual e a sociedade se transformam no momento em que podem flagrar o nexo sistematicamente ocultado entre patologia e dominação, recebe um novo contexto de aplicação. Decerto Habermas continua contando com uma pressão constante do efeito de esclarecimento sobre as estruturas de dominação, mas a crítica tem muito pouco a fazer se ela não puder também contar com movimentos sociais mais ou menos ativo na esfera pública. Para Habermas, os chamados novos movimentos sociais são reações às patologias do mundo da vida. Porém, a relação entre reconstrução e esfera pública, e de modo geral, a teoria política habermasiana, abriria um novo campo de discussão. Para o contexto da presente discussão, importa, antes, a estrutura lógica da crítica reconstrutiva, mais especificamente, a relação entre reconstrução e transformação.

Do ponto de vista da crítica que Jaeggi estabelece contra a reconstrução, pode-se dizer que aqui reside o ponto decisivo, pois Habermas se valeria de potenciais de racionalidade já disponíveis que não foram ainda implementados na realidade. O ponto de ancoragem não seriam as normas dominantes, é verdade, mas o modo de funcionamento da crítica seria a da crítica interna que mede a efetividade pelas potencialidades e, como isso, não traz nada de novo.

Há dois aspectos a ser considerados nessa questão. Em primeiro lugar, a capacidade de realização desses potenciais de racionalidade na medida em que eles precisam se engatar na efetividade. Em segundo, o que significa dizer, no contexto da *Teoria da ação comunicativa*, que esses potenciais estão disponíveis?

A resposta nos leva a fechar finalmente o desenho da concepção de crítica imanente reconstrutiva na *Teoria da ação comunicativa*. Nessa concepção, delineia-se não só um tipo de crítica imanente desvinculada das ideologias e remetidas às estruturas subjacentes às práticas cotidianas, não só um tipo de crítica imanente que incorpora uma noção kantiana de crítica; ela ainda tem de supor uma relação pouco comum de potencialidade e efetividade. Pois, se as patologias sociais surgem por repressão do desenvolvimento de todas as potencialidades da racionalidade comunicativa, é evidente então que não se trata de meras possibilidades, mas de algo que mostra sua efetividade por negação. Isso significa que as potencialidades da racionalidade comunicativa não são apenas efetivas na acepção dada a esse termo na tradição dialética. Como elas são condições constitutivas de toda interação social mediada pela linguagem, é preciso atribuir-lhes um tipo de efetividade que se evidencia por negação, cujo efeito fenomênico é, em grande escala, a patologia. Tudo isso torna claro que não se trata de meras possibilidades não realizadas, nem mesmo de uma possibilidade cuja efetivação é garantida, mas de uma possibilidade que, em certo nível, já é efetiva.

No entanto, de modo algum Habermas ancora sua crítica às sociedades capitalistas apenas nesse tipo de possibilidades inscritas na comunicação como suas condições. Antes, esse raciocínio só ganha plausibilidade se for possível mostrar que os processos discursivos são ao mesmo tempo demandados e recortados com a racionalização e a modernização capitalista. Mas Habermas está longe de dizer que formas precisas surgirão do aproveitamento dos recursos já disponíveis no solo da modernidade cultural. Um tratamento não objetificado consigo mesmo e com os parceiros da interação pode se configurar concretamente de diversas formas, de modo que o efeito transformador, vale dizer, o efeito emancipatório dessa concretização de algo que estava sempre lá, mas não de maneira precisa, não é mensurável de antemão. Se o fosse, tampouco poderíamos dizer que é realmente novo.

2
RECONSTRUÇÃO E REFLEXÃO TRANSCENDENTAL

O esforço de circunscrever os direitos próprios da noção de crítica reconstrutiva em Habermas e seu sentido como crítica imanente tem de enfrentar com mais vagar duas questões de método que se erguem de imediato. A primeira poderia rezar assim: como afinal traduzir nesse projeto a proximidade que o próprio Habermas estabelece com o tipo de reflexão filosófica estabelecida por Kant, onde a tarefa de fundamentar normativamente os critérios da crítica se levanta com urgência? A segunda se dá em termos curiosamente opostos: a ideia de reconstrução de uma racionalidade existente não nos joga de novo na raia da filosofia da história, em uma figura tão suspeita quanto a reflexão transcendental?

Comecemos pela primeira questão. Apesar de seus reiterados intentos de mitigar ao máximo o sentido do termo "transcendental" em suas considerações sobre o método da reconstrução racional, pode-se dizer, é certo, que Habermas nunca foi muito bem-sucedido nessa empreitada. Para além da pesquisa especializada, a associação entre o método reconstrutivo, proposto por Habermas como saída metodológica para a Teoria Crítica, e a filosofia transcendental se estabeleceu, por assim dizer, na "opinião acadêmica". A posição de J. A. Giannotti é ainda exemplar, pois considera que Habermas, ao seguir Apel, estaria dogmaticamente jogando a questão do entendimento e do acordo para a esfera sublime da ideia reguladora, para um tipo de discurso consciente de si mesmo. [...] Assim sendo, depois deste salto no sublime e no absoluto, nada mais é preciso para o retorno glorioso da razão clássica, cuja clareza é vista como a meta de toda linguagem. [...] É toda uma concepção de filosofia transcendental que está sendo posta em prática. (Giannotti, 1991, p.12, 20)

A verdade é que não faltam exemplos semelhantes. Variam-se os pressupostos, e o julgamento é sempre o mesmo: a teoria habermasiana seria um avatar da filosofia transcendental. Mas como entender, nesse caso, as tantas empreitadas visando situar a razão no interior do pensamento pós-metafísico, situar a razão na história. Não é exatamente esse o sentido primeiro da tese de que continuamos contemporâneos dos jovens hegelianos, defendida por Habermas em *O Discurso filosófico da modernidade*?

A razão não é considerada nem como algo pronto, como uma teleologia objetiva que se manifesta na natureza ou na história, nem como uma mera faculdade subjetiva. Pelo contrário, os padrões estruturais detectados nos desenvolvimentos históricos propiciam os indícios cifrados sobre as veredas de processos de formação inconclusos, interrompidos ou mal conduzidos, que ultrapassam a consciência do indivíduo. (DFM, p.78)

Se é assim, se de algum modo o próprio Habermas se situa no interior do discurso da modernidade aberto pelos jovens hegelianos quando rompem não só com um conceito de razão fundado na teleologia da história, mas também com aquele escorado em uma teoria das faculdades subjetivas, como entender a atribuição de uma postura transcendentalista? Nesse ponto, as divergências entre Apel, defensor de um transcendentalismo pragmático, e Habermas quanto ao *status* da fundamentação da racionalidade comunicativa deixam claro que o parentesco da reconstrução racional com a filosofia transcendental é bastante peculiar, como se pode ver pelo número de publicações em que o primeiro quer pensar "com Habermas contra Habermas".

No entanto, comecemos por onde essas orientações metodológicas se assemelham. Não é o próprio Habermas que entende a reconstrução como filiada a uma espécie de reflexão transcendental, ainda que transformada? Reconstrução significaria aquela operação reflexiva que apreende em que condições determinada experiência é possível. Nas palavras de Dutra:

> Habermas parte da ação comunicativa como sendo dada e busca as suas condições de possibilidade. Já que se trata de uma ação que é linguisticamente mediada, portanto trata-se de interação linguística, então podemos falar que o que está em questão é a dimensão pragmática da linguagem. Disso decorre que a pragmática tenha como tarefa mapear as condições que tornam possível a ação comunicativa. Essas condições caracterizam também, formalmente, a racionalidade comunicativa (que se explicita na ação comunicativa). (Dutra, 2005, p.10)

Desse modo, a pragmática formal vai se apresentar como uma "ciência reconstrutiva" que tem como objetivo a reconstrução racional das condições de possibilidade do entendimento linguístico (CI, p.494; VETKH, p.353). Que haja entendimentos linguísticos é uma experiência cotidiana dada, mas isso só se dá mediante o sistema de regras subjacentes, seguidas de maneira intuitiva pelos falantes. A facticidade do entendimento (ou a facticidade da validade) não deve ser compreendida, assim, em um sentido extensivo, de modo a afastar os tantos desacordos, igualmente dados. Como veremos daqui a pouco, o desacordo, a contestação, é o que permite compreender o que tacitamente se pressupõe no entendimento. Só podemos reconhecer a facticidade do entendimento na medida em que o desacordo não aparece *ainda*. Entretanto, só podemos compreender a estrutura linguística do entendimento por meio do questionamento e do atrito. Os desacordos apenas podem surgir, assim, a partir de um saber intuitivo sobre as regras da linguagem que sustentam o entendimento. Isso não vale apenas para a dimensão semântica, a primeira (ou a única) a ser aceita corriqueiramente, como no uso de proposições descritivas. O desacordo tem de se orientar pelas estruturas da dimensão pragmática que sustenta inclusive a intenção semântica. A instância "intuitiva" do saber de regra pressuposto deve nos guardar, além disso, de atribuir às operações linguísticas de entendimento mútuo a figura de pactos e contratos.

Todo jogo de linguagem que funciona de maneira consensual, continua Habermas, terá de apresentar sempre e pelo menos quatro pretensões de validade reciprocamente levantadas pelos participantes: uma pretensão de inteligibilidade para os seus atos de fala, ou seja, a pretensão de que foram produzidos conforme as regras da língua em questão, uma pretensão de veracidade no sentido de que o falante realmente pensa o que diz, uma pretensão de justeza ou correção normativa no que se refere ao contexto normativo do ato de fala, bem como, por fim, uma pretensão de verdade para o seu conteúdo proposicional. Essas pretensões têm de ser universais, presentes na aceitação racional de todo ato de fala, cooriginárias e irredutíveis entre si (VETKH, p.420 ss.).

A esse nível de pressuposições pragmáticas, próprias do conceito idealizado de ação comunicativa, junta-se o nível de pressuposições pragmáticas próprias do conceito idealizado de discurso. Este é introduzido como forma especial de resgate argumentativo das pretensões de validade aceitas previamente na ação e que, por algum motivo, foram contestadas. É nesse ponto de dobra, que vai da ação comunicativa para o discurso, para a discussão argumentativa, que se revela a naturalidade cotidiana dos entendimentos linguísticos do qual se parte. No plano do discurso, importam todas aquelas regras tácita e reciprocamente atribuídas pelos participantes para a busca do consenso. Embora Habermas nunca tenha oferecido uma tábua completa dessas pressuposições idealizadoras, em geral se mencionam regras que garantem a liberdade de participação e variação temática nos discursos e a total igualdade dos direitos dos participantes. Um consenso só pode ser racionalmente obtido se for excluído toda coerção, exceto aquela do melhor argumento, e isso só é possível pelo cumprimento das regras da argumentação. A reconstrução dessas regras, vale repetir, apresenta-se como a reconstrução das condições que tornaram possível a ação e o consenso argumentativo.

Com isso, a reconstrução parece reverberar a célebre definição kantiana de transcendental: "eu denomino transcendental todo conhecimento que se ocupa não tanto com objetos em geral, mas com nosso modo de conhecimento de objetos, na medida em que este deve ser possível *a priori*" (Kant, 1974, B 25). Não está em jogo nessa compreensão de transcendental qualquer conhecimento *a priori*, mas, como alerta Kant, aquele conhecimento

> por meio do qual conhecemos que e como certas representações (intuições ou conceitos) são empregados unicamente *a priori* ou são possíveis. [...] Somente o conhecimento de que essas representações não são de modo algum de origem empírica e a possibilidade de, não obstante, eles poderem se referir *a priori* aos objetos da experiência pode se denominar transcendental. (Ibid., B 81-2).

Transcendental não significa simplesmente oposição ao empírico, aos objetos da experiência, porém, mais importante, são conceitos *a priori* dos objetos, a referência à experiência como condição de possibilidade desta. O diverso dado pela experiência através da sensibilidade apenas pode ser reunido, formar uma síntese, por meio dos conceitos puros do entendimento, as categorias. No entanto, uma vez que as categorias são condições *a priori* do entendimento humano, resta saber como *"condições subjetivas* deveriam ter *validade objetiva"* (ibid., B 122).

Como se sabe, a dedução transcendental tomará como princípio da resolução desta questão a relação intrínseca entre a validade objetiva das categorias e a possibilidade dos objetos em geral, ou seja, a objetividade coincidindo com a condição de possibilidade do objeto. Dessa maneira, a dedução transcendental só poderá concluir que "as condições de possibilidade da experiência em geral são ao mesmo tempo condições da possibilidade os objetos da experiência e possuem por isso validade objetiva em um juízo sintético *a priori*" (ibid., B 197).

Aqui importa o sentido da dedução transcendental a fim de nos aproximarmos do que pretende Habermas para seu conceito de reconstrução racional. Sabe-se que em Kant "dedução" tem de ser tomada primeiramente em sua acepção "jurídica" (ibid., B 117). De início, ela se mostra muito mais como questão de legitimidade do que como necessidade de derivação lógica. Dedução significa, nesse aspecto, mostrar o direito e a legitimidade da aplicação dos conceitos puros do entendimento. É verdade que, em seguida, a questão de legitimidade, que poderia ser traduzida também por uma questão de significação, é convertida para uma lógica de constituído e condicionado, por um lado, e constituição e condição, por outro. Na medida em que essa constituição tem de ser pensada *a priori* – pois do contrário a pergunta por sua legitimidade voltaria a repor uma questão pela constituição prévia –, ou seja, anterior e independentemente de toda experiência, fortalece-se o "apriorismo" da dedução da validade objetiva das categorias.

É esse forte "apriorismo" que Habermas terá de recusar, na esteira da recepção que a filosofia analítica fez da dedução transcendental, em especial após Strawson. Nessa recepção, o sentido da investigação transcendental se refere à busca de um esquema conceitual inerente à experiência, sem o qual não é possível o conhecimento empírico em uma concepção coerente de experiência (Strawson, 1959, p.15 ss.). Nos termos de Habermas, transcendental é

> a estrutura conceitual que se repete em todas as experiências coerentes, enquanto a afirmação de sua necessidade e de sua universalidade não é refutada. Nessa versão mais fraca, é abandonada a pretensão de que se pode apresentar uma prova *a priori* para isso. (VETKH, p.380)

Essa redução do transcendental por parte da filosofia analítica busca se apoiar, entretanto, em procedimentos do próprio Kant. Assim, a ideia de Strawson de um esquema conceitual necessário para tornar inteligível a experiência pode ser reportado à definição do método analítico dada no quinto parágrafo dos *Prolegômenos*: "significa apenas que se parte do que é analisado, como se ele fosse dado, e se ascende às condições sob as quais unicamente ele é possível". Essa estrutura argumentativa é completada por outro expediente, o recurso a um cético, que dúvida daquilo que se quer provar. A argumentação transcendental assume assim a forma de uma estratégia conceitual anticética. O argumento transcendental representa a comprovação de uma condição para um enunciado aceito inicialmente pelo cético, o qual se vê obrigado a também a aceitar aquela condição da qual duvidava. Vale ressaltar que o "cético" deve ser entendido unicamente como uma figura de argumentação, que representa a posição contrária a que se quer demonstrar. Assim, Stroud dirá que,

> quando falo do "cético", não pretendo estar me referindo a uma pessoa qualquer, viva ou morta, ou mesmo a um defensor hipotético de uma posição filosófica plenamente articulada. Eu uso a expressão somente como uma maneira conveniente de falar sobre aquelas dúvidas filosóficas familiares que cuja solução tem sido o objetivo da teoria do conhecimento pelo menos desde a época de Descartes. (Stroud, 1968, p.242)

Embora seja notório que essa forma de argumento transcendental tenha encontrado uso sistemático no e a partir do segundo Wittgenstein, como alerta Power (2000, p.245), não é difícil encontrá-lo também no próprio Kant (Milman, 2001). Desse modo, por exemplo, tanto a segunda analogia quanto a refutação do idealismo podem ser interpretadas de forma exemplar como recursos a espécies diversas de ceticismo (respectivamente o ceticismo humeano a respeito de um princípio geral da causalidade e o ceticismo cartesiano relativo à possibilidade da demonstração da existência do mundo exterior), cuja autocontradição deve servir de prova do que é contestado.

Argumentos decisivos da dedução transcendental das categorias também poderiam ser reformulados no sentido de uma autorrefutação do cético.[1] Em parte, o argumento se resumiria no fato de que, conforme o §16, se me são dadas representações, e podemos acrescentar, representações menos dependentes do sujeito, então, ainda assim, para que possam ser representações, é preciso que sejam acompanhadas do "eu penso". Visto que essa representação não pode provir da experiência, pois a consciência empírica necessitaria igualmente de ser pensada em referência à consciência transcendental, tal representação do eu penso teria de ser qualificada como apercepção originária e pura. Desse modo, um cético que aceitasse o fato de que há consciência de intuições que se passa em nós teria, nessa medida, de aceitar a apercepção originária, como condição desse reconhecimento prévio.

Se tomarmos o caso da refutação do idealismo, do mesmo modo torna-se clara a estrutura desse tipo de argumento kantiano. O idealismo problemático de Descartes consiste em afirmar que não se pode provar uma existência fora de nós por meio da experiência imediata. Sendo assim, "a prova requerida tem de mostrar, portanto, que nós possuímos também experiência e não apenas imaginação de coisas externas; o que decerto não poderá acontecer se não se pode provar que mesmo nossa experiência interna, indubitável para Descartes, só é possível sob o pressuposto da experiência externa" (Kant, 1974, B 275). Na medida em que o idealismo cartesiano aceita a experiência interna, ele pressupõe o que nega em relação à experiência externa.

---

1 Nesse sentido me parece convergir a proposta de Guido Antônio de Almeida (1993, p.190), que parte da hipótese de que "o argumento da Dedução, ou seja, o argumento para provar a necessária conformidade de nossas intuições a conceitos de objetos e, por conseguinte, às categorias, possa ser reconstruído como um argumento dirigido contra o céptico que duvida da necessidade para nossas intuições de serem conformes a conceitos de objetos, mas não duvida de que possa ter consciência dessas intuições como algo que se passa em nós". Sendo assim, pelo menos na segunda versão da Dedução, a consciência de si aparece como uma premissa que permite explicar a necessidade de admitir a conformidade das intuições a conceitos de objetos.

Portanto, tudo indica que se trata aqui de uma prova indireta e apagógica, pois pretende defender a tese pela refutação do contrário, contendo a estrutura fundamental o raciocínio por *modus tollens*. Porém, nesse aspecto, a remissão a Kant tem seus limites ou peculiaridades. Ao especificar, na doutrina do método, as propriedades de toda demonstração transcendental, a validade do emprego do raciocínio apagógico é limitado e relativizado, embora não inteiramente descartado. A terceira regra da disciplina da razão pura em relação às suas demonstrações começa afirmando que estas têm de sempre ostensivas ou diretas e nunca apagógicas, para em seguida, no entanto, acomodar e delimitar o recurso da prova indireta:

> A prova direta ou ostensiva é em toda espécie de conhecimento que vincula com a convicção da verdade ao mesmo tempo o discernimento (*Einsicht*) das fontes da verdade; a apagógica, ao contrário, pode certamente produzir certeza, mas não a compreensibilidade (*Begreiflichkeit*) da verdade em vista do nexo com as razões de sua possibilidade. Por isso, as últimas [as provas apagógicas] são mais um recurso (*Nothülfe*) do que um procedimento que satisfaça todos os propósitos da razão. Porém elas possuem uma vantagem de evidência perante as provas diretas: a contradição sempre traz consigo mais claridade na representação do que a melhor ligação (*Verknüpfung*) e por isso se aproxima mais do caráter intuitivo (*Anschauliches*) de uma demonstração. (Ibid., B 818-9)

A utilidade da prova indireta consiste no fato de o *modus tollens* ser muito mais rigoroso e fácil do que o *modus ponens* no que se refere à demonstração da verdade de um conhecimento a partir de suas consequências. Este só seria possível, nesse caso, se fossem verdadeiras todas as consequências possíveis, o que não pode ser medido pelas forças humanas. O *modus tollens*, por sua vez, só precisa extrair uma única consequência falsa de um princípio para que se evidencie a falsidade deste, o que equivale a afirmar a verdade de seu oposto. Contudo, esse recurso só teria validade para as ciências que, como a matemática, podem evitar de antemão que o subjetivo de nossas representações seja tomado pelo objetivo, pelo que é no objeto. Onde uma semelhante sub-repção é possível, alerta Kant,

> tem de ocorrer amiúde que o contrário de uma certa proposição ou contradiz meramente as condições subjetivas do pensar, mas não o objeto, ou que ambas as proposições se contradigam somente sob uma condição subjetiva, falsamente tida por objetiva, e, uma vez que a condição é falsa, todas as duas podem ser falsas, sem que da falsidade de uma possa ser concluída a verdade da outra. (Ibid., B 819)

Justamente quando se trata da "aparência dialética", e portanto, em última instância, de uma dialética que contrapõem posições igualmente falsas, a prova indireta é um recurso inútil e até mesmo arriscado. Assim, "no que concerne às proposições sintéticas, não pode ser permitido justificar suas afirmações pelo fato de se refutar o contrário" (ibid., B 821). Por consequência, afirma-se mais uma vez o começo da regra: as provas transcendentais são sempre provas diretas e ostensivas.

Isso significaria, então, que a rigor não se pode entender, de um ponto de vista kantiano, a estratégia anticética como forma de argumentação transcendental, dado seu caráter indireto? No entanto, como vimos, também a demonstração direta envolve um caráter problemático, de modo que, como observa Schönrich (1981, p.247), "a prova transcendental tem de apresentar uma espécie particular de procedimento ostensivo de prova".

Tal particularidade se encontra na exigência de vincular "com a convicção da verdade ao mesmo tempo o discernimento (*Einsicht*) das fontes da verdade". A prova ostensiva *transcendental* exige que o reconhecimento da verdade coincida com o reconhecimento do que torna possível a verdade, algo que não pode ser alcançado pela prova apagógica, entendida *meramente* como refutação do contrário, e nesse sentido uma prova indireta.

"Direto" e "indireto" são determinações relativas. Que a "prova ostensiva" seja caracterizada como direta tem sua razão na contraposição ao *modus tollens*; ela é, porém, indireta, por sua vez, no sentido de que o mostrar se mostra apenas em algo, justamente nas operações efetuadas no *explicans* para fins de explicação. (Schönrich, 1981, p.247)

Com isso, Schönrich aponta para o caráter autorreferencial de todo argumento transcendental.

É apenas desse modo que se pode entender a refutação do idealismo e do ceticismo humeano como argumentos transcendentais, uma vez que eles podem ser desdobrados, em princípio, nos elementos formais da estratégia anticética. Mas, assim, não haveria diferença entre as duas formas de argumentação transcendental, a kantiana e a desenvolvida pela filosofia analítica? Cabe perguntar em que condições a prova ostensiva exigida pela disciplina da razão pura pode ser cumprida. Não se trata aqui justamente da consciência de si transcendental, a unidade originária sintética da apercepção, sem a qual não seria possível a conformidade das intuições às categorias? A autorreferencialidade da argumentação transcendental, que não é outra coisa que a própria reflexão disposta na ordem metódica das razões, se comprova na autorreferencialidade da consciência de si, e, de imediato, na evidência de sua identidade consigo mesma. Para Habermas, as implicações conceituais inevitáveis em concepções coerentes da experiência não precisam se alicerçar em uma consciência transcendental acima de e anterior a toda experiência (VETKH, p.381). O mesmo não deveria se aplicar a Apel, quem pretende também estabelecer energicamente a mudança de paradigma da filosofia da consciência para a da linguagem? Certamente, mas a pretensão de que a argumentação transcendental possa valer como uma fundamentação última (da pragmática, da ética do discurso) não apelaria ainda para aquela evidência de consciência em que a verdade coincide com as condições de sua produção? Conhece-se a resposta de Habermas: a pretensão de fundamentação última se baseia, em Apel,

> na identificação de verdade de enunciados e vivência de certezas que só pode ser efetuada na reconstituição reflexiva de uma operação

realizada previamente de maneira intuitiva, isto é, somente sob as condições da filosofia da consciência. Tão logo nos movemos no plano analítico da pragmática da linguagem, é-nos vedada essa identificação. (MKH, p.106; trad. p.119)

É neste ponto que as diferenças entre Apel e Habermas começam a se destacar. E elas não são poucas.

Os argumentos transcendentais, que em ambos vão se revestir da forma da contradição performativa, têm *status* e usos bastante distintos. Enquanto para o primeiro a contradição performativa significa a possibilidade lógica de uma fundamentação última da racionalidade comunicativa e, por conseguinte, da ética do discurso, para Habermas ela terá que se sujeitar às condições do falibilismo moderno, o que não significa adotar o ceticismo prático da escola popperiana. Pela última citação de Habermas, percebe-se que a pragmática apresenta-se de maneira distinta entre ele e Apel: para este, é a base de um novo conceito transcendental da razão, na medida em que fornece os elementos de alicerce para a fundamentação última; para aquele, é a base de um conceito universalista mas falível de razão.

No entanto, cabe a Apel o mérito de ser o primeiro a revitalizar a argumentação transcendental a partir da pragmática. Com isso, ele pretende escapar às aporias de uma estratégia de fundamentação da razão no interior de um modelo exclusivamente dedutivista. Foi esse modelo que Albert tomou para demonstrar que toda tentativa de fundamentação última tem de enfrentar o trilema de Münchhausen. Ou seja, tal empreendimento acabaria resultando ou em regresso infinito na cadeia das condições, ou no círculo lógico, uma petição de princípio em que o que se quer fundamentar é fundamento da fundamentação, ou na ruptura arbitrária como o recurso dogmático a alguma evidência (Albert, 1969, p.13 ss.). Contudo, tanto para Apel como Habermas, essa objeção só faz sentido se a fundamentação ou o argumento transcendental for pensado como construção dedutiva de uma cadeia de derivação de condição para condicionado. Porém, a esse modelo falta evidentemente a consideração sobre a dimensão pragmática da própria argumentação, inclusive daquela que afirma a impossibilidade de qualquer fundamentação. Ao incluir esse aspecto na discussão, é possível transformar a objeção à pretensão de fundamentação em princípio transcendental de fundamentação. Nesse sentido, Apel vai dizer que,

> quando nós, no contexto de uma discussão filosófica sobre fundamentos, constatamos que algo não pode ser em princípio fundamentado porque ele é a condição de possibilidade de toda fundamentação, então nós não constatamos simplesmente uma aporia no procedimento dedutivo, antes obtemos um discernimento sobre o sentido da reflexão transcendental. (Apel, 1973, p.406)

A contradição performativa apresenta-se, então, como forma de argumentação transcendental de tipo indireto, estruturada em *modus tollens*, que objetiva mostrar para o cético que ele, ao negar a racionalidade pragmática da fala, está reivindicando os mesmos pressupostos em que ela se estrutura. Portanto, não se pode perder de vista que se trata de uma contradição lógica. A novidade substancial dessa forma de argumentação transcendental consiste justamente no aspecto pragmático. Se, em relação às quatro pretensões de validade, o cético negasse cada uma delas, estaria entrando em autocontradição, visto que estaria levando essas pretensões de validade para seus enunciados. Assim, se o cético afirma que não há nenhuma pretensão de inteligibilidade, que não há nenhuma pretensão de verdade, que não há nenhuma pretensão de justeza normativa, e que não há nenhuma pretensão de veracidade, ele está em contradição com seu ato performativo, voltado para a realização de uma relação interpessoal, de pretender inteligibilidade para o que diz, de pretender validade de verdade para o que diz, de pretender que há igualdade de direitos no contexto de sua fala, e de pretender dizer o que pensa de fato. Dessa maneira, a contradição lógica se torna evidente quando o proponente faz lembrar ao cético o que ele está fazendo de maneira pragmática. Naturalmente, essa linha de raciocínio só tem consistência pelo fato de o cético aceitar estar argumentação – essa aceitação é aquela condição, desdobrada em várias outras, que apontará para a debilidade da posição do cético. Apenas essa aceitação torna possível uma argumentação com sentido.

Quais são, então, os elementos da argumentação pragmático-transcendental?

Se não posso contestar algo sem autocontradição atual e ao mesmo tempo não posso fundamentar dedutivamente sem *petitio principii* lógico-formal, então isso pertence justamente àquelas pressuposições pragmático-transcendentais que é preciso ter reconhecido desde sempre, se o jogo de linguagem da argumentação deve manter seu sentido. Por isso, pode-se chamar esse modo de argumentação pragmático-transcendental também de forma, crítica do sentido, da fundamentação última (Apel, 1998, p.69).

Na medida em que os pressupostos pragmáticos se mostram intransponíveis, incontornáveis (*unhintergehbar*), eles têm o valor de um "*a priori*", e a demonstração dessa intransponibilidade através da contradição performativa deve ser concebida como fundamentação última.

Por meio da pragmática, Apel inverte o quadro em que se davam as objeções contra a fundamentação última. Se se comete uma petição de princípio na tentativa de fundamentar dedutivamente e se se comete autocontradição na tentativa de contradizer, é nisso que se apresenta algo com valor de princípio último. Com isso, ele pode também se referir à ideia de Lenk de um *petitio tollendi* cometida pelo cético, ou seja, a falha lógica correspondente à petição de princípio do *modus ponens*:

> Enquanto a *petitio principii* utiliza regras e proposições que devem ser primeiramente demonstradas, esse argumento negativo emprega regras que com ele próprio são rejeitadas. Por isso se poderia denominá-lo de *petitio tollendi* – a reivindicação de algo que deve ser justamente suprimido. Ele leva a uma situação paradoxal análoga à famosa antinomia do mentiroso, que surge quando se leva a sério a frase: "eu minto". (Lenk, 1970, p.203)

Porém, como mostra Schönrich, a referência de Apel à *petitio tollendi* traz consigo uma importante mudança de valor sistemático. Enquanto Lenk infere dela a impossibilidade de rejeitar determinadas regras, para Apel ela permite identificar uma qualidade transcendental última dessas mesmas regras. Com isso, Apel transforma o que é meramente negativo em algo positivo: se há autocontradição e petição de princípio, então há fundamentação última.

Lenk fala apenas de uma *petitio tollendi*, a "reivindicação do que deve ser justamente suprimido". O *modus tollens* fundamental desse procedimento deixa em aberto se o próprio enunciado contestado é correto; não está excluído que o enunciado que deve ser refutado é tão falso quanto o contrário, adotado para a finalidade da refutação (Schönrich, 1981, p.190).

Da não rejeitabilidade de certas regras só é possível, e nisso Habermas segue Schönrich, a falta de alternativas para elas, mostrada até o momento. O que está em jogo é a qualidade da regra, se ela pode ser caracterizada como transcendental em um sentido forte, isto é, como necessária e universal *a priori*, ou num sentido fraco, em que a necessidade não é mais do que a falta de alternativa para a regra:

> Sem a regra o jogo constituído pela regra não funciona. Mas a própria regra poderia também ser factual. Inclusive a característica de autorreferencialidade não fundamenta ainda um discernimento sobre a qualidade da regra. O exercício factual de regras é, conforme a estrutura, reflexivo: as condições da comunicação podem se tornar objeto da comunicação em linguagem corrente tanto quanto as regras do uso de signos podem ser tematizadas no uso. (Schönrich, 1981, p.190)

Daí que a validade da argumentação transcendental nessa variante apoiada em *petitio tollendi* não pode reclamar, aos olhos de Schönrich, senão uma validade quase empírica. As regras projetadas *a priori* seriam tomadas como condições de possibilidade da argumentação, mas podem ser de origem empírica, isto é, podem ser atribuídas a práticas habituais de realizar a argumentação sob estas e não sob outras regras. Além disso, o caráter quase empírico dessa forma de fundamentação também se deve ao parasitismo inerente ao argumento transcendental, como Rorty alertou (1971, p.13 ss.), visto que há sempre uma dependência do próprio cético, e isso em duplo sentido: o cético é parasitário em relação ao que nega, e o filósofo transcendental é parasitário em relação ao próprio cético.

Nos termos de Schönrich:

> O critério para determinar se uma contradição se apresenta para as condições implicadas no projeto alternativo tem de ser deixado a cargo da competência do parceiro da discussão em sua propriedade como sujeito cognoscente. De seu julgamento depende o que um fato dado da experiência implica em termos de estruturas categoriais. (Schönrich, 1991, p.196-7)

Para Habermas, essa dependência em relação ao cético se reflete na natureza da própria reconstrução racional de um sistema de regras que os falantes dominam apenas intuitivamente. O fato de o teórico reconstrutivo poder apelar para a situação de argumentação em que se encontra juntamente com o cético não significa que os pressupostos partilhados (caso sejam de fato partilhados) são interpretados da mesma maneira. A operação reflexiva que o filósofo pode aplicar a si mesmo na argumentação só pode ter caráter concludente se o oponente cético pode perceber sua própria reflexão nas reconstruções realizadas. Daí o caráter sempre hipotético das reconstruções:

> A descrição com que um *"know how"* deve ser traduzida em um *"know that"* é uma reconstrução hipotética que pode reproduzir as intuições de uma maneira mais ou menos correta; ela precisa, portanto, de uma confirmação maiêutica. E a afirmação de que não há alternativa para um pressuposto dado, de que esse pressuposto pertence antes à camada das pressuposições inevitáveis, isto é, universais e necessárias, tem o status de uma suposição; ela precisa, como hipótese de lei, ser examinada em casos. (MKH, p.107; trad. p.120)

Se o primeiro motivo (a tradução do saber implícito em saber explícito) para afirmar o caráter falibilista das reconstruções racionais se liga àquela dependência da argumentação transcendental em relação ao cético, o segundo motivo (a falta de alternativa) se vincula ao caráter sempre negativo desse modo de descoberta de pressuposições inevitáveis. Se ele está intrinsecamente vinculado às nossas práticas argumentativas, não se pode excluir a possibilidade de uma mudança dessas mesmas práticas. "A *falta de alternativa* dessas regras fica provada para a prática da argumentação, sem que esta, porém, fique ela própria *fundamentada*" (1989, p.118). O fato de não se poderem rejeitar factualmente, aqui e agora, os pressupostos pragmáticos da argumentação não significa que toda a práxis argumentativa esteja fundamentada de modo *a priori*, o que significa dizer: subtraída do tempo, não sujeita a alterações. Uma vez que essa práxis se entrelaça com a nossa própria forma de vida sociocultural, ela depende da constância dessa forma de vida. Em outro lugar, Habermas escreve que "não podemos excluir *a priori* a possibilidade de sua transformação" (ED, p.195).

Pelo que se vê até aqui, o falibilismo tem de ser uma consequência do próprio *status* dos argumentos transcendentais fracos de que se vale a teoria reconstrutiva. Na medida em que eles não podem dar por si mesmo garantia última de sua verdade, apesar de sua autorreferencialidade, é preciso buscar confirmações empíricas. Isso não significa que o sentido do falibilismo se esgote nessa insuficiência própria da reconstrução (cf. Repa, 2005, 2008). Naturalmente, pode-se perguntar, com Apel, bem como com seu discípulo Kuhlmann (1986), se a fundamentação do falibilismo não pressupõe o que nega,[2] ou seja, se Habermas não comete uma contradição

---

2 A ideia fundamental subjacente à crítica ao falibilismo habermasiano é expressa nesta passagem: "*O princípio do discurso* – que, ao meu ver, contém todas as determinações relativas às pretensões de validade e de seu resgate – é *uma pressuposição transcendental do princípio de falsificação*. Ele pode, em todo caso – como, de modo trivial, toda teoria ou enunciado do ser humano finito – ser explicitado de maneira falha ou incompleta; mas ele não pode, *como*

performativa ao negar a possibilidade de um discurso transcendental forte, o único capaz de sustentar os direitos do falibilismo no campo da ciência, inclusive da ciência reconstrutiva.

No entanto, interessa aqui outra questão, talvez mais decisiva, a qual Apel destaca logo no título de seu principal ataque a Habermas no tocante às divergências sobre a natureza da argumentação transcendental: "Fundamentação normativa da 'Teoria Crítica' por meio do recurso à eticidade do mundo da vida?". A pergunta já traz a resposta. Para Apel, a insuficiência própria da estratégia de "fundamentação antifundamentalista" de Habermas tem de lançar mão, para fins de complementação, de um recurso ao mundo da vida, justamente aquele saber de fundo de toda ação comunicativa (e de todo discurso), sobre o qual se apoia a interpretação da situação. O termo "eticidade" traduz o conceito de *Sittlichkeit*, com o qual Hegel se contrapôs, em sua filosofia do espírito objetivo, ao caráter abstrato da moralidade kantiana, demonstrando que toda questão normativa tem de ser situada em um horizonte histórico, cultural e institucional concreto, o qual lhe confere sentido. Na medida em que essa eticidade que fundamentaria a teoria crítica e a ética do discurso precisa ser justificada a partir de si mesma, estaria dado, sub-repticiamente, o retorno de uma figura de pensamento própria da filosofia da história (Apel, 1989, p.23-4), e, caso não se possa efetuar tal retorno, haveria um historicismo heideggeriano de fundo:

> O vínculo posterior de todos os recursos do entendimento ao pano de fundo de um mundo da vida desde sempre concretizado (para falar com Heidegger, "sempre nosso") condiciona – até onde eu posso ver – também em Habermas a fundamental contextualidade, historicidade e contingência das condições necessárias da

---

> *condição de sentido pragmático-transcendental* do princípio de falsificação – e nessa medida também do princípio da *falibilismo* – não é *empiricamente examinável, falsificável ou falível* – e isso tampouco no metanível de uma reserva falibilista feita por princípio, pois a relação de condição pragmático-transcendental permaneceria também inalterada nesse metanível". (Apel, 1989, p.38)

comunicação (e nessa medida também dos discursos argumentativos). (Apel, 1989, p.21)

A crítica de Apel se apoia em dois momentos das "Notas prográmaticas para a fundamentação de uma ética do discurso", ambos sendo consequências da recusa da fundamentação última. Uma vez que os pressupostos pragmáticos da fala argumentativa não são constitutivos como condições transcendentais *a priori*, isto é, não da mesma maneira que são as condições da sensibilidade e do entendimento em Kant, o cético moral pode muito bem recusar o jogo argumentativo como um todo, saindo da esfera exigente do discurso. Ou seja, o cético pode se recusar a argumentar. Com isso, no entanto, ele não poderá escapar ao seu mundo da vida, à forma de vida sociocultural em que ele se reproduz. Tal inserção da moralidade na eticidade da práxis comunicativa cotidiana, conduzida em cada caso no interior de determinado mundo da vida, significa para Apel uma espécie distinta de fundamentação normativa, que contradiz os próprios intentos de Habermas de levar adiante o processo de esclarecimento e de racionalização, ou seja, de racionalizar os contextos normativos particulares no sentido de institucionalização do universalismo moral e jurídico. Nesse sentido, causa mais espanto, para Apel, outra passagem das "Notas" em que Habermas afirma que "as intuições morais cotidianas não carecem do esclarecimento do filósofo"; caberia antes à ética do discurso a função terapêutica contra a própria filosofia (MKH, p.108, trad. p.121).

Para Apel, o que explica essa renúncia ao esclarecimento (que faria ignorar que as intuições morais do cotidiano de sociedades modernas foram influenciadas pelo esclarecimento filosófico) é justamente uma falácia ligada ao problema da fundamentação em Habermas, a qual consiste em pressupor no mundo da vida o que realiza sob as condições exigentes da argumentação filosófica (Apel, 1998, p.27-8).

Embora não se possa deixar de reconhecer o caráter problemático da inserção da moralidade na eticidade, o argumento de Apel, segundo o qual isso significa por si só uma forma de fundamentação, é precipitado. O que está em jogo é muito mais o que se compreende por reconstrução, que em Habermas tem de partir das intuições morais do cotidiano, para que não seja mera invenção filosófica. Nesse aspecto, Habermas está, até certo ponto, seguindo o próprio Kant, quando este declara, na *Fundamentação da metafísica dos costumes*, que alcança "no conhecimento moral da razão humana comum o seu princípio, o qual ela decerto não pensa em separado, em uma forma universal, mas sempre tem realmente ante os olhos e utiliza como padrão de medida de seu julgamento" (Grundlegung, B20). Ou seja, o objetivo de Habermas é mostrar, por meio da reconstrução do saber intuitivo moral inscrito na práxis comunicativa cotidiana, que o princípio do discurso e, com ele, o princípio de universalização (o chamado princípio U), já está operante nessa mesma prática (cf. Dutra, 2005, p.37).

Se é assim, o que Habermas está mobilizando contra a saída do cético do jogo argumentativo é justamente o enraizamento do discurso na ação comunicativa e, por consequência, no mundo da vida. O cético pode se recusar a argumentar, mas não pode, em princípio, anular de uma vez todas as regras que orientam sua ação na práxis cotidiana. São as estruturas, presumivelmente universais, visto que não se apresentam por enquanto alternativas a elas, que operam nessa práxis, embora seus conteúdos e seu grau de institucionalização variem com as diversas formas de vida. Quanto a esse aspecto, o princípio de universalização opera como o imperativo categórico em Kant; ele não fornece por si só nenhum conteúdo, nenhuma máxima de ação, ele apenas verifica a capacidade das diversas máximas de passarem por um teste de universalização. De um ponto de vista prático, isso significa a crítica constante das normas adotadas em diferentes formas de vida, na medida em que elas adotam a figura dos discursos práticos como única via de solucionar problemas morais, ou seja, pretensões de correção normativa que foram problematizadas.

Nesse sentido, em sua crítica, Apel parece estar identificando as intuições morais cotidianas que dizem respeito à forma de uma resolução argumentativa de questões morais, de questões sobre justiça, com os costumes e os valores implicitamente aceitos em determinada comunidade. Em outros termos, o fato de que as estruturas que são explicitadas com argumentos transcendentais fracos se encontrem na realidade sociocultural não significa, somente por isso, que elas não sejam universais. Por outro lado, é porque faz todo sentido pensar que os discursos práticos se vinculam, mas sem se reduzir, a certas formas de vida, que apenas a autorreferencialidade da argumentação transcendental não permite afirmar *a priori* a universalidade dos pressupostos pragmáticos, e, com ela, a do princípio do discurso.

Com isso, no entanto, voltamos a mostrar a diferença entre a fundamentação última e a reconstrução racional. Essa diferença é abordada por Jean-Marc Ferry da seguinte maneira: "Não há pretensão à fundamentação última que não pressuponha um saber da razão em geral. Mas o que é a 'razão em geral' senão a absolutização de nossa experiência – sempre situada – da razão?" (Ferry, 1996, p.165). A nosso ver com razão, Ferry aponta para a relação entre a reconstrução racional e a crítica hegeliana a Kant como base da "destrancendentalização" da razão comunicativa. Nos termos do próprio Habermas, tal destranscendentalização é consequência de um pensamento pós-metafísico que precisa situar historicamente a razão, sem perder sua força de transcendência (cf. KHDV, p.12 ss.). Este é um pressuposto indispensável para compreender a reconstrução racional e o papel limitado do transcendental que ela comporta. Sendo reflexão, a reconstrução não é capaz de ver a si mesma de maneira cristalina e somente pode contar com o que aqui e agora é incontornável.

3
RECONSTRUÇÃO E FILOSOFIA DA HISTÓRIA[1]

No estudo anterior, buscou-se enfrentar a interpretação recorrente segundo a qual Habermas seria um renovador da filosofia transcendental, resgatando a ideia de razão kantiana no terreno da filosofia da linguagem. Isso se deu a tal ponto que se costuma esquecer outra crítica, ao que tudo indica oposta a essa, e que consiste em afirmar que o pensamento habermasiano se alicerça, isto sim, em uma filosofia da história, e, pior, de tipo hegeliano.

Vimos de relance no capítulo anterior a consideração de Apel segundo a qual a recusa habermasiana de um *status* transcendental para a fundamentação da racionalidade comunicativa tem como pressuposto, em última instância, a incursão indevida em uma filosofia da história (Apel, 1989, p.23-4; cf., em sentido diverso, Berten, 2005). Mas Apel não é o único a fazer semelhante crítica ou denúncia. Alguns textos sobre direito internacional e o projeto cosmopolita têm suscitado suspeitas da mesma índole (cf. Costa, 2004). Por sua vez, Amy Allen (2016) enxerga na teoria habermasiana do desenvolvimento social e do surgimento da modernidade uma retenção de

---

[1] O presente capítulo retoma, com modificações, o texto "Reconstrução racional e filosofia da história". In: Martins, C.; Poker, J. (Orgs.). *Habermas*. Marília: Oficina Universitária Unesp, 2008.

aspectos fundamentais da filosofia da história, a título de um progresso político-moral unidirecional e acumulativo. Também aqui o conceito de reconstrução em Habermas mostra seu caráter escorregadio, de modo que pode tanto suscitar um engano "transcendentalista" como um engano "filosófico-histórico" a seu respeito. Ele é rebatido ora em uma razão desistoricizada, ora em uma razão determinando-se na história. Esse segundo engano, na medida em que ele se refere a convicções que se furtam *por princípio* à crítica e ao exame,[2] só pode ser afastado, na perspectiva dessa investigação, a partir do momento em que se podem diferenciar, entre os sentidos de reconstrução, aquele que se aproxima da reflexão transcendental e aquele que se aproxima da reflexão da filosofia da história. Pois é a partir sobretudo desse segundo sentido que podemos discernir o suposto compromisso *metodológico* com um tipo de filosofia da história. Para tanto, é imprescindível esboçar as modificações que Habermas propõe para a teoria da evolução social que encarna as reconstruções verticais, o que significa dizer, o sentido mais geral de sua reconstrução do materialismo histórico. Essas modificações atualizam, de um lado, argumentos marxianos a respeito da inevitável ligação da teoria com o presente e, de outro, se referem a uma distinção metodológica entre lógica e dinâmica de desenvolvimento social que permite, com essa atualização, evitar as objeções sobre o recurso a modelo de pensamento próprio da filosofia da história.

Se a operação básica da reconstrução racional consiste na reconstituição reflexiva das condições de possibilidade de determinado objeto – e nesse ponto se destaca a semelhança com a argumentação transcendental –, não se pode escapar da constatação da

---

2 Não pretendo aqui debruçar-me sobre o eurocentrismo, a defesa implícita ou explícita da modernidade europeia, de que Habermas é acusado geralmente nas críticas à sua suposta filosofia da história, mas centrar-me na operação de método que confere ou não à teoria habermasiana uma relação *intrínseca* com valores e perspectivas particulares. Em outro lugar, também desenvolvo uma crítica aos limites eurocêntricos da teoria habermasiana do direito e do cosmopolitismo (cf. Repa, 2018).

insuficiência estrutural desse procedimento no que concerne a uma fundamentação transcendental em sentido estrito, ou seja, *a priori*, única e definitiva. Em Habermas, vale repetir, os argumentos transcendentais, configurados na forma de contradições performativas, são indicadores de pressuposições para as quais não há alternativa, toda vez que se procure refutá-las. Com isso, não se prova que não possa haver ainda, de uma vez por todas, outra alternativa, outra reconstrução possível para a prática tomada como objeto. Assim, as reconstruções formam hipóteses sobre determinados sistemas de regras ou padrões de racionalidade, cuja universalidade precisaria ser de algum modo testada.

Pode-se acrescentar agora que se trata também de mostrar como esses padrões de racionalidade se constituem. Se em um primeiro passo a reconstrução racional parte da ação comunicativa como dada para se perguntar sobre suas condições de possibilidade, ou seja, os sistemas de regras que tornam possível o acordo sobre pretensões de validade, agora, num segundo passo, trata-se de perguntar se esses sistemas de regras ou, de modo geral, se esses padrões de racionalidade não têm origem histórica ou algum tipo de evolução. O que antes era tomado como dado precisa ser considerado como produzido.

Nesse sentido, Jean-Marc Ferry vai analisar o confronto entre Apel e Habermas em torno da fundamentação última retomando os termos da crítica de Hegel a Kant:

> Se se admite que o mundo da vida é a infraestrutura natural da reflexão filosófica – compreendida aí essa metarreflexividade que permite relativizar os enunciados transcendentais (pois nossos contextos do mundo da vida integraram a dimensão vertical da experiência histórica), então é a *mesma* razão que, em Kant (e Apel), faz concluir um fundamento último, e que, em Hegel (e Habermas), funda a ideia de que o filósofo não pode saltar por cima de sua época. No primeiro caso, o insuperável com que se defronta sinaliza uma natureza da razão, e no segundo caso, uma história da razão. (Ferry, 1996, p.182)

Tal história da razão seria, então, mero complemento da reconstrução? Na realidade, é possível constatar dois sentidos de reconstrução racional em Habermas. O primeiro passo mencionado pode-se denominar de reconstrução horizontal, enquanto o segundo, de reconstrução vertical, como já indicamos no primeiro capítulo. Essa diferenciação aparece logo nos primeiros tratamentos do conceito metodológico de reconstrução, no início dos anos 1970. Vale retomar uma passagem dessa época em que se pode verificar o projeto maior habermasiano no plano do método:

> As *reconstruções efetuadas na horizontal* de alguns poucos sistemas de regras antropologicamente fundamentais [...] são para as *teorias genéticas* apenas uma preparação. Estas teorias têm a tarefa mais geral de tornar transparente a lógica do desenvolvimento: na dimensão ontogenética, da aquisição da linguagem, da consciência moral, do pensamento operativo; na dimensão da história da espécie, o desdobramento das forças produtivas, e as grandes transformações históricas do quadro institucional que estão associadas à mudança estrutural das imagens de mundo e do desenvolvimento do sistema moral. Essas tentativas de reconstrução efetuadas na vertical, por assim dizer, [...] são teorias que, falando hegelianamente, tem de pressupor a lógica do conceito, isto é, a reconstrução de sistemas de regras abstratas, para poder elucidar, por sua vez, sob condições empíricas, a lógica do desenvolvimento, portanto as sequências necessárias da aquisição e estabelecimento daqueles sistemas de regras. (TGS, p.175)

Enquanto as reconstruções horizontais tomam a forma de reflexão sobre os pressupostos incontornáveis no contexto sociocultural dado (o europeu do século XX), o segundo tipo de reconstrução, o vertical, se constitui como uma teoria da gênese e do desenvolvimento. A lógica do desenvolvimento precisa ser estudada tanto no plano ontogenético – a aquisição da linguagem, da consciência moral e do pensamento operativo – como no plano filogenético – o desenvolvimento das forças produtivas, das imagens de mundo e dos sistemas morais. Para o primeiro tipo de reconstrução, Habermas menciona a teoria dos atos de fala desenvolvida por Austin e Searle e, especialmente a pragmática transcendental de Apel e a sua pragmática universal ou formal. Para o segundo, o estruturalismo genético de Piaget e a teoria da evolução moral de Kohlberg, além do materialismo histórico de Marx e a metapsicologia de Freud.

De um ponto de vista metodológico, destaca-se aqui a influência da epistemologia genética de Piaget, uma vez que o que é e pode ser reconstruível se constitui – retrospectivamente – como um processo de aprendizagem, tal como é o caso, em Piaget, para o processo cognitivo de aquisição de competências operatórias no desenvolvimento infantil. O conceito de aprendizado, tirado do estruturalismo genético, passa a ter, então, papel central na concepção habermasiana de reconstrução evolutiva (Bannwart, 2004, p.80 ss.).

Tal conceito de processo de aprendizagem se baseia em três pressupostos distintos: que o saber em geral deve ser considerado como produto de processos de aprendizagem, que esses mesmos processos devem ser entendidos como soluções de problemas em que estão envolvidos os sujeitos do aprendizado, e que tal solução de problemas é guiada pelo discernimento próprio desses sujeitos. Desse modo, a reconstrução de um processo de aprendizagem equivale a entender a passagem da interpretação de dado problema para uma segunda interpretação, de maneira que os sujeitos possam explicar por que a primeira estava errada (MKH, p.43, trad. p.50).

Em suma, pode-se dizer que as reconstruções de desenvolvimento demonstrariam como as estruturas descobertas nas reconstruções horizontais surgem na história, desdobrando-se segundo uma lógica própria. Com isso tocamos também no problema que se pretende examinar, a saber, se por trás das reconstruções do desenvolvimento social não se esconderiam ainda intenções da filosofia da história ou das teorias evolucionistas. Assim como as reconstruções horizontais têm de mostrar sua diferença em relação à filosofia transcendental, as reconstruções verticais precisam afastar a suspeita de filosofia da história.

Tal suspeita é alimentada no mais das vezes pela leitura apressada das homologias estruturais que Habermas estabelece entre os desenvolvimentos ontogenéticos da consciência moral e os desenvolvimentos de estruturas normativas da sociedade de modo geral. Tal ideia faria parte do acervo da filosofia da história, visto que equipararia a evolução individual e o desenvolvimento da espécie, com as conhecidas implicações sobre as hierarquias dedutíveis dessa assimilação. Nesse sentido, Barbara Freitag (1982, p.146-7) considera que,

> nesta acepção do processo societário, a sociedade passa a assumir – sub-repticiamente – as características de um sujeito, com vontade própria, capaz de aprender e se reorientar, constituindo, por assim dizer, uma unidade biológico-antropológico-cognitiva. [...] Postulando-se a homologia, pressupõe-se que tanto na psicogênese quanto na sociogênese atuam os mesmos dinamismos e mecanismos. Isso leva a acreditar em uma faseologia da história, definida a partir da psicogênese infantil.

Com isso, também se levantam as conhecidas objeções de uma teleologia subentendida na autoexplicação do ponto de partida, isto é, justamente a fase final, considerada superior. O próprio Habermas sugere uma afinidade perigosa entre a reconstrução racional de processos evolutivos e os modelos histórico-filosóficos em que a filosofia final se explica a si mesma como solução dos problemas das filosofias anteriores. De modo geral, ignora-se a situação hermenêutica de partida, que contamina sub-repticiamente a interpretação da história. Esse problema é atacado, como se sabe, pelo historicismo, que demonstra que as condições de compreensão da história são também elas históricas e não podem ser absolutizadas por uma teleologia.

Diante desses problemas, considero que a reconstrução vertical ou, em termos mais gerais, a teoria do desenvolvimento social habermasiana é operacionalizada desde o início tendo em vista uma crítica da filosofia da história (Koch, 1985). Isso não significa, porém, que a teoria reconstrutiva da evolução social nada tenha a ver com a filosofia da história. De certo modo, para Habermas, a primeira é o resultado da radicalização do tipo de reflexão liberado pela segunda (cf. ZLS, p.443 ss.), particularmente quando se trata do materialismo histórico. É também nesse sentido que a proposta de Habermas se apresenta como uma "reconstrução do materialismo histórico".

Portanto, antes de abordar essas objeções, é preciso traçar em linhas gerais os componentes teóricos da "reconstrução do materialismo histórico". Para evitar mal-entendidos, deve-se alertar desde já para o fato de que "reconstrução" aqui tem sentido diferente daquele metodológico. Em relação ao materialismo histórico, reconstrução

> significa decompor e recompor uma teoria em uma nova forma, para que possa assim atingir o fim que ela mesma se pôs: esse é o modo normal (quero dizer, normal também para o marxismo) de se relacionar com uma teoria que, sob diversos aspectos, precisa de revisão, mas cujo potencial de estímulo (ainda) não se esgotou. (RMH, p.25)

Por outro lado, tanto para as reconstruções verticais como para as horizontais, essa maneira de lidar com a teoria e a história da teoria pode ser útil. Nesse caso, pode-se falar também em "reconstruções atinentes à história da teoria" (TKH1, p.202; cf. Repa, 2012). Em que consiste, então, essa recomposição do materialismo histórico?[3] Aos olhos de Habermas, o materialismo histórico não se restringe a uma teoria do capitalismo, ele é essencialmente uma teoria da evolução social, uma reconstrução da história do gênero e, portanto, investiga a sucessão de diversos tipos de formações sociais, os quais são determinados pelos respectivos modos de produção (cf. RMH, p.73 ss., p.206 ss.).[4] Uma vez que cada modo de produção

---

3 A seguir, limito-me a traços bastante gerais. A discussão de Habermas com Marx e o marxismo não caberia aqui de modo algum. Em todo caso, cf. Friedrich Tomberg (2003) sobre a reconstituição formidável desse debate.

4 Isso não significa, como veremos a seguir, que a teoria do capitalismo não desempenha um papel-chave na reconstrução da história do gênero.

se define pela forma em que se organiza o trabalho, tal conceito pode ser esclarecido como conjunção variável de relações de produção e forças produtivas, isto é, de um conjunto de mecanismos que garantem os papéis de cada grupo social na produção e distribuição de riqueza e os mecanismos utilizados direta e indiretamente para o incremento da produção (modo de cooperação, técnica e ciência). Assim, a centralidade do trabalho para a reconstrução da história do gênero se mostra também no processo mesmo pelo qual o homem começa a se distinguir dos animais, como se diz em uma conhecida a passagem da *Ideologia alemã*.

No entanto, os conceitos-chave de trabalho, força produtiva e relações de produção são interpretados por Habermas desde o início mediante sua tipologia da ação social. O metabolismo com a natureza em que consiste fundamentalmente o trabalho em Marx é visto sempre por meio das categorias da ação racional com respeito a fins, especificamente segundo as regras do agir instrumental, por meio das quais um agente em princípio solitário provoca transformações pretendidas no mundo objetivo. Nesse ponto, Habermas segue estritamente a compreensão marxiana do processo de trabalho em geral como "atividade orientada a um fim", a partir da qual se formam relações de produção específicas e historicamente desenvolvidas (cf. Marx, 1983, p.150).

A par disso, o modo de cooperação do trabalho, pelo qual se coordenam as ações instrumentais dos diversos indivíduos, é definido pelas regras da ação estratégica, uma forma específica de ação racional com respeito a fins, a qual se realiza no sentido de atuação de um agente sobre o outro para dar prosseguimento ou ensejar determinada ação conjunta que satisfaça os fins previamente postos. Daí que na ação estratégica é preciso um saber analítico sobre linhas de comportamento previsíveis, estipulado na base de sanções e recompensas, enquanto na ação instrumental é necessário um saber técnico sobre formas de disponibilizar processos naturais. De um lado, uma dimensão estratégica de influência recíproca, de outro, uma dimensão estritamente técnica na dominação da natureza. Além disso, as próprias relações de produção não se determinam exclusivamente pela racionalidade do trabalho. Visto que elas definem a distribuição de riqueza, elas se estruturam por regras de interação social em que estão em jogo formas simbólicas de manifestação de expectativas mútuas e satisfação de interesses. Na medida em que essas regras se tornam normas mais ou menos reconhecidas pelo conjunto da sociedade, as relações de produção se deixam interpretar também pelas regras da ação comunicativa, por mais que os espaços de discussão sobre a legitimidade das normas sejam bastante restritos.

No entanto, essa interpretação com base na teoria da ação não visa, em primeira linha, a crítica ao conceito reduzido de práxis social, a qual Habermas desenvolve em outros textos, como em *Conhecimento e interesse*. Trata-se de investigar se o processo de hominização de fato pode ser pensado exclusivamente a partir das categorias do trabalho. Para Habermas, os avanços teóricos na antropologia desmentem a suposição fundamental marxiana de que é exclusivamente pelo trabalho que o homem começa a se distinguir dos animais de modo geral. Em primeiro lugar, o trabalho determina a reprodução não só do *homo sapiens*, mas dos hominídeos de modo geral, os quais, no trabalho da caça, também dispõem de técnicas (armas e instrumentos), cooperação segundo uma certa divisão de trabalho e distribuição da presa na coletividade. Daí poder se concluir que "conceito de trabalho social de Marx é apropriado para a delimitação do modo de vida dos hominídeos diante daquele dos primatas; mas ele não alcança a reprodução especificamente humana da vida" (RMH, p.212-3).

O que é específico do *homo sapiens* é o desenvolvimento de uma estrutura familiar em que os membros podem adotar diferentes papéis na reprodução da vida. O desenvolvimento dessa estrutura – a "familialização do homem" marcada por um sistema de parentesco fundado na exogamia – se deve provavelmente a um problema sistêmico surgido com a autonomização da horda masculina de caçadores em relação às mulheres e às crianças. Ou seja, as formas primitivas de familialização permitem uma integração entre os dois sistemas da divisão do trabalho, nos quais os mesmos membros podem permutar seu papel funcional. Isso só pode ocorrer, no entanto, a partir do desenvolvimento de um sistema de normas sociais que pressupõe a linguagem. Apenas pela linguagem como meio de comunicação com estruturas próprias (lógicas, semânticas e pragmáticas) é possível surgir um sistema de normas sociais baseado no reconhecimento recíproco de expectativas de comportamento. Para a evolução da forma especificamente humana de reprodução, a linguagem surge como condição indispensável tanto quanto o trabalho.

> Podemos supor que apenas nas estruturas do trabalho e da linguagem tiveram lugar os desenvolvimentos que conduziram a uma forma especificamente humana de reprodução da vida e, com isso, ao ponto de partida da evolução social. *Trabalho e linguagem são anteriores ao homem e à sociedade*. (RMH, p. 217)

Do ponto de vista da reconstrução do materialismo histórico, isso significa que o conceito de modo de produção tem de ser substituído pelas categorias mais abstratas de trabalho e linguagem (ou interação linguisticamente mediada). Essa substituição tem de ser completada pela descoberta dos mecanismos que explicam a própria evolução, isto é, a passagem de um sistema social a outro.

A explicação de Marx, na *Ideologia alemã* e no famoso prefácio a *Para a crítica da economia política*, consiste, como se sabe, na dialética entre forças produtivas e das relações de produção, a qual determina também a relação entre a superestrutura jurídico-política e a base econômica. O modo pelo qual se dá a passagem de uma forma social a outra também é conhecida: ela se realiza por meio de lutas sociais e, em uma sociedade economicamente estruturada, por meio de lutas de classe.

Para Habermas, dadas as condições fundamentais em que a sociedade pode evoluir, a dialética de forças produtivas e relações de produção deve evitar qualquer redução de um elemento a outro. Os processos de aprendizagem efetuados na esfera do trabalho social (forças produtivas) que são incorporados em saber técnico e científico e que seguem a lógica da ação racional com respeito a fins precisam ser diferenciados e, em seguida, religados aos processos de aprendizagem realizados no âmbito da ação comunicativa (relações de produção, quadro institucional), os quais também se estruturam em saber prático-moral suscetível de racionalização interna.

Dessa maneira, a resposta habermasiana para a transição de uma formação social a outra consiste em que o gênero aprende não apenas na dimensão decisiva do saber tecnicamente utilizável, decisivo para o desdobramento da força produtiva, mas também na dimensão da consciência prático-moral, determinante para as estruturas da interação. As regras da ação comunicativa se desenvolvem certamente em reação às transformações no domínio da ação instrumental e estratégica, mas seguem uma lógica própria.

Por outro lado, as inovações no âmbito da ação estratégica e instrumental só podem ser incrementadas graças a evoluções também no âmbito da ação comunicativa. Não se trata, portanto, de uma adaptação meramente passiva.[5] Pelo contrário, pode-se defender a "tese de que o desenvolvimento dessas estruturas normativas é o abridor de caminhos da evolução social, porque novos princípios de organização social significam novas formas de integração social; e estas, por sua vez, possibilitam a implementação das forças produtivas existentes ou a produção de novas forças produtivas" (RMH, p.65).

Para a teoria da racionalização – em que se constituem propriamente esses processos de aprendizado – e da modernidade, isso significa que o mundo da vida precisou primeiro ser racionalizado na dimensão prático-moral para que um sistema econômico baseado no mercado e no trabalho assalariado pudesse se autonomizar e ter relações funcionais com o poder administrativo.

Feitas essas considerações sobre os conceitos fundamentais, Habermas propõe um modelo de evolução social baseado na

---

5 Como ainda parecia ser o caso em *Técnica e ciência como "ideologia"*: "sob a pressão de forças produtivas relativamente desenvolvidas, força-se uma transformação estrutural do quadro institucional – este é o mecanismo da história da evolução da espécie desse o início" (cf. Honneth, 1986, p.284 ss.). Mais recentemente, Habermas declara que "continua a ver assim no essencial", isto é, a interdependência entre desenvolvimento material e integração social (cf. a réplica a um comentário de Outhwaite em: Rapic (2015, p.49)).

sucessão de formações sociais que guardam homologias estruturais com o desenvolvimento ontogenético da consciência moral. Visto que o direito e a moral desempenham papel fundamental na interação social, é possível organizar as formações sociais fundamentais conforme a institucionalização das estruturas correspondentes. Assim, pode-se propor a seguinte sucessão (cf. RMH, p.191-2): sociedades anteriores às altas culturas (*vorhochkulturell*), altas culturas arcaicas, altas culturas desenvolvidas e início da modernidade. Essas formações correspondem mais ou menos aos níveis e estágios da consciência moral, desde a infância até a vida adulta, analisados por Kohlberg (cf. RMH, p.111 ss.): o nível pré-convencional, constituído pelos estágios da orientação por punição e obediência e da orientação instrumental relativista; o nível convencional, constituído pelos estágios da orientação "bom moço/moça bem comportada" e da orientação "lei e ordem"; e finalmente o nível pós-convencional, constituído pelos estágios da orientação legalista do contrato social e da orientação por princípios morais universais.

Não precisamos detalhar cada uma dessas etapas. Basta chamar a atenção para o fato de que, na evolução social e no desenvolvimento ontogenético da consciência moral, se apresenta o mesmo processo gradativo em direção ao estabelecimento de princípios universalistas para regulamentação dos conflitos.

Diante desse esboço bastante breve da argumentação de Habermas, retomemos a questão de saber se esse modelo de evolução social não possuiria pressupostos próprios da filosofia da história. Para o próprio Habermas, o materialismo histórico só se converte em uma filosofia da história quando cede ao objetivismo, isto é, ao esquecimento ou a anulação da autoconstituição do sujeito cognoscente. Nesse aspecto, filosofia da história, entendida metafisicamente, sempre foi uma aliada secreta do positivismo e do cientificismo. Essa interpretação é feita por Habermas desde seus primeiros enfrentamentos sistemáticos com o marxismo e se prolonga por toda a sua obra.

Se de um lado Marx liberou uma forma de teoria que tanto reflete sobre seu contexto de surgimento como sobre seu contexto de aplicação e, desse modo, inaugurou uma forma de pensamento radicalmente histórica – ou seja, estabeleceu os critérios fundamentais da Teoria Crítica –, tanto nele como em Engels encontramos os episódios da substituição positivista da filosofia pela ciência, a qual vai eliminar a dupla reflexão.

Como Engels diz no *Anti-Dühring*, o materialismo é

> essencialmente dialético e não precisa mais de nenhuma filosofia que esteja acima das outras ciências. Tão logo cada ciência se depara com a exigência de evidenciar sua posição no contexto total das coisas e do conhecimento das coisas, toda ciência especial do contexto total é supérflua. O que ainda resta autonomamente de toda a filosofia anterior é a doutrina do pensamento e de suas leis – a lógica formal e a dialética. Tudo mais vira cinza na ciência positiva da natureza e da história. (Engels, MEW, XX, p.24)

O recurso simultâneo à ciência da natureza e à da história não se faz sem consequência. Ao mesmo tempo que aplica a dialética à natureza, Engels libera a visão de mundo que faz a história seguir leis dialéticas que se assemelham às da natureza, visão de mundo que imperou durante a Segunda Internacional. Sub-repticiamente, a ciência positiva se torna metafísica, filosofia primeira disfarçada de ciência da história. Para Habermas, o objetivismo do materialismo histórico se revela, sobretudo, na aplicação de leis dialéticas para uma sucessão inelutável dos modos de produção, cujas características a teoria reconstrutiva da evolução social precisa evitar:

> A versão dogmática do conceito de história da espécie partilha com os projetos de filosofia da história do século XVIII uma série de fraquezas. O currículo da história mundial até agora, que aponta uma sequência de cinco ou seis modos de produção, estabelece o *desenvolvimento unilinear, necessário, ininterrupto* e ascendente de um *macrossujeito*. (RMH, p.220)

Na medida em que se anula a reflexão sobre o contexto de surgimento da teoria, estão dadas as condições para se impor o objetivismo da filosofia da história. Contrariamente a isso, a reconstrução tem de considerar sua relação com o próprio presente: "partilho da concepção segundo a qual a teoria da evolução deve ter um *status* reflexivo, de modo que ela possa esclarecer tanto seu próprio contexto de surgimento quanto suas possíveis funções em contextos sociais dados" (RMH, p.184). Esse princípio se impõe pelo fato mesmo de que reconstrução significa, nesse caso, sempre uma *retrospecção*. Vale a pena citar a passagem de *Para a reconstrução do materialismo histórico*, em que se impõe por razões metodológicas a reflexão sobre o ponto de partida da reconstrução evolutiva:

> Sequências de desenvolvimento só podem ser reconstruídas para aquelas competências que são objetivamente acessíveis para nós em cada nível de desenvolvimento contemporâneo de nossa sociedade. Em um contexto metodológico semelhante, Marx se pôs a refletir que o "trabalho" só se tornou reconhecível como determinação universal dos sistemas sociais na medida em que, com o desenvolvimento capitalista, o trabalho se estabelece como trabalho abstrato, determinando o processo de socialização como um todo. Não podemos saber *a priori*, de antemão, se no futuro também estruturas diferentes das estruturas de consciência cognitivo-instrumentais e prático-morais conhecidas hoje se tornem acessíveis a uma reconstrução, estruturas que de início só dominamos de maneira intuitiva. Essa circunstância restringe a pretensão de validade da teoria da evolução aos enunciados sobre processos de aprendizagem socioevolucionários reconhecíveis retrospectivamente. Sem dúvida, esses processos podem ser identificados apenas à luz de potenciais de inovação que *hoje* podemos reconstruir de acordo com uma lógica do desenvolvimento. (RHM, p.357-8)

Vê-se que a consideração hermenêutica sobre o enraizamento da teoria no contexto histórico a que pertence não é de modo algum ignorada. Se reconstrução é retrospecção, não se pode excluir que se trata de retrospecção a partir de determinada época, o que deve levar à reserva falibilista segundo a qual essa fase não possa ser seguida de outra bem distinta. Mas, certamente, essa consideração só deixa de ser trivial se se considera que às competências cujo desenvolvimento se deve reconstruir são atribuídas pretensões de universalidade, isto é, são propriedades da espécie humana. Mas isso não voltaria a repor o problema de uma autoexplicação de padrões de racionalidade triunfantes?

A referência a Marx é fundamental para afastar essa suspeita. É preciso entender como essas competências ou estruturas se tornam acessíveis de um modo objetivo. A teoria social precisa reconstruir no objeto, a sociedade, também as condições de possibilidade de próprio surgimento do seu conhecimento, para que possa reconstruir o próprio objeto. Dessa maneira, a reconstrução não parte de uma consideração acrítica de sua situação inicial. O que Marx fez em relação ao trabalho aplica-se também àquelas estruturas de consciência prático-morais. Ou seja, se em Marx, sobretudo na "Introdução" de *Para a crítica da economia política*, as estruturas do trabalho se tornaram acessíveis por causa da expansão do trabalho abstrato até o ponto de converter-se em princípio de determinação do processo de socialização, em Habermas é a ameaça representada pela colonização sistêmica do mundo da vida que tornam disponíveis as estruturas simbólicas universais desse mundo da vida. O próprio contexto de crise abre a possibilidade de um acesso cognitivo àquelas estruturas. Cabe, nesse contexto, retomar a passagem do final da *Teoria da ação comunicativa*, já mencionada no primeiro capítulo, cuja relevância tem se perdido em grande parte da literatura de crítica e comentário:

> Uma teoria que quer se certificar das estruturas universais do mundo da vida não pode proceder [*ansetzen*] de maneira transcendental; ela só pode esperar estar à altura da *ratio essendi* de seus objetos se há razão para supor que o contexto objetivo de vida, no qual o próprio teórico se encontra, providencia para que se lhe abra a *ratio cognoscendi*. (TKH2, p.590)

O que se torna paradoxal nessa consideração é que a própria teoria da evolução tem de explicar as razões da crise que tornam acessíveis estruturas que serão reconstruídas na teoria. Esse círculo se encontra também em Marx, já que, na interpretação de Habermas pelo menos, a teoria do capitalismo permite desvendar as categorias fundamentais com as quais se pode reconstituir a história do gênero, e o próprio surgimento do capitalismo moderno é explicado a partir dessa história.

Isso levaria a alguma forma de subdeterminação da explicação, no sentido que aduzíamos acima como problema hermenêutico? Tanto as considerações metodológicas de Marx como as de Habermas tentam evitar uma retroprojeção da sociedade moderna nas sociedades anteriores. Se, para Marx, "na anatomia do homem está uma chave para anatomia do macaco", pois "os indícios do superior nas espécies animais subordinadas só podem ser compreendidos se o superior já é conhecido", isto não significa que a economia burguesa ofereça a chave para a antiga e as demais "à maneira dos economistas que apagam todas as diferenças históricas e veem em todas formas de sociedade a burguesa" (Marx, 1967, p.24). Por sua vez, Habermas retoma essa restrição para a lógica da evolução social nos termos de sua reconstrução dualista. Se a anatomia da sociedade burguesa é uma chave para anatomia das sociedades pré-modernas e a análise do capitalismo oferece acesso privilegiado para a teoria da evolução social, disso não pode concluir, porém, a exigência de se valer da "lógica do capital" como chave para a lógica da evolução social. Pois a maneira como perturbações do processo de reprodução surgem nos sistemas econômicos capitalistas não podem ser generalizadas e transferidas para outras formações sociais (RMH, p.70).[6]

Para a perspectiva reconstrutiva de Habermas, essa consideração tem por consequência metodológica a separação entre a gênese de

---

6 Essa restrição da lógica da sociedade capitalista aparece, então, como exigência de mostrar que a equiparação entre "base" e "estrutura econômica" só se aplica ao capitalismo liberal, não às sociedades pré-modernas e nem mesmo, de maneira integral, ao capitalismo tardio (cf. RMH, p.227-8; TCI, p.103 ss).

problemas tipicamente sistêmicos, relativos à esfera da ação racional com respeito a fins, e a solução desses problemas no nível institucional da interação comunicativa. Essa separação se apresenta em termos mais gerais como distinção entre lógica do desenvolvimento e dinâmica do desenvolvimento. Enquanto a lógica do desenvolvimento procura determinar as margens de variação de estruturas normativa em uma etapa determinada do processo de aprendizagem, a dinâmica do desenvolvimento explicita como as modificações suscitadas no interior delas se dão como resposta, segundo princípios próprios, a desafios representados por problemas sistêmicos derivados da reprodução material do mundo da vida.

Retomando essas observações, podemos dizer, então, que o falibilismo, o contexto do tempo presente como contexto de crise e o cuidado com uma retrospectiva contaminada são princípios que devem evitar ou minimizar o problema hermenêutico. É de se ver que a situação hermenêutica não é ignorada. Pelo contrário, ela é colocada como condição de possibilidade da reconstrução. O ponto de partida hipotético da reconstrução evolutiva tem de ser colocado de tal modo que responda à questão inicial, atingida a partir do presente. Se, por uma reconstrução pragmática horizontal, é possível supor que as estruturas da linguagem são universais, é preciso se perguntar como a própria linguagem emerge como condição do processo de hominização, mas de tal modo que seu desenvolvimento se dá como resposta a desafios evolutivos empiricamente verificáveis, como foi o caso da divisão de trabalho entre os hominídeos.

Com isso, entretanto, não tocamos ainda na objeção central, levantada por Barbara Freitag, sobre a unidade do sujeito da história e uma faseologia da história, cujas características seriam determinadas pela ontogênese. No entanto, como vimos, o próprio Habermas recusa, junto à ideia de macrossujeito, a unilinearidade, a necessidade, a continuidade e a irreversabilidade da evolução social.

Primeiro, cumpre mostrar que, se a evolução social pode ser apresentada como processo de aprendizagem, o sujeito desse processo não é o gênero humano representado como sujeito unitário. "A evolução social não é um macroprocesso que se efetua em um sujeito da espécie. Os portadores da evolução são a sociedade e principalmente os sujeitos da ação que a integram" (RMH, p.358-9). No entanto, a afirmação de que a sociedade aprende e, por consequência, evolui deve ser entendida em "um sentido figurado" (cf. RMH, p.67). A relação entre o aprendizado social e o individual deve ser explicado como um processo circular. O desenvolvimento individual é marcado pela condições sociais dadas em cada caso. Por outro lado, na medida em que as capacidades de aprendizado, ou seja, as competências adquiridas para a resolução de problemas específicos, são cristalizadas nas imagens de mundo que cada sociedade produz em termos culturais, e finalmente institucionalizadas, aquele aprendizado individual se torna socialmente aproveitável e se traduz em formas mais maduras de integração social ou de intensificação das forças produtivas (cf. RMH, p.191). Torna-se evidente assim que esse processo circular só pode existir na medida em que as estruturas individuais da personalidade, pelas quais e nas quais se dão os aprendizados individuais e a cristalização das competências, são dependentes da interação linguística, a qual é condição do próprio processo de aprendizagem sociocultural. Daí que a descoberta de homologias nos desenvolvimentos ontogenéticos e filogenéticos não podem surpreender:

> a intersubjetividade do entendimento linguisticamente produzida aponta antes uma inovação na história da espécie que pela primeira vez possibilitou a dimensão do aprendizado. Nesta dimensão, a reprodução da sociedade e a socialização dos membros desta sociedade são dois aspectos do mesmo processo; elas são dependentes das mesmas estruturas. (RMH, p.31-2)

Tal dependência em relação às estruturas linguísticas não conferem de modo algum uma unidade para a história do gênero como a que se atribui ao desenvolvimento individual. Outra questão é saber se o aprendizado social não pode ser configurado com as características de irreversibilidade que Piaget defendeu para o desenvolvimento cognitivo ontogenético. "Uma das dificuldades de tal faseologia", escreve Barbara Freitag (1985, p.147), "encontra suas raízes no próprio modelo piagetiano, que não admite regressões, desenvolvimentos negativos, perversões na psicogênese". Para escapar a esse tipo de objeção, Habermas lança mão da distinção entre lógica e dinâmica de desenvolvimento.

O que pode ser reconstruído propriamente é a lógica de um processo de aprendizado, o qual se dá na forma de acumulação. Essa lógica busca determinar o que, como e quanto pode variar em termos estruturais em determinada etapa de desenvolvimento e que tipo de problema de lógica interna pode surgir nela. Mas essa lógica deve ser estritamente separada dos processos empíricos históricos que de fato representaram um desafio para a conservação de certo tipo de sociedade.

Tal distinção tem consequências imediatas na estratégia de afastar da teoria da evolução qualquer aspecto ligado à filosofia da história e do evolucionismo do século XIX:

> Se separarmos a lógica de desenvolvimento da dinâmica de desenvolvimento, ou seja, separarmos o padrão, passível de ser reconstruído de maneira racional, de uma hierarquia de estruturas cada vez mais abrangentes de *processos* com os quais os substratos empíricos se desenvolvem, não precisaremos exigir nem linearidade, nem necessidade, nem continuidade, nem irreversibilidade da história. (RMH, p.221)

Ocorre, portanto, uma distinção categorial entre a lógica da evolução social e a história empírica. Os fatos históricos que podem servir de explicação para determinadas mudanças nas formações sociais não devem ser subsumidos nas estruturas necessárias que definem uma etapa de desenvolvimento, nem o inverso: determinados problemas históricos não produzem por si só evoluções logicamente reconstruíveis. Com isso, várias linhas de desenvolvimento podem ser empiricamente analisáveis, bem como formas de paralisia. Além disso, nada impede – é até mesmo comprovado em grande número – fenômenos históricos de regressão. A irreversibilidade com que devemos contar para reconstruir racionalmente o desenvolvimento social não pode ser atribuída aos processos históricos particulares; no entanto, só se pode julgar alguns processos como regressões a partir de certos níveis de aprendizado normativo estruturalmente alcançado (cf. RMH, p.222).

Isso não significa, entretanto, que a teoria reconstrutiva do desenvolvimento não possa ser aplicada à história entendida como historiografia, ou, em outros termos, que a lógica evolutiva não se aplique também para a explicação da dinâmica do desenvolvimento. É possível demonstrar interdependência entra os dois modos de explicação, recorrendo a uma troca de perspectivas. Pode-se explicar um evento histórico pelo fato de ele se ser um desafio posto pelas possibilidades estruturais abertas pelo aprendizado social e, inversamente, pode-se explicar a emergência de nova estrutura pelo impulso dado por eventos que geram problemas. A separação abstrata entre lógica e história é tão falsa quanto uma articulação totalizante, nas quais ambas são dois aspectos de um mesmo processo unitário (cf. RMH, p.335).

Para concluir, é preciso examinar, ainda que brevemente, em que sentido se pode falar de progresso para uma teoria da evolução social. Com isso, também retomamos a questão do ponto de partida da reconstrução, que, como vimos, não é de nenhum modo harmônico. Se as estruturas que se deve reconstruir só se tornam acessíveis por meio de crises no mundo da vida, como se pode falar de progresso no desenvolvimento social? Ou, de outra perspectiva, o que obriga a falar de progresso? O processo de aprendizagem não poderia ser visto desde o início como normativamente neutro? A resposta a essa questão tem de apresentar dois momentos. Em primeiro lugar, trata-se de afastar a ideia de um progresso retilíneo. Em segundo, de mostrar que, da mesma forma que o teórico reconstrutivo não pode nem deve escapar do horizonte do tempo presente, ele não pode anular o próprio contexto discursivo em que se encontra.

Em relação ao primeiro ponto, Habermas fala de uma "dialética do progresso". Ela se destina a explicar como avanços nos processos de aprendizagem prático-moral coincidem com problemas mais intensos do que antes. O caso exemplar é a sociedade capitalista moderna, em que emerge estruturas universalistas de consciência moral e de procedimentos jurídicos, mas se constitui também como sociedade de classes marcada pela exploração econômica, o que cria mais desigualdade do que nas sociedades baseadas em sistemas de parentesco, por exemplo. De um lado, progresso, de outro, regressão. No entanto, a sensibilidade e a motivação para reagir aos problemas novos se devem justamente ao progresso evolutivo. Um estágio mais alto das forças produtivas e da integração social livra-se dos problemas da formação social superada; porém, os problemas que surgem no novo estágio de desenvolvimento podem crescer em intensidade, na medida em que são comparáveis com os velhos (RMH, p.259).

Tal intensidade, no entanto, não é contingente, ela se deve ao próprio fato de haver liberação da percepção de novas situações problemáticas. Tudo se passa como se o progresso também trouxesse consigo um avanço na capacidade de perceber problemas e crise, o progresso gera novas formas de sofrimento que não tinham lugar antes, pois novos recursos significam novas necessidades.

Mas isso não deveria levar à suspensão do juízo sobre o próprio progresso? A questão para Habermas é se podemos efetivamente suspender qualquer juízo normativo sobre a sociedade e, mais ainda, sobre o desenvolvimento da sociedade. O teórico se encontra com o seu discurso diante de pressupostos pragmáticos que ele não pode suspender a bel-prazer. São esses pressupostos racionais que orientam a percepção do progresso, no sentido de uma realização cada vez maior de espaços institucionais para discursos livres de coerção. "Se não somos livres para rejeitar ou aceitar as pretensões de validade ligadas ao potencial cognitivo da espécie humana, não tem sentido querer se 'decidir' a favor ou contra a razão, a favor ou contra a ampliação dos potenciais da ação fundamentada" (RMH, p.280).

4
ENCOLHIMENTO DA MORAL, ABERTURA PARA A POLÍTICA: SOBRE AS TRANSFORMAÇÕES DA TEORIA DO DISCURSO[1]

Neste capítulo, discutimos o sentido da diferenciação das formas de discursos sobre questões práticas, tal como Habermas a propõe a partir do começo dos anos 1990. Trata-se de delimitar o papel da moral, do direito e da política em seu pensamento, bem como da relação entre essa diferenciação e o *status* metodológico que, de modo geral, ele confere à sua teoria, ou seja, o conceito de reconstrução.

Conforme a perspectiva mais ampla da série de estudos que constitui este livro, eu pretendo mostrar que o desenvolvimento da ética do discurso na forma de uma teoria diferenciada do discurso, no qual a moral passa a conviver com outras formas de argumentação no âmbito mais largo da esfera pública, corresponde em parte a um desdobramento de pressões metodológicas que já estavam inscritas no programa da ética do discurso. Nessa discussão, as divergências entre Apel e Habermas voltam a ter destaque porque aqui se percebe como as diferenças metodológicas passam a ser acompanhadas de diferenças, por assim dizer, "normativas".

---

1 A primeira versão do presente texto pode ser encontrada sob o título "Encolhimento da moral, abertura para a política: diferenciação discursiva e falibilismo em Habermas". In: Marins, C. A.; Poker, J. G. *Reconhecimento, direito e discursividade em Habermas* (Orgs.). São Paulo: FAP-Unifesp, 2014.

De início, vou fazer uma caracterização a traços largos dessa diferenciação e, a partir de um intérprete da controvérsia entre Apel e Habermas a respeito da ética do discurso, adotar um ponto de vista que permite falar de uma ampliação da política e um estreitamento da moral em Habermas. Em seguida, passo para a análise propriamente dita dessa diferenciação à luz da concepção inicial proposta para a ética do discurso. Isso permitirá mostrar como a diferenciação pode ser vista como desdobramento de disposições conceituais e metodológicas já inscritas no programa original. Por fim, tiro daí consequências mais gerais para a concepção de filosofia e de teoria crítica defendida por Habermas, em contraste com aquela de Apel, em que a moral desempenha sempre um papel robusto.

Desde o final dos anos 1980 e o começo dos 1990, Habermas propõe uma diferenciação entre formas de discursos voltadas para questões pragmáticas – isto é, pragmáticas no sentido teleológico de realizações de finalidades e programas –, para questões éticas relativas à justificação de concepções concretas de vida boa e à autocompreensão de identidades coletivas, e enfim para questões estritamente morais, em que se deve satisfazer um princípio de justiça universalista e deontológico, ou seja, que obriga incondicionalmente a todos atingidos pela norma, enquanto dever moral. De acordo com Habermas, tal diferenciação de formas de discurso sobre questões práticas supõe a neutralidade do princípio do discurso em relação ao tratamento de todas essas formas de questionamentos. O princípio do discurso estabelece que "são válidas [*gültig*] apenas as normas de ação com as quais todos os possíveis concernidos poderiam concordar como participantes de discursos racionais" (FV, p.155). O princípio do discurso estabelece, portanto, unicamente a condição fundamental da validade de normas, ou seja, o assentimento de todos envolvidos em uma argumentação racional, mas não específica desde o início de que normas se trata, ou seja, não define de modo preliminar se são normas morais, éticas ou jurídicas. Por conseguinte, o princípio do discurso deve ser considerado como normativamente neutro em relação à moral e ao direito, o qual abarca uma pluralidade de interesses e questionamentos.

Em *Facticidade e validade*, tanto a diferenciação de formas de discurso como a neutralidade do princípio do discurso são peças fundamentais para a recusa em traçar uma hierarquia entre a moral e o direito. Isto é, a recusa em estabelecer subordinação do direito à moral, subordinação que caracteriza, para Habermas, a tradição do direito natural liberal como um todo. A suposta subordinação do direito à moral significaria que os direitos positivos seriam vistos como cópias fenomênicas dos direitos humanos fundamentados moralmente. Por consequência, a autonomia pública e política seria também uma espécie de cópia da autonomia moral, ou só se tornaria compreensível em vista da positivação jurídica dos direitos que garante a autonomia moral.

Em vez de uma hierarquia, Habermas pretende sustentar uma espécie de complementação entre moral e direito. O conceito de autonomia se desdobra em duas gramáticas diferentes tão logo o direito entre numa relação de complementação com a moral. A isso corresponde que o princípio do discurso, que se refere ao conceito geral e neutro de autonomia, se bifurca em um princípio moral de universalização (U) e um princípio político de legitimação (princípio da democracia). Ou melhor, ele se especifica em um princípio moral quando as normas em questão dizem respeito ao interesse simétrico de todos atingidos, sendo que o sistema de referência é a própria humanidade, e um princípio de democracia quando se trata de legitimar normas jurídicas em determinada coletividade política.

Conforme o questionamento posto em relação à natureza da norma, deve surgir uma forma de argumentação específica, que, no caso moral, encontra solução de consenso pelo teste universalizador da norma, em semelhança com o imperativo categórico em Kant. Algo diferente ocorre em questões ético-políticas, já que aqui entram em jogo normas que são válidas somente para determinada coletividade, bem como para questões pragmáticas de como alcançar meios para a realização de fins políticos. Portanto, para a legitimação do direito, multiplicam-se as questões: são necessárias fundamentações argumentativas morais, mas também éticas e pragmáticas. Ou seja, o procedimento inscrito no princípio da democracia tem de deixar em aberto, desde o início, uma multiplicidade de questionamentos e pressupor a possibilidade de resolução argumentativa de todos eles. Além disso, ele difere do princípio moral por se referir a uma normatização jurídica de si mesmo, ou seja, ele precisa estabelecer sua própria linguagem nos procedimentos que regulam as tomadas de decisão.

Ora, se o princípio do discurso expressa a racionalidade prática na medida em que ele é o que torna possível, em seu procedimento, a resolução de conflitos, o significado dessa caracterização para a razão prática em Habermas se torna patente: não mais a moral (ou "ética do discurso") parece ter papel paradigmático. A questão que se põe é, então: a diferenciação e a neutralidade do princípio do discurso não representariam uma dissolução do programa original da ética do discurso, compartilhado tanto por Apel como por Habermas?

Em seu estudo sobre a controvérsia entre Apel e Habermas em torno conceito de razão prática, Angelo Cenci sugere a seguinte interpretação sobre a evolução divergente do programa da ética do discurso:

> as controvérsias existentes entre Habermas e Apel acerca da ética do discurso se devem ao modo diferenciado como a esfera da moral é tematizada no programa de cada autor, e que o modo distinto de conceberem o conceito de razão prática resulta de tal diferença. As respostas dadas a essa questão acerca da esfera própria da moral redundarão em dois programas da ética do discurso, que, progressivamente, vão se distanciando de suas raízes comuns e que, ao final, irão projetar duas concepções de razão prática bastante distintas e, em grande medida inconciliáveis, de modo a parecer impossível reuni-las sob uma mesma rubrica. Assim [...] para Habermas, a moral e a razão prática ficarão situadas dentro de uma teoria ou filosofia do discurso, e esta última não poderá ser compreendida em sentido moral. (Cenci, 2006, p.18-9)

Ou seja, para Habermas, a moral teria no interior da razão prática papel cada vez mais limitado, dando lugar a outras formas de racionalidade comunicativa, enquanto Apel se manteria ainda preso ao caráter nuclear da moral.

Não há por que discordar dessa leitura, mas, no que se segue, pretendo mostrar que é possível inteirar essa perspectiva, dizendo que as diferenças resultam também da maneira como se concebe a política, o direito e, em especial, a própria ideia de discurso, e não só primariamente de como se concebe a moral. Dessa perspectiva, se poderia dizer que a política se torna ampla em Habermas, mas permanece restrita em Apel, sempre dependente de sua referência fundamental ao discurso moral. O encolhimento da moral, o conceito limitado de moral, corresponde em Habermas a uma abertura para a política. Em última instância, é só no âmbito da práxis política democrática deliberativa que os discursos se diferenciam e encontram sua tematização e regras de resolução adequadas. E só nesse âmbito faz sentido ainda falar de uma unidade da razão prática.

Juntamente a isso gostaria de mostrar, em um segundo passo, que essa abertura para a política pode ser pensada como consequência da sua concepção de teoria crítica da sociedade, isto é, como consequência de ordem metodológica e prática ao mesmo tempo. O que está em jogo aqui, de início, é o tipo de fundamentação da teoria do discurso que desde o início diferenciou os projetos de Habermas e de Apel quanto à ética do discurso. Na controvérsia em torno da fundamentação do princípio moral já se pode encontrar as razões – ou pelo menos algumas delas – das divergências posteriores sobre os limites da moral no interior da teoria do discurso. As diferenças na concepção de método que estão na base dessa controvérsia sobre a fundamentação do princípio moral se refletem e se desenvolvem em modificações na teoria do discurso com visíveis consequências práticas.

O texto em que Habermas mais marcadamente começa a introduzir diferenciações no conceito de razão prática chama-se "O uso pragmático, ético e moral da razão prática", publicado em 1991 como parte das elucidações dedicada à ética do discurso (ED, p.100 ss.).

Nesse texto, Habermas chega a considerar que o termo "ética do discurso" precisa ser revisto, já que pode induzir a equívocos sobre as questões práticas correspondentes:

> A ética do discurso se encontra na tradição kantiana, sem se expor às objeções que foram dirigidas desde o início contra uma ética da convicção abstrata. Certamente ela se concentra em questões de justiça, com um conceito de moral formulado de maneira estrita. Mas ela não precisa negligenciar a avaliação das consequências da ação, exigida pelo utilitarismo, nem precisa excluir do âmbito do debate discursivo, as questões da vida boa, destacadas pela ética aristotélica – e abandoná-las a atitudes emotivas e decisões irracionais. Nesse sentido, o nome "ética do discurso" pode ter sugerido um mal-entendido. A teoria do discurso se refere, de forma diferente, a questões morais, éticas e pragmáticas. (ED, p.101)

Não se trata mais de pensar somente uma ética, no sentido de doutrina sobre moral, fundada no conceito de discurso, mas de pensar teorias discursivas diferentes da moral, da ética (agora no sentido do conteúdo formado por valores e concepções de vida boa) e da pragmática (entendida aqui como lógica da realização de fins).

Porém, a correção do sentido da expressão "ética do discurso" só poderia ser levada em conta agora porque, ao contrário do que passava antes, nas "Notas programáticas para a fundamentação de uma ética do discurso", de 1983, a teoria do discurso tem de lidar com uma multiplicidade de questões práticas e não apenas questões de ordem moral. Se antes as normas éticas eram consideradas apenas na medida em que podiam ou não, enquanto máximas de ação, passar por um teste que permitiria sua universalização, agora se coloca em princípio a possibilidade de um tratamento discursivo e prático dessas questões, ao lado de tratamentos estritamente morais. Dessa maneira, uma mesma ação pode ser encarada de dois pontos de vista distintos no interior de discursos que se amoldam à natureza desses pontos de vista.

Assim, a máxima que me permite um pequeno delito pode ser eticamente reprovável na medida em que não a considero boa, porque não se articula com a imagem de pessoa que quero ser e que gostaria que os outros reconhecessem em mim. Uma vez que a construção da própria imagem ou a autocompreensão da identidade pessoal não pode ser destacada abstratamente do contexto em que a pessoa foi socializada, a referência aos valores coletivamente compartilhados em dada comunidade é constitutiva da avaliação ética. A máxima que permite o delito pode também ser reprovada moralmente, isto é, considerada injusta, se o cumprimento geral por todos não é bom para todos. Aqui não se trata apenas do respeito ao indivíduo e aos valores que compartilho com outros membros do grupo a que pertenço, mas do respeito a todos os seres humanos enquanto possíveis afetados pela observação geral da máxima.

Esse exemplo, em que um mesmo problema pode ter duas respostas práticas racionalmente satisfatórias, não deve levar à suposição de que haveria total simetria entre o justo e o bom. A primazia do justo sobre o bom não é afetada pela possibilidade de um tratamento discursivo racional também do ético. O que importa, nesse caso, é a circunstância de atrito entre a ética e a moral a qual não poderia ser antecipada antes de discursos reais, antes de um enfrentamento com um outro. A realidade do outro em discursos reais redimensiona os usos da razão prática. Os discursos pragmáticos remetem à necessidade dos compromissos que harmonizem os diversos interesses, os discursos ético-políticos remetem a uma autocompreensão da identidade coletiva, aberta para diversos projetos de vida, e os discursos prático-morais motivam a transição para o direito, na medida em que entram em jogo as questões sobre a razoabilidade das obrigações morais totalmente desvinculadas do contexto e das motivações subjetivas.

Ora, se as questões ético-políticas e as pragmáticas também podem encontrar solução racional segundo a ideia fundamental do assentimento de todos envolvidos, então o princípio do discurso tem de ser de tal natureza que permita se especificar tanto em relação a questões ético-políticas e pragmáticas como a questionamentos estritamente morais. É preciso supor uma neutralidade do princípio do discurso para que possa haver diferenciação de formas de argumentação apropriadas para a especificidade dos problemas práticos.

Porém, a diferença, ou a ênfase na diferença entre o princípio do discurso e o princípio moral só ganha peso decisivo em *Facticidade e validade*. Habermas afirma que, em suas investigações sobre a ética do discurso até então publicadas, ele não diferenciou suficientemente entre o princípio do discurso e o princípio moral:

> [O princípio do discurso] possui certamente um teor normativo, pois explicita o sentido da imparcialidade de juízos práticos. Mas se encontra em um nível de abstração que, apesar desse teor normativo, ainda é neutro perante a moral e o direito; isto é, ele se refere a normas de ação em geral. (FV, p.155)

Para Habermas, o princípio do discurso explicita o ponto de vista sob o qual normas de ação em geral podem ser fundamentadas de modo imparcial. Ao mesmo tempo, tal princípio "se funda nas relações simétricas de reconhecimento inscritas em formas de vida comunicativamente estruturadas" (idem, p.157). Por sua vez, essas relações de reconhecimento não se reduzem a uma dimensão moral estrita, elas podem incluir, e de fato incluem de um ponto de vista sociológico, as dimensões da ética e da política, cujas questões específicas também podem ser resolvidas por um juízo imparcial próprio. Com isso, a argumentação moral tem campo restrito de atuação, ao passo que a argumentação política, de modo geral, se amplia, abrindo-se para todas as questões no campo da legitimação do direito (como também para o campo da sua aplicação).

É por essa razão, como adiantei, que Apel vê em *Facticidade e validade* uma "dissolução" do programa comum da ética do discurso (Apel, 1998a; cf. Kettner, 2002). Pois uma separação entre o princípio do discurso e o princípio moral, ou uma neutralidade do princípio do discurso em relação à moral e ao direito seriam, para ele, impensáveis, dada a própria natureza normativo-moral dos pressupostos de todo discurso. "Não vejo como", escreve Apel, "se poderia negar a propriedade moral do 'conteúdo normativo' do princípio da 'imparcialidade de juízos práticos', que se exprime no princípio do discurso D" (Apel, 1998a, p.761).

Embora Apel também concorde que o direito deva ser fundamentado de maneira diferente da moral, o próprio princípio do discurso não pode ser normativamente neutro. Aqui recorremos mais uma vez à interpretação de Angelo Cenci:

> Ocorre que, a juízo de Apel, direito e moral possuem um fundamento comum e com teor moral, qual seja, o princípio do discurso que contém em si o princípio moral primordial. [...] Da perspectiva apeliana, as distinções de Habermas em relação às normas morais e jurídicas devem ser consideradas ou reformuladas especificando-se tais normas e, ao mesmo tempo, assegurando-se que o princípio moral primordial já esteja incluído no princípio do discurso. (Cenci, 2006, p.216-7)

Com isso, a racionalidade do direito e da política está intrinsecamente vinculada ao princípio moral. Se a parte B da ética do discurso apeliana, voltada para a questão da aplicação das normas justificadas moralmente, coloca em perspectiva a possibilidade da realização responsável, de caráter histórico, jurídico e político, da moral, a racionalidade das formas de prática discursiva respectivas só deixa penetrar e compreender em referência ao próprio princípio moral.

No entanto, o próprio Habermas parecia empreender, de fato, uma compreensão semelhante da relação entre moral, direito e política até pouco antes de *Facticidade e validade*. As divergências metodológicas de fundamentação, que desde sempre diferenciaram os programas de Habermas e Apel na teoria moral, não pareciam afetar a concordância mútua quanto à relação direta que estabelecia entre o princípio do discurso e o princípio moral de universalização. É nesse ponto que faltaria aquela distinção nítida almejada agora por Habermas em *Facticidade e validade*, pois nas "Notas programáticas..." ainda se podia ler que "uma vez mostrado como o princípio de universalização pode ser fundamentado pela via de uma derivação pragmático-transcendental dos pressupostos da argumentação, a própria ética do discurso pode ser reduzida ao parcimonioso princípio D" (MKH, p.103, trad. p.116). Essa observação sugere que a fundamentação do princípio moral já equivale a uma fundamentação do princípio D.

Por sua vez, o direito não aparece nesse contexto como âmbito teórico a ser tratado de maneira específica. Ao contrário, onde Habermas fala da seletividade e do formalismo do princípio de universalização, os conteúdos morais e os jurídicos são reportados da mesma maneira, isto é, como conteúdos a serem testados igualmente de um ponto de vista moral. Não há nenhuma palavra aqui sobre a possibilidade de uma fundamentação jurídica diferente, que inclua o ponto de vista moral para regulamentações específicas, mas que, além disso abarque outras formas de justificação, entretecidas todas no procedimento democrático de legislação. Ou seja, nada que encaminhe, mesmo indiretamente, para a estratégia posterior da teoria do direito.

Mais importante nesse contexto é a linha de raciocínio seguida até as aulas sobre direito e moral (*Tanner Lectures*, de 1986), publicadas como apêndice em *Facticidade e validade*. Embora Habermas já estabeleça aí explicação sociológica da relação de complementaridade entre direito e moral e não queira apagar as suas diferenças, principalmente as institucionais e funcionais, a questão da legitimidade jurídica ainda é respondida nos termos de uma vinculação estrita com a moral. A legitimidade da legalidade se deve a um entrelaçamento de procedimentos jurídicos com a argumentação moral; a racionalidade da positivação jurídica depende de uma imparcialidade da fundamentação de normas que só pode ser averiguada pela incorporação adequada do ponto de vista moral. Mais ainda, Habermas compartilha o ponto de vista de Apel, segundo o qual a formação racional da vontade em geral tem de ser concebida de acordo com a argumentação moral.

Todas essas ideias apontam para uma concordância fundamental na concepção de razão prática, na qual caberia à moral papel largamente central, para não dizer monopolista. A unidade da razão prática é garantida pela força de irradiação do discurso moral, que serve de medida para todas as outras práticas discursivas; em correspondência com isso, a formação racional da vontade tem de ser decifrada pela incorporação dos procedimentos próprios da argumentação moral.

Ao contrário disso, a diferenciação de formas de discurso, em conformidade com as diferenças das questões pragmáticas, éticas e morais, impõe uma diferenciação no interior da própria razão prática, ou uma diferenciação nos seus usos. Segundo Habermas, as três grandes tradições da filosofia prática apenas enfatizaram um desses usos em detrimentos dos demais. Na tradição do utilitarismo e do empirismo, a razão prática é identificada ao uso pragmático; na aristotélica, cumpre o papel de uma faculdade de juízo capaz de lançar luz sobre o horizonte ético das ações individuais; na tradição kantiana, ela coincide com a moralidade e a autonomia radical da vontade. Porém, uma vez admitidas as diferenciações das formas de discurso conforme a natureza das questões, é preciso se perguntar sobre a própria unidade da razão prática, que antes parecia tão evidente. Ou seja, como é possível tratar de uma mesma razão prática diante da diversidade dos usos e das justificações discursivas. A resposta de Habermas, que para Apel não poderia senão causar perplexidade, é que essa unidade não pode mais ser garantida pela argumentação moral. Nos termos dele:

> A unidade da razão prática não se deixa mais fundamentar na unidade da argumentação moral de acordo com o modelo kantiano da unidade da consciência transcendental. Pois não há nenhum metadiscurso a que poderíamos nos reportar para fundamentar a escolha de formas de argumentação. (ED, p.117-8)

Argumentação moral não pode ser mais considerada como o núcleo fundamental da razão prática em torno da qual giram todas as tematizações de ordem política, jurídica e ética. Tal posição da argumentação moral suporia o *status* de um metadiscurso que define previamente os limites de todas as formas de argumentação, permitindo escolher entre elas conforme sua relação de complementação com a moral.

Mas não haveria assim uma arbitrariedade possível no tratamento das questões práticas? Não se abriria um espaço perigoso para uma espécie de perspectivismo e mesmo um subjetivismo moral? Para Habermas, o que é possível reivindicar nesse contexto é tão somente uma sensibilidade para a classificação dos problemas que vêm ao nosso encontro nas práticas comunicativas do dia a dia. Os questionamentos práticos são objetivos o suficiente para que imponham aos participantes da interação social perspectivas adequadas. Eles impõem por si só sua lógica interna, mas desde que entrem no campo de práticas comunicativas deliberativas. Por esse motivo, é apenas na filosofia do direito e da política que a questão da unidade da razão prática pode ainda ser respondida, pois é justamente aqui que também os diferentes tipos de questões práticas se diferenciam e se conectam. "A unidade da razão prática", conclui Habermas, "só pode se expressar de maneira inequívoca na rede de formas de comunicação e nas práticas dos cidadãos, nas quais as condições de formação da vontade coletiva racional obtiveram consistência institucional" (ED, p.118). Ou seja, ao fim e ao cabo, é apenas na esfera pública das discussões políticas entre cidadãos que faz sentido pensar a inter-relação entre as formas de discurso, pois é somente nela que essas formas também se diferenciam. Para isso, não é possível um metadiscurso moral sobre os limites de discursos específicos. Esses limites são descobertos pelos participantes na ação pública e política da discussão prática.

Ora, a rejeição de um metadiscurso moral remete a uma recusa similar em campo teórico distinto, aquele da fundamentação, na ordem do método, do princípio do falibilismo, que também despertou críticas severas de Apel, como vimos no Capítulo 2. Toquemos outra vez naquelas questões metodológicas sobre a fundamentação última e a reconstrução hipotética das regras da argumentação e do princípio de universalização moral. Cabe perguntar até que ponto essas diferenças, existentes no programa original da ética do discurso, já não continham a necessidade de derivar a neutralidade do princípio do discurso em relação ao princípio moral, e, consequentemente a diversificação de formas discursivas práticas com lógica própria, não redutível à argumentação moral.

Ao mesmo tempo que Habermas parecia reduzir o princípio do discurso ao princípio moral, não deixa de apontar diferenças importantes entre eles. Assim, logo após ter chegado, nas "Notas programáticas...", à fundamentação do princípio de universalização a partir das pressuposições pragmáticas do discurso e a partir das contradições performativas em que se envolve todo aquele que contradiz essas pressuposições, ele sugere uma distinção entre os dois princípios: apenas o princípio de universalização é um princípio moral, pertencente à lógica do discurso prático enquanto regra da argumentação. Simultaneamente, o princípio do discurso é caracterizado como "asserção-alvo" que o filósofo tenta fundamentar. Essa distinção não é evidente de imediato, uma vez que a fundamentação coincide com a dedução do princípio moral, derivado dos pressupostos pragmáticos da comunicação. No entanto, podemos entender o que Habermas pretende se damos atenção ao fato de que, para ele, os pressupostos pragmáticos têm conteúdo normativo, mas não imediatamente moral. Pois ele também afirma que o princípio de universalização precisa ser distinguido do conteúdo normativo dos pressupostos pragmáticos, expostos na forma de regras de argumentação.

Lembremos essas regras da argumentação, explicitadas por Alexy e aproveitadas por Habermas: "É lícito (*darf*) a todo sujeito capaz de falar e agir participar de discursos"; "É lícito a qualquer um problematizar qualquer afirmação"; "É lícito a qualquer um introduzir qualquer asserção no discurso"; "É lícito a qualquer um manifestar suas atitudes, desejos e necessidades"; "Não é lícito impedir falante algum, por uma coerção exercida dentro ou fora do discurso, de valer-se de seus direitos estabelecidos pelas regras anteriores" (MKH, p.99, trad. p.112). Chama a atenção nessa caracterização das regras do discurso o fato de não recorrer a nenhum *sollen*, expressando um imperativo moral, nem mesmo quando se trata de formular a ausência de coerção. O conteúdo normativo se refere somente ao que todos os participantes de uma argumentação em geral precisam pressupor para si e para cada um em vista da possibilidade de chegar a um consenso. Decerto é possível transformar essas regras da argumentação e princípios morais, mas para isso é preciso formulá-las como normas de ação, e pressupô-las mais uma vez como regra de argumentação. Por consequência, Habermas observa que "as tentativas feitas até então de fundamentar uma ética do discurso padeceram do fato de que regras de argumentação são [...] confundidas com 'princípios morais' enquanto princípios da ética filosófica." (MKH, p.103-4, trad. p.116).

Para Marcel Niquet, tal distinção já contém em si os desdobramentos posteriores da obra de Habermas:

> Essa diferenciação crítico-metodológica de U e D, introduzida por Habermas, é excepcionalmente importante e esclarecedora, pois ela significa a introdução de uma diferenciação cuja compreensão correta leva a um conceito geral do discurso que não está *per se* carregado em termos morais [...]. Mais tarde, Habermas tirou daí, pela introdução de um conceito de discurso moralmente neutro da fundamentação da filosofia do direito em *Facticidade e validade*, apenas a consequência lógica evidente. (Niquet, 2003, p.79)

Para Niquet, a instituição normativa do discurso não é carregada moralmente desde a origem, e por isso não pode haver fundamentação última do discurso no sentido de Apel. Os contornos morais rígidos da teoria do discurso combinariam perfeitamente com uma fundamentação que faz das regras morais, enquanto tais, algo de incontornável (*unhintergehbar*). Nesse sentido, todo discurso prático seria antecedido por uma orientação moral que não faz jus à natureza de discursos práticos reais, em que não se pode saber de antemão quais são as necessidades de todos os envolvidos.

Se essa observação está correta, é possível traçar correspondência entre a fundamentação última e a visão moral do discurso de Apel, e para a correspondência entre a reconstrução hipotética e a visão normativamente aberta do discurso de Habermas. Aponto, então, para uma correspondência, em Habermas, entre a recusa de um metadiscurso moral em relação às questões práticas e a recusa de um metadiscurso teórico nos discursos sobre fundamentação das regras pragmáticas. Com isso chegamos também às concepções bem distintas de filosofia em geral e também de Teoria Crítica.

Para Habermas, como vimos nos três primeiros passos dessa investigação, as reconstruções das regras pragmáticas da fala não podem pretender o *status* de fundamentação última infalível porque elas precisam sempre fazer esforço exegético de tradução dessas regras, que são dadas na forma de saber intuitivo dos participantes da comunicação. Ou seja, o saber intuitivo precisa ser reconstruído na forma de um saber teórico que, por sua vez, só pode ser fundamentado em discursos teóricos sobre pretensão de verdade. Dessa maneira, a reconstrução teórica é sempre uma hipótese, e nunca um argumento infalível. As contradições performativas não podem apresentar argumentos transcendentais fortes já que elas sempre dependem de um cético que precisa reconhecer e verificar a pertinência das traduções dos pressupostos pragmáticos da fala. No limite, as contradições performativas só podem apontar para a falta de alternativa, aqui e agora, para os pressupostos pragmáticos, uma vez que o cético também faz uso delas em sua crítica. Assim, se não há alternativas para a práxis argumentativa, não se pode tirar do horizonte a descoberta de novos pressupostos e mesmo uma transformação histórica dessa práxis. Convém lembrar, nesse contexto, que a própria práxis moderna de que parte Habermas precisou ser reconstruída historicamente. Por todos esses motivos, a filosofia, e com ela a própria ética do discurso, precisa ser inserida no círculo das ciências reconstrutivas, nas quais as hipóteses desenvolvidas filosoficamente são corroboradas pela coerência com estudos empíricos em campos respectivos. É nesse sentido que Habermas alia a ética do discurso à psicologia do desenvolvimento moral de Kohlberg.

Apel e os apelianos responderam a Habermas argumentando que o princípio do falibilismo, segundo o qual não podemos ter certeza absoluta aqui e agora da validade de uma teoria, seja ela de que natureza for, porque não se pode excluir novos elementos contraditórios no futuro, só pode ser fundamentado de maneira infalível se ele quiser pretender validade para todas as fundamentações argumentativas. Nesse sentido, a filosofia mantém independência em relação às ciências reconstrutivas, traçando os limites e dispositivos dessas mesmas ciências. Ao contrário do que se passa em Habermas, é preciso haver hierarquia nítida entre a filosofia e a ciência. A filosofia não pode refletir de outra forma se não com argumentos filosóficos independentes de todo referencial empírico. Ela demonstra as condições de possibilidade das ciências, recorrendo apenas a argumentos de tipo transcendental: o que não pode ser recusado sem contradição performativa vale incondicionalmente.

Para Habermas, por sua vez, é impossível uma separação rígida entre o discurso filosófico e o científico: ambos, e esse momento é decisivo para entendermos sua compreensão da reserva falibilista, são discursos teóricos, formas de argumentação destinadas a fundamentar uma pretensão de validade de verdade. Se para Apel urge conferir o significado do falibilismo no caso de sua autoaplicação, para Habermas o essencial é saber o que significa "fundamentar" se não se aplica a reserva do falibilismo. Para este, o sentido do falibilismo se revela antes de tudo no "papel gramatical da expressão 'fundamentar'", e não em uma versão qualquer da teoria popperiana. Faz parte desse papel gramatical, isto é, de seu campo de significações, "que nós não podemos colocar, de uma vez por todas, razões ou tipos de razões em uma hierarquia, em cujo cume se encontrariam razões 'últimas'" (Habermas, 1986, p.350-1).

A ideia subjacente a isso é que só podemos desempenhar argumentativamente uma pretensão de validade sob as formas de argumentação factuais, entre as quais conta o próprio discurso filosófico, que busca encontrar os padrões que medem a qualidade das razões em determinados contextos. A reconstrução desses padrões de racionalidade tampouco pode se furtar a uma fundamentação argumentativa que se dá sempre aqui e agora. Na consciência dessa facticidade do discurso, sem a qual não teria sentido o esforço de fundamentar, mostra-se a impossibilidade de rejeitar a sua abertura para a crítica. "O sentido falibilista do jogo argumentativo leva em conta apenas que as pretensões universais de validade têm de ser levantadas de maneira factual, precisamente em nosso respectivo contexto, o qual não permanece imóvel e se alterará" (idem, p.351).

Não podendo anular as dimensões de tempo e espaço, o discurso argumentativo não ascende para outro nível, em que se instaurariam enunciados teóricos não falíveis. Não há nenhum metadiscurso porque as regras do discurso se aplicam a todas as tentativas de fundamentação, inclusive daquelas fundamentações das regras do discurso.

Com argumentos análogos, Habermas se contrapõe ao metadiscurso moral proposto por Apel, quando ele pretende com a parte B de sua ética desenvolver um princípio de responsabilidade do político preocupado em garantir as condições de possibilidade da aplicação de regras moralmente fundamentadas na parte A. Tal político só poderia ser, para Habermas, mais uma vez, um rei-filósofo, que quer se antecipar a todo discurso de ordem prática realizado por cidadãos, da mesma maneira que um filósofo metafísico, que já detém de razões últimas, define de antemão o sentido de todas as argumentações teóricas. A essa concepção não se ajusta a ideia de uma teoria crítica que não pode impor à realidade a solução dos problemas prático-morais. Ela só pode reconstruir o sentido das possibilidades reais de emancipação a partir das práticas comunicativas disponíveis. Na esfera pública, o filósofo e o teórico crítico atuam como qualquer um: como cidadão.

5
A NORMATIVIDADE DO DISCURSO: SOBRE A NEUTRALIDADE DO PRINCÍPIO DO DISCURSO EM RELAÇÃO AO DIREITO E À MORAL[1]

No capítulo anterior, tocou-se em uma das teses mais controversas da teoria do direito e da democracia de Habermas. Ela consiste na afirmação de que o princípio do discurso seria normativamente neutro em relação tanto à moral quanto ao direito. Dada essa neutralidade, ele poderia ser especificado, de um lado, como princípio moral para a resolução argumentativa de conflitos em torno de normas morais, e assumiria a forma de um princípio de universalização (U), capaz de testar quais normas são universalizáveis e, dessa maneira, aceitáveis por todos os possíveis destinatários. De outro lado, ele se converteria em um princípio de democracia para a legitimação de normas jurídicas em processos de positivação do direito. Nesse caso, só seriam legítimas normas jurídicas que pudessem contar com o assentimento de todos os parceiros de direito. Nele mesmo, o princípio do discurso (D) estabelece que "são válidas [*gültig*] apenas as normas de ação com as quais todos os possíveis concernidos poderiam concordar como participantes de discursos racionais" (FV, p.155).

O princípio do discurso se coloca, assim, em um plano a tal ponto abstrato que permanece indeterminada a natureza das normas de ação em questão, bem como o conjunto dos atingidos por elas, e

---

[1] Primeira versão deste texto se encontra na revista *Dois Pontos*, v.5, 2008.

ainda as formas particulares de discurso racional. Todas as determinações dessas variáveis corresponderiam a especificações distintas do princípio do discurso. Ou seja, embora contenha claramente conteúdo normativo, o princípio do discurso não equivaleria a um princípio moral primordial, em referência ao qual se poderia fundar ou pelo menos medir a legitimidade do direito positivo, como vimos no capítulo anterior.

É justamente em relação a essa diferença com a moral que a tese da neutralidade parece ser bastante chamativa, para dizer o mínimo. De fato, não se pode evitar a surpresa para com ela, na medida em que aquele conteúdo normativo explicita, nas palavras de Habermas, "o sentido da imparcialidade dos juízos práticos" (idem, p.138). Se é assim, parece difícil discordar do juízo de Karl-Otto Apel, quem, como vimos, não vê "como se poderia negar a propriedade moral do 'conteúdo normativo' do princípio da 'imparcialidade de juízos práticos', que se exprime no princípio do discurso" (Apel, 1998a, p.761). Ou seja, parece impossível perceber exatamente em que tal imparcialidade difere daquela de um princípio moral exigindo a consideração simétrica de todos os interesses envolvidos. Como tal normatividade do discurso poderia ser não moral, no sentido de sua suposta neutralidade abstrata? Em que sentido deve-se entender a "imparcialidade" de juízos práticos, explicitadas pelo princípio D?

Para tratar dessa questão, deixarei de lado uma perspectiva evolutiva sobre o pensamento de Habermas a respeito do papel da moral no interior de sua teoria do discurso. Isto é, deixarei de lado as transformações gradativas que se operaram desde as primeiras formulações sobre a ética do discurso, uma vez que o estudo anterior as tem como objeto de análise. Pela mesma razão, tampouco retomarei o debate de Habermas com Apel, no qual essas transformações são manifestadas de maneira mais clara, apesar de a própria questão sobre a normatividade neutra do discurso ser tratada mais diretamente em uma réplica a Apel (cf. ZNR, p.84 ss.). Vou me limitar, em primeiro lugar, a lembrar os motivos mais substantivos da teoria discursiva do direito às quais se liga a tese da neutralidade. Em seguida, tentarei reconstruir a teoria habermasiana do discurso, tendo como pano de fundo a teoria reconstrutiva da modernidade, para em um passo subsequente poder distinguir a normatividade discursiva da normatividade moral. Com as distinções alcançadas nessa etapa, procurarei por fim delimitar o sentido do conteúdo normativo de D em sua relação com as diversas formas de discurso, pressupostas pelo princípio da democracia.

O teor mais geral desse estudo consiste na ideia de que o alto grau de abstração normativa pressuposta na tese da neutralidade se liga ao alto grau de complexidade da teoria da modernidade e da democracia. Conforme o seu princípio de reconstrução, Habermas tem de evitar a todo custo, para não reduzir tal complexidade, manter uma diferenciação entre as formas de discurso; ou seja, tem de evitar subordinações discursivas. A recusa de um metadiscurso, *própria da condução metodológica da reconstrução*, encontra aqui, mais uma vez, uma formulação adequada no nível da teoria do direito e da democracia.

Começo pelas as razões que levam Habermas a estabelecer, no interior de sua filosofia do direito, a neutralidade normativa do princípio D em relação à moral e ao direito.

Em primeiro lugar, se o princípio do discurso fosse de antemão determinado como princípio moral, seu uso como forma de legitimação do direito positivo teria como preço uma subordinação hierárquica deste à moral, semelhante àquela realizada pela tradição do direito natural em sua vertente liberal, na qual Locke se destacaria de maneira paradigmática. Uma subordinação ou hierarquia de normas é vista por Habermas como pertencente ao "mundo do direito pré--moderno" (FV, p.154). Pode-se dizer, então, que tal ideia de hierarquia seria resquício pré-moderno em um estágio de fundamentação de normas pós-tradicional. Em contraste com tal hierarquia, Habermas propõe uma relação de complementação entre direito e moral. Já aqui se desenha o esforço de Habermas em combinar a teoria do discurso com uma teoria da modernidade.

Por outro lado, a subordinação do direito à moral seria "inconciliável com a representação de uma autonomia efetivada no próprio *medium* do direito" (FV, p.170). Ou seja, ela não é compatível com a autonomia política dos cidadãos, que confere legitimidade ao processo de legislação na medida em que eles se podem ver como autores das leis, às quais se submetem enquanto destinatários delas. Para fazer jus à prática de autonomia política, é preciso renunciar à ideia de direitos fundamentados moralmente que apenas esperam por sua positivação jurídica, determinando previamente o legislador político:

> a ideia de autolegislação dos cidadãos não pode ser reduzida à autolegislação *moral* de uma pessoa *individual*. A autonomia tem de ser concebida em termos mais gerais e neutros. Por isso, introduzi um princípio do discurso que é, em primeira medida, indiferente em relação à moral e ao direito. O princípio do discurso deve assumir a figura de um princípio da democracia apenas pela via de sua institucionalização segundo a forma jurídica, que por sua vez confere força legitimadora ao processo de criação normativa. (FV, p.171)

Apenas o princípio da democracia pode criar legitimidade, mas isso de maneira tal que os direitos subjetivos que garantem a autonomia privada, cuja substância é correlata dos direitos humanos fundamentados moralmente, constituem-se como condições formais de possibilidade da autonomia pública. Desse modo, eles não são restrições às deliberações do legislador político, mas antes condições que as possibilitam, sendo eles mesmos, ao mesmo tempo, conteúdo de normas jurídicas a serem positivadas no processo legislativo. Nisso reside a ideia central de co-originariedade de autonomia privada e autonomia pública, direitos humanos e soberania popular. Já aqui se delineia a ideia de emancipação a partir da superação de toda coerção no discurso, como tentamos decifrar no Capítulo 1, com a ideia de autonomia jurídica e democrática.

Por fim, um sobrepeso moral no interior do próprio processo de deliberação democrático, caso o princípio da democracia fosse apenas configuração secundária de um princípio de teor moral, teria por resultado uma redução da complexidade do processo político de formação da vontade tomado em sua concretude. Pois nele se dão não só conflitos sobre a moralidade de determinadas normas jurídicas, mas também conflitos de natureza ética a respeito da identidade coletiva ou concepções de bem viver próprias de uma comunidade política histórica e particular. Somam-se a isso conflitos de natureza pragmática a respeito dos melhores meios para a realização de fins comuns, para não mencionar negociações para a formação de compromissos que compensem interesses não generalizáveis.

> A necessidade de regulação não se esgota em problemas que exigem um uso moral da razão prática. O *medium* do direito também se ocupa de problemas que requerem a persecução cooperativa de fins coletivos e a proteção de bens coletivos. Por isso, discursos de fundamentação e de aplicação precisam se abrir para o *uso pragmático* e, sobretudo, *ético-político da razão prática*. Uma vez que a formação coletiva racional da vontade visa a programas jurídicos concretos, ela tem de superar os limites dos discursos de justiça, incluindo problemas de autocompreensão e de equilíbrio de interesses. (FV, p.207)

Dessa maneira, o direito e a política abarcam uma série de formas discursivas diferenciadas (discursos moral, ético-político e pragmático, além de negociações reguladas por procedimentos), que penetram e sustentam a fundamentação e a aplicação de normas jurídicas. Essa diferenciação discursiva só é possível porque o princípio D é neutro, permitindo especificações distintas conforme os tipos de questionamentos levantados na esfera pública. Ou seja, o princípio D não só se converte no princípio da democracia ao lidar com normas jurídicas, mas também se especifica e operacionaliza para os diversos tipos de questionamento que são abarcados por tais normas.

Em suma, a neutralidade do princípio D é fundamental para evitar a subordinação do direito à moral, a qual é vista, por um lado, como resquício pré-moderno, e, por outro, como limitação indevida da autonomia política, e para evitar uma redução da complexidade do processo político-jurídico.

No entanto, é evidente que esses motivos da filosofia do direito não podem fundamentar por si mesmos tal neutralidade. Ela só pode ser sustentada no interior de uma teoria do discurso em geral. Até aqui nos referimos à diferenciação do discurso conforme questões práticas, isto é, às formas distintas de argumentação moral, ético-política e pragmática nas quais o princípio D se configura de maneira diferente, conforme o tipo de questionamento. Porém, esses discursos constituem formas de argumentação entre outras, pois, conforme a abordagem dada na *Teoria da ação comunicativa*, procedimentos argumentativos se verificam para a resolução de questões teórico-científicas, mas também estéticas, terapêuticas, gramaticais e hermenêuticas, ou seja, questões que não são, em primeira linha, práticas.

O princípio D se baseia no conteúdo normativo dos pressupostos pragmáticos da argumentação em geral, ainda que ele seja talhado para questões práticas, isto é, para a justificação de normas de ação, sejam elas quais forem. O princípio D é dessa maneira, como veremos a seguir, um aproveitamento do conteúdo normativo dos discursos em geral para a constituição de um ponto de vista imparcial próprio dos juízos práticos. Portanto, para a compreensão da neutralidade normativa de D, torna-se decisivo a correta interpretação desse conteúdo normativo embutido em todo discurso racional e como ele se desenvolve nas diversas formas de discurso. A reconstrução dos pressupostos pragmáticos que sustenta o conceito de discurso passa a ter então valor decisivo para compreender uma das peças fundamentais da teoria discursiva do direito e da democracia.

Convém lembrar inicialmente que Habermas considera o discurso a "forma reflexiva" da ação comunicativa, isto é, de um tipo de interação social em que o meio de coordenar os diversos planos de ação dos agentes sociais envolvido é dado na forma de um acordo racional, do entendimento recíproco entre as partes, alcançado através da linguagem. O processo comunicativo se refere a determinado uso da linguagem, orientado para a obtenção de um acordo, de modo tal que os falantes têm de restringir seus planos de ação individuais às condições necessárias para o entendimento mútuo.

Já conhecemos o ponto de partida reconstrutivo de Habermas. Fundamentalmente, ele consiste na ideia de que todo participante de uma ação orientada ao entendimento intersubjetivo sobre algo no mundo tem de levantar em cada ato de fala pelo menos quatro pretensões de validade e supor que cada uma delas possa ser resgatada. Geralmente pressuposto na práxis comunicativa cotidiana, o reconhecimento dessas quatro pretensões universais de validade forma um consenso de fundo para os processos de entendimento recíproco. Assim, para que estes possam se desenvolver de maneira não perturbada, é preciso, em termos ideais, que os participantes da interação reivindiquem e aceitem mutuamente, para seus atos de fala, a inteligibilidade das orações que os constitui, a verdade do seu conteúdo proposicional, a correção normativa do proferimento em relação a um contexto de normas compartilhado e, enfim, a veracidade com que cada um expressa suas intenções. Essas três últimas pretensões – de verdade, correção e veracidade – referem-se, de maneira constitutiva, a três conceitos formais de mundo, respectivamente: ao mundo objetivo enquanto totalidade dos fatos, dos estados de coisas existentes, ao mundo social enquanto totalidade das relações interpessoais de um grupo social, reguladas de maneira supostamente legítima, e ao mundo subjetivo de cada um enquanto totalidade das vivências a que cada um tem acesso privilegiado.

Na medida em que a comunicação é perturbada, o consenso de fundo pode ser questionado sob cada um desses aspectos de validade. Pode-se, nesse caso, pôr em questão a inteligibilidade das orações, a verdade do enunciado, a justeza normativa do proferimento e a veracidade das intenções expressas do falante. No primeiro caso, duvida-se de que as orações tenham sido geradas conforme as regras linguísticas; no segundo, duvida-se de que se cumpram as condições de validade do enunciado, isto é, que estados de coisas ou as pressuposições de existência de seu conteúdo proposicional sejam reais; no terceiro, duvida-se de que seja legítimo o contexto normativo a que se refere o ato de fala; no quarto caso, duvida-se da sinceridade do falante ou supõe-se que ele se engane a si mesmo. Da mesma forma, pode-se responder a esses questionamentos típicos com as seguintes construções discursivas: respectivamente, explicações linguísticas a respeito da boa ou má conformação do construto simbólico, ou também interpretações hermenêuticas sobre o sentido dos símbolos; asserções e explicações sobre as condições de validade do enunciado; justificações sobre normas e, por fim, interrogações ou mesmo análise terapêutica. Soma-se a isso ainda a possibilidade de resgatar uma pretensão de validade que não é universal, mas recorrente na práxis comunicativa, a qual diz respeito à adequação a determinados padrões valorativos ou a autenticidade de uma manifestação estética. Nesse caso, também é possível encetar uma discussão correspondente.

Nesse nível já começa, portanto, a se instaurar uma respectiva forma de argumentação. A remissão aos procedimentos argumentativos é imanente à ação orientada ao entendimento, já que o reconhecimento das pretensões de validade só pode se dar sob o pressuposto de que elas possam ser resgatadas com razões se for o caso, o que significa satisfazer as condições de validade do ato de fala. Dependendo do aspecto de validade problematizado, pode-se instaurar, em termos tipológicos, um discurso teórico a respeito da verdade de proposições ou da eficácia de ações teleológicas, um discurso prático a respeito da correção de normas de ação, uma crítica estética para a adequação ou autenticidade de padrões valorativos, uma crítica terapêutica para a veracidade de proferimentos expressivos (cf. TKH1, p.44 ss.).

É preciso observar que "discurso" e "crítica" são termos técnicos para designar formas de discussão argumentativa destinadas a resgatar pretensões de validade específicas. No entanto, elas se diferenciam pelo fato de a "crítica" não poder cumprir todas as pressuposições pragmáticas identificadas em discursos habituais, como o teórico e o prático. A crítica terapêutica não pode evidentemente pressupor pé de igualdade entre paciente e médico, o qual é uma pressuposição pragmática fundamental nos discursos teóricos e práticos. Por sua vez, a crítica estética não pode pressupor a possibilidade de alcançar consenso universal a respeito de padrões valorativos, já que eles são sempre particulares, próprios de determinada cultura. Isso não significa que não se possa querer, digamos subjetivamente, pretender universalidade para eles ou para a exemplaridade de uma percepção estética, mas sim que as razões levantadas dificilmente podem justificar tais padrões valorativos para além de contextos locais. Contudo, essa diferença entre "discurso" e "crítica", sustentada por Habermas nos anos 1970 e 1980, não impede, como vimos no capítulo anterior, a ideia de um "discurso ético", como variante de discursos sobre questões práticas, no qual estão em jogo valores que, à semelhança dos estéticos, são também sempre particulares.

É importante ainda observar que Habermas não apresenta, ao longo de sua obra, uma enumeração completa e definitiva dos pressupostos inevitáveis da argumentação. Nas "Notas programáticas para a fundamentação de uma ética do discurso", Habermas apela a uma sistematização de regras feita por Alexy, estabelecida conforme três planos distintos de pressupostos argumentativos. No plano lógico e semântico, esses pressupostos pragmáticos podem ser representados por regras que impedem a contradição e exigem a aplicação coerente de predicados e expressões. No plano procedimental, regras que garantem uma busca cooperativa da verdade, na qual cabe destaque a exigência de veracidade de cada afirmação dos participantes. No plano processual, regras que excluem todo tipo de coerção, externa ou interna, do processo de comunicação. As mais importantes estabelecem, nesse plano, que: todo sujeito capaz de falar e agir pode participar de discursos; cada um pode problematizar qualquer afirmação; cada um pode introduzir qualquer afirmação no discurso; cada um pode manifestar suas atitudes, desejos e necessidades; ninguém pode ser impedido de fazer valer estes direitos por coerção interna ou externa ao discurso (cf. MKH, p.99, trad. p.110). Estas regras processuais asseguram, portanto, total inclusividade, liberdade e igualdade entre os participantes.

Estas últimas regras possuem, portanto, um claro conteúdo normativo, do qual o princípio D é uma derivação imediata para a justificação de normas de ação, vale dizer, para a fundamentação da pretensão de validade da correção normativa. Ainda assim, elas são constitutivas também do discurso teórico e do explicativo-hermenêutico, e, de maneira não integral, da crítica estética e da terapêutica, ou seja, reiterando não só para o discurso prático.

Se o conteúdo normativo dos pressupostos argumentativos é interpretado como conteúdo moral, estabelecendo por si só um ponto de vista moral a assegurar a imparcialidade dos juízos práticos, então se teria por consequência que as resoluções argumentativas de pretensões de validade de verdade, de inteligibilidade, de veracidade e de autenticidade estética dependeriam, todas elas, direta e imediatamente desse ponto de vista moral.

Para medir a gravidade dessa consequência, é importante ter em vista a interligação da teoria das formas de argumentação com a teoria da modernidade cultural desenvolvida por Habermas. Seguindo Weber, Habermas concebe a modernidade cultural, conforme dito no Capítulo 3, como marcada pela diferenciação do saber em diversas dimensões, ou no termo weberiano, em diversas esferas de valor, cada qual desenvolvida segundo uma legalidade específica. Na modernidade cultural, arte e crítica de arte, moral e discurso jurídico, ciência e saber tecnológico se caracterizam por seguirem leis próprias, independentes umas das outras, conforme as quais se desenvolvem de maneira autônoma questionamentos sobre gosto, justiça e verdade. Ora, desde um ponto de vista da teoria do discurso, Habermas converte as esferas de valor weberianas em esferas de validade, isto é, em esferas que consolidam formas de argumentação típicas para satisfazer distintas pretensões de validade, erguidas por diversos atos de fala. Assim, o que Habermas chama de discurso teórico, discurso prático e crítica estética, cada qual especializado respectivamente na pretensão de validade de verdade, de correção normativa e de autenticidade, apresenta o sentido interno da racionalização cultural nos princípios da modernidade. Essa estratégia teórica lhe permitirá garantir, então, unidade procedimental da razão, sem que cada esfera de validade seja submetida aos critérios de racionalidade de uma outra (cf. Terra, 2003; Seel, 1986).

Dessa maneira, se o conteúdo normativo dos pressupostos pragmáticos da argumentação é compreendido *prima facie* como conteúdo moral, o resultado seria uma ingerência, por assim dizer, da moral em todas as formas de discurso e de crítica, isto é, ingerência da moral na ciência e na estética, para não falar, talvez, de subordinação destas àquela. Talvez se pudesse dizer que tal resultado representaria, tanto quanto em relação aos discursos de ordem prática, uma retomada de representações pré-modernas, hierarquizando agora moral, ciência e arte. Daí que, na realidade, a neutralidade do discurso tem de ser atribuída não só às formas de discursos sobre questões práticas, mas a todas as formas de argumentação em geral, caso se queira evitar ingerência de uma esfera de validade sobre outra.

Certamente, é preciso considerar que, em relação à teoria do discurso proposta na *Teoria da ação comunicativa*, os desenvolvimentos posteriores a partir dos anos 1990 introduzem uma diversificação que se poderia dizer interna ao discurso prático. Se, nos anos 1980 e mesmo antes, o discurso prático é pensado paradigmaticamente como argumentação moral, mais tarde ele dá lugar a uma série de discursos sobre questões práticas. Mas disso não se pode concluir que se trata de modificação radical, como sugere Matthias Kettner, em relação à teoria do discurso em geral, como se tratasse de um afastamento em relação às primeiras abordagens (cf. Kettner, 2002, p.202). Trata-se antes de uma ampliação do quadro geral, em que o discurso prático-moral se vê agora acompanhado de um discurso pragmático e um ético-político, além da acomodação relativa das negociações políticas. Pois, do contrário, na medida em que *Facticidade e validade* se refere apenas a essas formas discursivas, estaria sugerido também um abandono de tratamentos argumentativos para a dimensão estética, a expressiva e a hermenêutica, o que não nos parece sustentável.

Contudo, aquela consequência para a teoria da modernidade tampouco pode decidir por si só a correta interpretação do conteúdo normativo dos pressupostos argumentativos. Pois, em sua formulação como regras processuais, eles parecem diferir muito pouco do conteúdo de mandamentos morais. Como diferenciar, por exemplo, uma regra pragmática que proíba qualquer coerção entre os participantes do discurso de um imperativo moral que proíba qualquer coerção entre seres humanos? A diferença parece dizer respeito apenas à extensão do campo de aplicação da regra. Enquanto regra moral, ela vale para todas as relações interpessoais, enquanto regra pragmática, apenas para relações estruturadas no interior do discurso.

No entanto, para Habermas, o que importa primeiramente é estabelecer a natureza das regras pragmáticas do discurso, à diferença das morais, e, em segundo lugar, como elas se vinculam ao que é discutido, isto é, às pretensões de validade problematizadas. No primeiro aspecto, a diferença diz respeito ao caráter estruturante das regras pragmáticas e o caráter deontológico das regras morais. As regras pragmáticas são as "condições de possibilidade" de todo discurso, na medida em que elas "têm" de ser pressupostas como suficientemente preenchidas hoje em dia, sem que se saiba, no entanto, que foram de fato preenchidas por todos os participantes. Dessa maneira, elas são idealizações inevitáveis e contrafactuais de práticas discursivas factuais – justamente de regras reconstruídas – e por isso também só é possível contar com aproximações suficientes, diferentemente de uma constituição *a priori* em sentido forte, como foi discernido no Capítulo 1. Sua validade normativa também se restringe apenas às práticas discursivas. O que tem de ser pressuposto e reciprocamente imputado a todos os participantes não significa, assim, um "ter de" para a esfera da ação, para além da argumentação. Com isso, a normatividade efetiva no interior do discurso não se confunde com a validade deontológica de um mandamento moral, que obriga incondicionalmente também – e sobretudo, já que se trata de normas de ação –, na esfera da ação social:

> Mesmo se nós entendemos a igual distribuição de liberdades comunicativas e a condição de franqueza para um participante do discurso no sentido de *direitos* e *deveres* da argumentação, a obrigação fundamental na pragmática transcendental não pode ser transferida imediatamente do discurso para a ação e não podem ser traduzida pela força deontológica, reguladora da ação, de direitos e deveres morais. [...] Também a pressuposição de ausência

de coerção se refere apenas à constituição do próprio processo de argumentação, não às relações interpessoais fora dessa práxis. (ZNR, p.90-1)

Dessa maneira, a validade normativa das regras pragmáticas se diferencia também da validade axiológica de uma constelação de valores ou da eficácia empírica de uma regra técnica, para mencionar a diferença em relação à ética e resoluções de ordem técnica. Dessa diferença entre a normatividade pragmática, entendida no sentido da pragmática formal, e a normatividade prática, no sentido da moral ou da ética, não se pode concluir, no entanto, que haveria a possibilidade de haver discursos inespecíficos, sem conteúdo. Não há argumentações sem questões específicas, um discurso puro que se diferenciaria adiante, uma espécie de metadiscurso, acima das formas do discurso teórico e do prático, que seria posteriormente preenchido.

Essa observação é ao mesmo tempo metodológica e normativamente importante, pois permite afastar a impressão equivocada segundo a qual o princípio do discurso, situado em um nível de abstração e de neutralidade em relação à moral e ao direito, e também a todas outras formas de discurso prático, poderia se operar independentemente dessas formas. Ou seja, essa observação permite afastar uma impressão como a de Teubner:

> Embora o princípio do discurso seja abstrato demais para resolver questões práticas, ao menos, em um *meta-nível*, ele pode desenvolver procedimentos e critérios capazes de ser universalizados para resolver conflitos de jurisdição entre discursos morais, jurídicos e políticos. (Teubner, 1998, p.178, grifo nosso)

Nesse sentido, Teubner fala de uma simpatia de Habermas por um "superdiscurso filosófico" estabelecendo juridições e compatibilidades para as diferentes formas de discursos. Ora, é justamente esse "superdiscurso" que o conceito de reconstrução tenta afastar, pelo menos desde os meados dos anos 1970.

Em termos mais preciso, embora os pressupostos pragmáticos da argumentação sejam os mesmos, e contenham uma mesma normatividade, é só por um ato de abstração analítica que eles podem ser separados das pretensões de validade, efetivamente discutidas. Tais pressupostos pragmáticos têm de ser tomados, então, muito mais como potencial de racionalidade que fornece critérios imanentes às práticas discursivas, de modo a permitir um processo interno de aprendizagem, na medida em que possibilitam correções e críticas aos resultados dessas práticas (cf. ZNR, p.91). Esse potencial de racionalidade se desdobra em direções distintas conforme as pretensões de validade envolvidas e conforme o saber específico sobre o que precisa ser levado em conta para a resolução de controvérsias a respeito de cada pretensão de validade.

Ao se tratar de pretensões de verdade, os participantes do discurso teórico não podem apenas contar com uma aproximação suficiente em relação às condições que garantem assertibilidade ideal, isto é, às idealizações pragmáticas da argumentação. A justificação da verdade de um enunciado que descreve algo no mundo objetivo não pode depender apenas da satisfação das regras pragmáticas. Se estas devem assegurar uma aceitabilidade racional dos argumentos em jogo, os próprios argumentos não podem ser considerados válidos de uma vez por todas, ou seja, infalíveis. Os próprios processos de aprendizagem no interior de discursos teóricos se consolidam no saber dos participantes sobre a diferença entre a justificação ideal de uma pretensão de verdade e a própria verdade de um enunciado. Consensos obtidos em discursos considerados racionais podem se revelar falsos, quando o conhecimento do mundo objetivo progrediu, mostrando que as razões antes consideradas as melhores dependiam de uma situação epistêmica já superada. Assim, não se pode afirmar nenhum "nexo conceitual entre verdade e assertibilidade racional sob condições ideais" (WR, p.50).[2] Ou seja, a justificação da verdade

---

2 O reconhecimento dessa diferença representa o afastamento de Habermas de sua primeira concepção da verdade como consenso, defendida em "Teorias da verdade", na qual a verdade se definia pelo consenso obtido em um contexto

de um enunciado descritivo sempre dependerá de uma referência ao mundo objetivo como tal, suposto como idêntico para todos, e que transcende o plano do discurso. Por outro lado, as condições idealizantes que garantem a aceitabilidade racional forçam também à busca de uma situação epistêmica cada vez melhor, na medida em que reclama a adoção recíproca de perspectivas de interpretação do mundo, e com isso a um descentramento progressivo dessas perspectivas. É nesse sentido que o potencial de racionalidade se desdobra no interior de discursos teóricos.

Quando se trata de pretensões de caráter normativa ou regulativo, ou seja, de discursos sobre questões práticas, esse potencial de racionalidade é orientado para outro sentido. No caso dos discursos morais, as condições da aceitabilidade racional se confundem inteiramente com as condições de fundamentação de normas de ação. Ou seja, a validade moral não depende de um ponto de referência que transcenda o próprio discurso, como é o caso das descrições supostamente verdadeiras do mundo objetivo. Mas com isso o conteúdo normativo que, no discurso teórico, serve de critério para uma avaliação imparcial de interpretações do mundo, se torna exigência para uma consideração simétrica dos interesses práticos de todos os envolvidos. O fato de que a validade de normas morais afeta diretamente os envolvidos no discurso transforma o sentido da práxis argumentativa por inteiro.

> A pressuposição inocente de ponderação franca e imparcial de todos os argumentos força os participantes de discursos práticos a lidar de maneira autocrítica com as próprias carências e avaliações da situação e a considerar a constelação de interesses dos outros desde as perspectivas de compreensões do mundo e de si mesmo alheias. (ZRN, p.94)

---

de justificação sob condições ideais (cf. VETKH, p.127 ss.) Em grande parte, foi esse texto a peça que mais comprometeu a compreensão da reconstrução em relação à reflexão transcendental.

Ou seja, o próprio conteúdo das discussões, a pretensão de verdade de um enunciado descritivo em um caso, a pretensão de correção de uma norma moral em outro, implica efetividades diferentes das regras argumentativas, que, no entanto, são as mesmas nos dois casos. A noção de imparcialidade por assim dizer teórica se converte em noção de imparcialidade prática tão logo se trate de uma norma que tem consequências para os envolvidos também no plano da ação. Isso porque cada resolução argumentativa envolve um saber preliminar sobre o que significa argumentar a favor da verdade de um enunciado, de um lado, e sobre o que significa ter obrigações e justificar moralmente ações, de outro. Esse saber não é dado com as regras da argumentação, ele já está associado ao sentido da validade de normas morais, modificando o sentido do potencial de racionalidade destas regras.

O saber sobre como participar de uma práxis argumentativa tem de se *vincular* a um conhecimento nutrido pelas experiências vitais de uma comunidade moral. Que nós temos de estar familiarizados com a validade deontológica de mandamentos morais e com a fundamentação de normas se torna evidente quando consideramos a genealogia dos desafios aos quais a moral da razão apresentou a resposta. (ZNR, p.194)

Não é preciso aqui fazer a reconstituição precisa dessa genealogia do saber moral (cf. IO, p.33 ss). A ideia básica consiste em explicar como seria possível manter na modernidade, em um momento da história ocidental marcada por pluralismo de visões de mundo de diversos tipos, o teor cognitivo dos mandamentos morais, isto é, sua capacidade de ser fundamentados em sua validade universal, em analogia com a capacidade de se fundamentar universalmente a verdade de enunciados descritivos. Na tradição judaico-cristã – mas não só nela –, tal teor cognitivo é sustentado teológica e metafisicamente. Na tradição judaico-cristã, os mandamentos morais deviam seu teor cognitivo ao fato de serem interpretados como mandamentos de um deus ao mesmo tempo onisciente e absolutamente justo e bondoso. Apenas a partir desses dois traços teológicos, um relativo à ordem da criação e outro à ordem da salvação, seria possível justificar os mandamentos divinos como dignos de reconhecimento, e isso para todos os membros da comunidade religiosa, de modo obrigatório. Porém, os mandamentos morais se confundem, nessa visão teológica do mundo, com valores éticos, configurados em conduta exemplar querida por Deus, e também em relações solidárias com os membros da comunidade religiosa. Por outro lado, a ideia de um julgamento final a respeito da conduta do indivíduo implica o reconhecimento de seu caráter insubstituível, o que nas relações intersubjetivas se estrutura como exigência mútua de justiça, isto é, do respeito ao outro em sua alteridade. Tanto o aspecto da solidariedade quanto o da justiça são integrados entre si e definem a substância normativa dos mandamentos morais e de sua justificação, embora estes, enquanto tais, dependam ainda das representações teológico-metafísicas.

Os desafios próprios da modernidade consistiriam, então, em como dar continuidade a um processo de aprendizagem moral a respeito dessa substância normativa, o qual foi iniciado e determinado pela ou no interior das visões religiosas do mundo. Ou seja, em um contexto em que os argumentos teológicos e metafísicos bem como valores éticos impregnados religiosamente perdem sua validade publicamente, ainda que possam continuar a orientar os indivíduos e os diversos grupos em âmbito privado. O que significa agir moralmente e fundamentar normas morais é, portanto, um saber que já estava inscrito nas relações intersubjetivas de uma comunidade moral-religiosa, mas agora esse conhecimento precisa buscar, em sociedades plurais, um princípio não religioso, pós-tradicional, que faça jus aos princípios de justiça e solidariedade. Como não resta nada mais que a discussão entre indivíduos e grupos cujas concepções de bem são radicalmente distintas, a resposta moral a respeito do que é bom e obrigatório para todos terá de depender unicamente das propriedades formais dessa mesma discussão argumentativa.

> Sem o recurso à sua familiaridade prévia com relações de reconhecimento intactas, sustentadas por tradições "fortes", da comunidade moral à qual eles pertenceram sob condições de vida pré-modernas, os concernidos nem sequer poderiam conceber o propósito de reconstruir uma moral pós-tradicional somente a partir das fontes da razão comunicativa. (ZNR, p.95)

Dessa linha de raciocínio decorre, então, a importância de saber o que está em jogo na argumentação, pois esse conteúdo redireciona em cada caso a normatividade pragmática do discurso, aproveitando-a para fundamentação específica. A mesma linha de raciocínio se estende para os demais discursos de natureza prática, pois se as normas morais trazem como que por si mesmas um saber sobre o seu sentido deontológico e sobre as condições de sua justificação, o mesmo poderá ser dito de normas éticas e de regras pragmáticas. Ou seja, é decisivo saber de que normas de ação se trata.

Uma vez que o conteúdo normativo da argumentação, em especial a exigência de imparcialidade, ganha sentidos diferentes em cada caso, ele pode ser expresso, para discursos práticos em geral, no princípio D, como princípio de uma formação imparcial de juízos práticos. É certo que, a imparcialidade exigida nesse gênero de discursos já é interpretada diferentemente daquela exigida no interior de discursos teóricos devido à própria matéria de discussão, ou seja, normas de ação. Porém, ele ainda pode ser considerado quase neutro, na medida em que não são dadas as diferenças dos discursos práticos, que se impõem com a especificação das normas de ação, isto é, se são de natureza moral, ético-política, pragmática (no sentido de ações teleológicas) ou jurídica. No entanto, cabe perguntar se essa reorientação do potencial de racionalidade dos pressupostos argumentativos já não é de saída de natureza moral, isto é, se o sentido da imparcialidade não se confundiria com o sentido da justiça moral, reclamando um respeito igual por cada um e uma consideração igual pelos interesses de todos. Com isso, retornamos à questão inicial sobre a pretensa neutralidade do princípio D, sem que, aparentemente, tenhamos ganhado muita coisa com a ideia de redirecionamentos do potencial de racionalidade embutido em todos os discursos e com a distinção entre o sentido reconstrutivo e o deontológico de normatividade, a não ser, talvez, a diferença entre a imparcialidade "teórica" e a "prática" em geral.

A questão que teria de ser colocada seria, então, em que a imparcialidade exigida por D difere da justiça moral, tendo em vista suas possíveis operacionalizações para questões ético-políticas e pragmáticas, e para o direito, segundo um princípio de democracia que leva em conta todos os questionamentos na fundamentação de normas jurídicas. Vejamos assim, primeiramente, como se constituem essas formas de discurso prático.

Habermas distingue, no contexto da análise da formação política racional da vontade, discursos pragmáticos, ético-políticos, morais e jurídicos, além de negociações reguladas por procedimentos, conforme a natureza dos questionamentos suscitados na esfera pública. Esses discursos podem se situar em dois níveis distintos, um de fundamentação das normas e outro de aplicação. Esta última distinção não nos interessa aqui, já que se trata de buscar discernir a neutralidade do princípio D para as formas de discursos que são pressupostas para a fundamentação legítima de normas jurídicas, ou seja, os discursos pragmáticos, ético-políticos e morais. Para a análise dos discursos jurídicos seria preciso levar em conta também a forma direito e discursos de aplicação nas práticas de decisão judicial.

Questões pragmáticas são as que surgem a respeito dos melhores meios para a realização de fins dados e preferências. Geralmente fins e preferências são dados conforme orientações axiológicas compartilhadas pelos atores. O que está em jogo é a escolha racional entre diversas alternativas de ação, a qual se baseia em um saber empírico sobre técnicas e estratégias. Ele possibilita instruções sobre ações que se consolidam em imperativos condicionados, do tipo "se p então q". De modo geral, pode-se dizer que se trata da fundamentação de regras para a ação instrumental, na qual se colocam pretensões de verdade sobre a melhor descrição do estado de coisas, mas sobretudo de pretensões de eficácia sobre a melhor escolha de meios para fins dados. No entanto, apesar de sua racionalidade eminentemente teleológica e cognitiva, essas questões podem ter relevância prática na medida em que se trata de fundamentar a realização de programas políticos e finalidades coletivas, cuja realização envolve diversas possibilidades de ação.

Questões ético-políticas dizem respeito à pergunta "o que devemos fazer" quando as orientações axiológicas se tornam problemáticas e demandam autoesclarecimento do grupo a respeito de sua identidade coletiva, estruturada em uma forma de vida. O autoesclarecimento sobre a autenticidade de uma identidade, que já pode ser desenvolvida em termos individuais em discursos ético-existenciais, ganha assim contornos ético-políticos. Os próprios valores coletivos, que definem de antemão finalidades e programas políticos, são questionados, portanto, a partir de sua autenticidade no que se refere às tradições e formas de vida que definiam a identidade do grupo. Dessa maneira, os discursos ético-políticos procuram reconstituir formas de vida a fim de encontrar uma resposta sobre o que é "bom para nós", e somente nesse sentido deve ser interpretado o "dever ser" ético.

Questões morais surgem quando se trata de solucionar conflitos entre orientações axiológicas não a partir de uma autocompreensão esclarecida de uma identidade prévia, mas sim a partir de um princípio que possibilite a resposta sobre o que é igualmente bom para todos. O que importa nesse caso é o aspecto da justiça, o respeito igual por cada um e a consideração simétrica dos interesses de todos, para além da esfera de comunidade concreta. A justiça de uma norma só pode ser assegurada quando todos podem querer que ela seja seguida por qualquer um em situações semelhantes. O dever-ser moral se incorpora assim em imperativos categóricos, absolutamente incondicionais. Os discursos morais, voltados para a resolução dessas questões, se caracterizam então por um princípio de universalização que pode testar as normas de ação ou interesses expressos nelas, verificando se eles podem ser generalizados e aceitos por todos, em vista de uma observância geral.

Toda essa tipologia só parece ser possível na medida em que o princípio do discurso é normativamente neutro, e isso não só no que diz respeito à moral e ao direito, mas também à ética e a argumentos pragmáticos, de modo que ele pode se especificar e operacionalizar para as respectivas argumentações (cf. FV, 1994, p.140). Em seu nível de abstração, no entanto, o princípio D só expressa a garantia de um consenso não coercitivo, e essa garantia é dada pela exigência de imparcialidade na formação do juízo prático. Se essa imparcialidade tivesse por si só teor moral, os discursos pragmáticos e ético-políticos já deveriam estar submetidos desde o começo à lógica do questionamento moral. Como não parece ser este o caso, como interpretar tal imparcialidade e sua recolocação segundo cada questionamento?

Mathias Kettner propõe a seguinte solução para o problema:

> Imparcialidade é somente uma condição necessária, não uma condição suficiente de agir moralmente [...]. É um equívoco equacionar imparcialidade com justiça ou equidade. Leis injustas e justas podem ser administradas imparcialmente, e normas de ação obtidas em deliberações imparciais podem ser moralmente ultrajantes em todos os aspectos. (Kettner, 2002, p.209)

As demais condições para a ação moral seriam justamente o igual respeito por cada um e a consideração igual pelos interesses de todos. Só reunindo a imparcialidade com essas condições poderia se constituir o ponto de vista moral. Por consequência, seria possível um juízo pragmático, formado imparcialmente, sobre a validade de roubar comida do vizinho em tempos difíceis, como o melhor meio para a sobrevivência. Em um discurso moral, no entanto, essa recomendação pragmática seria considerada totalmente injusta.

No entanto, Kettner entende por imparcialidade uma noção *"standard"*, caracterizada pela exclusão de considerações sobre benefícios ou prejuízos para qualquer participante de discursos racionais. Dificilmente é nessa acepção que Habermas toma a imparcialidade do princípio do discurso, tão logo observamos sua derivação das regras da argumentação em geral. A imparcialidade tem nesse caso, de modo geral, o sentido de garantir uma máxima reciprocidade de pontos de vistas para a obtenção de um consenso não coagido. Com isso, ela já está ligada a algo como o "respeito" por cada um e, mais ainda, à "igual consideração" pelos interesses ou perspectivas de todos. O que muda, em cada discurso, é o sentido dado a essas condições de reciprocidade, que, como condição de comunicação em geral, só se destina a garantir todas as contribuições relevantes e os posicionamentos sobre pretensões de validade.

No caso dos discursos teóricos sobre pretensões de verdade, a imparcialidade impõe, como vimos, um descentramento de perspectivas epistêmicas, o qual só é possível por certo respeito e por certa consideração simétrica de perspectivas, mas isso não no sentido de exigência moral, mas como condição para um exame sobre a aceitabilidade racional de afirmações. Não é preciso respeitar moralmente o outro em sua dignidade como ser humano para considerar sua perspectiva sobre a validade de um enunciado descritivo. Nos discursos pragmáticos, cuja racionalidade se assemelha, até certo ponto, aos discursos sobre verdade, o que é decisivo continua sendo as contribuições sobre o saber empírico em que se baseiam regras técnicas e estratégicas. Na avaliação de qual é o melhor meio para a realização de fins já justificados moral ou eticamente, cabe discernir a pretensão de eficácia à luz de consequências queridas ou rejeitadas. Para isso é preciso considerar os pontos de vista dos envolvidos imediatamente na discussão, sem que isso se fundamente moralmente em termos de justiça. Embora a realização de programas políticos tenha como contexto uma esfera de relações intersubjetivas, da perspectiva da eficácia ela é objetivada como se fosse um mundo objetivo, da mesma maneira que acontece na discussão sobre pretensões de verdade. A pretensão de correção normativa não se coloca na lógica da argumentação pragmática, de modo que o pressuposto da imparcialidade e da adoção recíproca de perspectivas não vão além do sentido de uma condição para a melhor argumentação sobre a escolha de meios mais ou menos eficazes.

As coisas parecem se complicar quando se trata de discursos ético-políticos, cuja relevância é maior do que os pragmáticos para a formação política racional da vontade. Em que medida a discussão sobre valores concretos que determinam uma identidade coletiva pode ser encaminhada por um princípio de imparcialidade puramente discursiva, não moral? Embora não se encontre nos textos de Habermas uma explicação de como o princípio do discurso se operacionaliza nos discursos ético-políticos, é possível concluir do que foi exposto que a imparcialidade e suas condições de reciprocidade visam apenas a garantir uma melhor interpretação, uma melhor reflexão, quase de natureza clínica, sobre a identidade de um grupo formada com base em orientações axiológicas. Se em discursos ético-políticos o que está em jogo é a realização apropriada de uma ideia de bem coletivo, o quadro de referência é sempre uma comunidade concreta, que pode ser designada nos termos de uma primeira pessoa do plural: nós. Nesse aspecto, tudo se passa como se o mundo social da comunidade se convertesse em um mundo subjetivo singular, o qual reflete sobre sua história de formação a fim de preservar os meios da autorrealização ética. Certamente, pode-se considerar que o respeito pelo outro e a consideração por todos os membros do grupo ganha coloração normativa diferente daquela apenas discursiva. Em todo caso, essa coloração não vai além das referências axiológicas concretas, já que o outro é visto de antemão, segundo a lógica do questionamento ético, como membro de uma mesma e única comunidade. Em última instância, a imparcialidade e a reciprocidade impostas pelo discurso só podem operar aqui como condição da melhor reflexão a respeito de valores e de tomadas de posição sobre os conselhos derivados dessa reflexão.

É apenas nos discursos morais que, como vimos antes, as condições da comunicação livre se transformam inteiramente, deixando de ser apenas condições garantidoras de um livre intercâmbio de argumentos para se converter também em critérios de justiça. O respeito ao outro e a consideração simétrica de perspectivas se converte em exigências também morais, isto é, dotadas de um aspecto deontológico. Mas isso já em uma etapa lógica em que o princípio D se operacionaliza como regra de argumentação, como princípio de universalização (U) que toma como pedra de toque o respeito igual do outro e a consideração igual dos interesses de todos. Chama a atenção ser apenas no nível dos discursos morais que a referência a um mundo social compartilhado por pessoas inteiramente distintas ganha inteireza. É só na relação com um outro visto em sua alteridade completa, e não como parceiro de uma realização pragmática de fins, ou como co-integrante de uma coletividade ética, que faz sentido colocar questões de justiça. Esse discernimento, no entanto, não pode ser desencadeado por si só pela racionalidade discursiva, ele tem de pressupor conhecimentos prévios sobre o que significa agir de maneira justa. Por outro lado, em condições de vida moderna, pós-tradicional, o que pode decidir sobre questões de justiça dependerá do aproveitamento das estruturas formais do discurso.

Em suma, o princípio D expressa o sentido da imparcialidade de juízos práticos de modo geral, mas se condiciona de maneira diferente dependendo do conteúdo desses juízos. No caso dos discursos pragmáticos, ele garante melhor discernimento sobre eficácia, no caso dos ético-políticos, uma melhor interpretação sobre valores e identidades coletivas, mas só no caso dos morais, um ponto de vista sobre o justo. Essa efetivação a cada vez com um sentido diferente já estava embutida num conceito reconstrutivo de discurso que já se ajustava à teoria da modernidade e foi se amoldando aos processos democráticos plurais, de modo que, em vez de determinar um padrão de medida único para todos os discursos, busca nos discursos específicos seus próprios critérios e a partir deles a unidade da razão.

6
A TEORIA RECONSTRUTIVA DO DIREITO: A GÊNESE LÓGICA DO SISTEMA DOS DIREITOS FUNDAMENTAIS[1]

A gênese lógica dos direitos fundamentais, apresentada por Habermas no terceiro capítulo de *Facticidade e validade*, constitui o núcleo de sua teoria reconstrutiva do direito. É por meio dela que se pode elucidar como "o surgimento da legitimidade a partir a legalidade" não é, em si mesmo, um paradoxo (FV, p.181). Com isso se esclarece também a relação fundamental de facticidade e validade, de direito positivo e democracia. A legitimidade pode surgir da legalidade na medida em que esta se configura como procedimento de criação do direito positivo que garante tanto a autonomia privada, os direitos subjetivos de ação, e a autonomia pública, os direitos políticos de participação no processo de formação da opinião e da vontade. Por sua natureza, esse procedimento não se fecha em si mesmo, mantendo o direito aberto a fontes de legitimação de que ele não pode dispor.

Contudo, em que pese tal centralidade, a reconstrução do sistema de direitos, apresentada na gênese lógica, tem sido objeto de interpretações as mais distintas e mesmo contraditórias. Enquanto Habermas quer garantir e enfatizar a cooriginariedade entre autonomia privada e autonomia pública, entre direitos humanos e

---

[1] Versão preliminar deste texto se encontra em *Dois Pontos*, v.7, 2010.

soberania popular, os críticos ora se fincam em um aspecto ora em outro. Ora se critica o suposto viés liberal, ligado à tradição do direito natural, o que significaria uma subordinação da soberania popular aos direitos subjetivos à liberdade, justificados de um ponto de vista moral; ora se critica o primado da soberania popular sobre os direitos humanos, de modo que os direitos subjetivos ficam inteiramente submetidos, em última instância, à vontade do legislador. Em geral essas leituras, que criticam o republicanismo a partir do liberalismo, ou vice-versa, ignoram a própria lógica da gênese lógica do sistema de direitos.

Na tentativa de desdobrar esse aspecto da tese da cooriginariedade, eu gostaria de desenvolver aqui uma hipótese *metodológica* de por que a exposição da gênese lógica tem de começar pelas categorias jurídicas de liberdade de ação, já que boa parte das leituras (como eu penso) equivocadas se predem à ordem da exposição. A gênese lógica em si mesma se alicerça em uma reconstrução horizontal de duplo vetor, de tal sorte que nas condições de possibilidade da soberania popular se encontram os direitos subjetivos de liberdade, e nas condições de possibilidade dos direitos subjetivos de liberdade, encontram-se os direitos de participação. Porém, tal reconstrução "horizontal" pressupõe uma "vertical", isto é, própria de uma teoria da evolução social, destinada a decifrar o papel da forma direito para a integração social. A conexão dessas duas linhas reconstrutivas, horizontal e vertical, deve elucidar por que Habermas começa sua exposição da gênese lógica a partir dos direitos subjetivos à liberdade. Ou seja, a forma direito não pode ser derivada das estruturas linguísticas imanentes à práxis de autolegislação, e, portanto, exige uma elucidação prévia e externa, que depois é internalizada por essa práxis. Como tenho insistido desde o início, as considerações de método permitem compreender a substância do sentido político do projeto habermasiano.

Apesar de o conceito kantiano de legalidade expressar, para Habermas, as características essenciais do direito positivo moderno, na medida em que combina coerção e liberdade, a teoria reconstrutiva do direito ainda enxerga aí uma fundamentação moral que não faz jus às condições pós-tradicionais de justificação de normas jurídicas, nem ao aspecto democrático radical de uma autolegislação de cidadãos. Como paradigmático da tradição do direito natural liberal, a filosofia kantiana do direito ainda submete a legalidade ao princípio moral do imperativo categórico. Daí resultaria uma subordinação do direito à moral, que não seria compatível com a ideia de "uma autonomia efetivada no próprio *medium* do direito" (FV, p.170), como já salientamos, em outra perspectiva, nos capítulos anteriores.

Como vimos, não se trata de recusar uma relação entre moral e direito, pois este só pode ter legitimidade se não ferir princípios morais. Porém, daí não se pode derivar uma hierarquia entre normas morais e jurídicas, visto que tal concepção significaria escapar do horizonte de uma sociedade moderna racionalizada. Tal hierarquia é vista por Habermas como pertencente ao "mundo do direito pré-moderno". Em vez de uma hierarquia, a autonomia moral e o direito positivo devem encontrar-se em "uma relação de complementação".

Tal relação de complementação só pode ser entendida, por sua vez, de um ponto de vista sociológico, isto é, desde o ponto de vista de uma reconstrução da evolução social, cujas ideias norteadoras tocamos no Capítulo 3. No entanto, em *Facticidade e validade*, Habermas inova o conteúdo das reconstruções sobre o desenvolvimento de estruturas normativas ao defender a tese de que a forma direito [*Rechtsform*] representaria uma invenção necessária, destinada à resolução de desafios para integração social no contexto da emergência das sociedades modernas. Trata-se de uma explicação que elucida a forma direito em função de sua complementação com a moral, mas que detém especificidades próprias que não podem ser fundamentadas moralmente. Essas se devem, em última instância, ao caráter institucional do direito, que ao mesmo tempo coage e libera um espaço de manobra para ações estratégicas.

De um ângulo sociológico, a moral e o do direito se diferenciam radicalmente por seus papéis e estruturas, pois, enquanto a moral pós-tradicional representa apenas "uma forma de saber cultural", o direito positivo constitui, além disso, "um sistema de ação", dotado de "obrigatoriedade no plano institucional" (FV, p.155). A relação de complementação só pode ser pensada, nesse caso, como uma relação funcional. A isso corresponde à afirmação, longe de ser pacífica, segundo a qual a forma direito "não é um princípio que possa ser 'fundamentado', seja em termos epistêmicos, seja em termos normativos" (FV, p.160; cf. Pinzani, 2000, 2001).

Habermas descarta a possibilidade de uma fundamentação epistêmica ou normativa do direito devido às suas características formais básicas, extraídas do conceito kantiano de legalidade. Ou seja, a relação jurídica não leva em conta a capacidade das pessoas em ligar sua vontade por meio de ideias normativas, mas apenas sua capacidade de tomar decisões racionais com respeito a fins, isto é, a liberdade de arbítrio. Dessa redução da vontade livre que se autodetermina moralmente à sua liberdade de arbítrio, deriva, além disso, a delimitação da forma jurídica às condições externas da ação e a exclusão do caráter da motivação, moral ou estratégica, detendo-se apenas na conformidade à regra. Além disso, a liberação do arbítrio dos atores seria o "verso da medalha" do caráter coercitivo de leis que limitam os espaços de ação a partir de fora.

Todas essas características formais do direito positivo impedem uma fundamentação normativa que, para Habermas, só seria possível, no contexto das sociedades modernas, pela normatividade inerente aos pressupostos linguísticos do discurso. Como mostra Günther, a tese habermasiana de que a forma do direito não é um princípio que se possa fundamentar normativamente significa, em última instância, que "a forma do direito como tal não é derivável a partir da teoria do discurso. Das pressuposições inevitáveis da ação comunicativa, nenhum caminho leva ao direito em termos de teoria da fundamentação" (Günther, 1994, p.478). Soma-se a isso o próprio fato de a forma direito ser uma invenção evolutiva da sociedade. Enquanto tal, não está excluída a possibilidade de uma invenção, colocando alternativas àquela do direito positivo moderno. O fato de Habermas reconstruir tão somente o direito positivo moderno se deve à impossibilidade de encontrar alternativas a ele no contexto das sociedades modernas, conforme sua teoria da evolução social.[2]

O desafio evolutivo que a forma direito teve de resolver se refere, como já mencionado, à integração social. Tal desafio resulta do processo de racionalização que vai dissolvendo o poder integrador das visões religiosas e metafísicas do mundo, própria das sociedades tradicionais. Se de um lado a racionalização supõe a liberalização cada vez maior dos potenciais de racionalidade inscritos na linguagem, de outro, acarreta também maior dispêndio de energias para a busca cooperativa de acordos. De modo geral, surge para a integração da sociedade uma dependência de procedimentos formais, em última instância discursivos, para estabelecer normas legítimas, já que não se pode mais apelar para os costumes, para o *ethos* de determinada forma de vida em particular. Com isso, aumenta também "o risco de dissenso nas tomadas de posição de sim/não" em relação à validade das normas de ação em geral (FV, p.59).

E junto ao risco de dissenso aumentam também as chances de as tentativas de ação orientada ao entendimento mútuo, isto é, as ações comunicativas, cederem às tentativas de ação estratégica, voltada

---

[2] "O direito positivo, que na modernidade é resultado de um processo de aprendizagem, por assim dizer, apresenta-se em virtude de suas propriedades formais como meio apropriado para a estabilização de expectativas de comportamento; para tanto, não parece existir em sociedades complexas algum equivalente funcional. A filosofia se impõe uma tarefa desnecessária quando quer demonstrar que a organização de nossa vida em comum conforme o direito, ou seja, a formação de comunidades jurídicas em geral, não é algo recomendado apenas com base em motivos funcionais, mas algo moralmente imprescindível" (FV, 697). "No momento em que a crítica se volta contra o conceito de direitos *como tal*, a discussão se desloca para outro plano. O lado contrário precisa, então, propor alternativas *ao* direito, como fez Marx, ou propor conceitos de direito alternativos. Não tenho nenhum problema com esse tipo de questionamento, pois não propus nenhuma fundamentação normativa à condição jurídica. [...] Por enquanto, não vejo nenhum equivalente para essa forma de estabilizar as expectativas de comportamento (pelos direitos subjetivos distribuídos de modo igual). A esperança romântica – em um sentido não pejorativo – do jovem Marx de um 'desaparecimento gradual' do direito dificilmente vai se realizar em nossas sociedades complexas" (IO, p.488).

unicamente para o êxito. E isso não só porque se intensifica a sobrecarga de realizações comunicativas a serem feitas em contextos de mundos da vida já inteiramente racionalizados e desencantados, de modo que surge uma gama enorme de confrontos de natureza, boa parte relativos a um embate de formas de vida variadas. Tal racionalização envolve também uma diferenciação cada vez maior entre esferas de ação orientada ao entendimento e ao êxito, as quais se encontravam entretecidas nas sociedades tradicionais. Daí surge o desafio estrutural para a integração social: "de que maneira mundos da vida desencantados, internamente diferenciados e em si mesmos plurais podem ser socialmente integrados se, ao mesmo tempo, cresce o risco de dissenso em âmbitos de ação desonerados das autoridades sagradas e desvinculados de instituições fortes" (FV, p.61), e mais precisamente em mundos da vida nos quais os agentes estão sempre diante da alternativa de agir de modo estratégico.

A saída para esse problema seria, então, a *"regulação normativa de interações estratégicas, sobre a qual os próprios atores se entendem"* (FV, p.61). Ou seja, o direito moderno pode reunir tanto um aspecto como outro, tanto o aspecto da facticidade da imposição de delimitações para a ação estratégica como o aspecto da validade do reconhecimento intersubjetivo das normas jurídicas, sem a qual estas não poderiam ter nenhuma força social integradora. As normas jurídicas propiciam a disposição para a sua obediência devido a esse duplo caráter: coerção fática e validade legítima. Ao mesmo tempo, elas põem à disposição dos seus destinatários o enfoque tanto da ação estratégica como o da ação comunicativa.

O desenvolvimento da moral universalista tem também o mesmo pano de fundo da racionalização e consequente diversificação de formas de vida. Porém, na exata medida em que a moral universalista pode se fundamentar inteiramente nos procedimentos formais da resolução discursiva de conflitos, ela apresenta três déficits estruturais, compensados pelo direito, a saber: uma indeterminação cognitiva a respeito da aplicação concreta de normas que anteriormente são fundamentadas em um alto nível de abstração; esse déficit é compensado pela facticidade da positivação jurídica, determinando as normas que valem como direito e os procedimentos judiciários para os confrontos de interpretação. Em segundo lugar, a moral universalista padece de incerteza motivacional, já que o que é considerado justo e obrigatório no nível da justificação das normas morais pode entrar em conflito com os próprios interesses particulares imediatos daquele que aceita o mandamento moral; tal incerteza motivacional é sanada pelo direito dado seu caráter impositivo que generaliza e consolida expectativas de comportamento. Por fim, o preenchimento de exigências morais requer não só uma ação individual de conformidade, mas também ampla organização social que confere sentido a ela. Ou seja, as exigências morais só podem se realizar em estruturas institucionais que sustentam esforços cooperativos. Por sua vez, o direito se organiza ele próprio na forma de instituições que controlam as relações interpessoais, dando a possibilidade, em grande escala, para a satisfação de princípios morais.

Todas essas considerações sobre a forma direito e sobre sua relação funcional com a moral se constituem, de um ponto de visto metodológico, no nível de uma teoria reconstrutiva da evolução social. Ao passar para a gênese lógica dos direitos fundamentais, essa operação reconstrutiva, por assim dizer, vertical, dá lugar a um experimento teórico abstrato, cujo intento é reconstruir horizontalmente, de maneira sincrônica, o sistema de direitos a fim de mostrar que os direitos subjetivos de liberdade de ação e os direitos políticos de participação política se pressupõem reciprocamente. Tal pressuposição ou interdependência entre os tipos de direitos fundamentais consolida-se na ideia de cooriginariedade entre eles. Ou seja, um é condição de possibilidade do outro, embora não da mesma maneira. A ideia fundamental é que o princípio da democracia, o qual detém força de legitimação, se deve ao "entrecruzamento do princípio do discurso com a forma jurídica" (FV, p.171):

> Entendo esse entrecruzamento como uma gênese lógica de direitos que pode ser reconstruída passo a passo. Ela começa com

a aplicação do princípio do discurso ao direito a liberdades subjetivas de ação em geral – constitutivo da forma jurídica enquanto tal – e termina com a institucionalização jurídica de condições para um exercício discursivo da autonomia política, com a qual a autonomia privada, apresentada inicialmente em termos abstratos, pode ser configurada juridicamente. Por isso, o princípio da democracia pode aparecer somente como núcleo de um sistema de direitos. A gênese lógica desses direitos constitui um processo circular, no qual o código do direito e o mecanismo para a geração de direito legítimo, isto é, o princípio da democracia, constituem-se cooriginariamente. (FV, p.171)

O sistema de direitos que surge do entrelaçamento do princípio do discurso e da forma direito é apresentado em uma sequência de cinco categorias de direitos fundamentais. As três primeiras categorias formam o código jurídico, pois determinam o *status* da pessoa de direito. Basicamente trata-se aqui dos direitos que garantem a maior medida possível de liberdades subjetivas de ação, dos direitos que estabelecem o *status* de membro de uma associação jurídica e, por fim, os direitos que garantem a possibilidade de postulação judicial e proteção jurídica das pessoas individuais.

Essas três primeiras categorias de direito garantem a autonomia privada dos sujeitos de direito unicamente no sentido de eles se reconhecerem mutuamente como destinatários da lei. Apenas a quarta categoria permite que esses sujeitos de direito assumam também o *status* de cidadãos, isto é, de autores da própria ordem jurídica. Trata-se aqui dos direitos de participação igual nos processos de formação da opinião e da vontade. Essa quarta categoria, que garante a autonomia pública, tem caráter reflexivo, já que permite interpretar e configurar concretamente em termos jurídicos tanto as primeiras categorias como a si própria (cf. Melo, 2005). Na configuração política de todas essas categorias surge uma relação de implicação delas com a quinta categoria dos direitos fundamentais de bem-estar social, técnico e ecológico, isto é, direitos sociais, em sentido amplo, que permitem materialmente o exercício da autonomia privada e pública.

É de se observar que essas categorias são introduzidas em abstrato, sem um conteúdo particular, variável conforme o contexto sociopolítico. É apenas com a quarta categoria que todos os direitos fundamentais recebem positivação jurídica concreta. Esse aspecto é importante para entender como as três primeiras categorias, que sustentam a autonomia privada, se relacionam com a quarta, que garante a autonomia pública.

Mas, antes de entrar nesse ponto central, é preciso se ater ao sentido da exposição da gênese. A passagem das três primeiras categorias para a quarta significa, para Habermas, um momento de transição de uma etapa abstrata para uma mais concreta, de uma etapa introduzida pelo teórico reconstrutivo para uma etapa em que os próprios cidadãos se entendem sobre a melhor interpretação e configuração dos direitos fundamentais. Portanto, significa a passagem do papel de destinatário para o papel de autor do direito positivo:

> O curso da apresentação vai do abstrato ao concreto, sendo que nessa concretização a perspectiva inicialmente exterior da apresentação vai sendo internalizada pelo próprio sistema de direitos apresentado. Cabe a esse sistema conter precisamente os direitos que os cidadãos têm de reconhecer mutuamente se desejam regular sua vida em comum de maneira legítima com os meios do direito positivo. (FV, p.172)

Para uma consideração metodológica, chama a atenção o fato de que a ordem da exposição implica uma mudança de perspectiva. A aplicação do princípio do discurso à forma do direito é feita, a princípio, a partir de fora, da perspectiva de um teórico. Ou seja, "O teórico *diz* aos cidadãos quais direitos eles *teriam* de reconhecer reciprocamente caso queiram regular legitimamente sua convivência com os meios do direito positivo" (FV, p.176). É essa perspectiva externa que explicaria, em parte, o caráter abstrato das categorias dos direitos. É como se o teórico, no papel de um legislador prévio – a ser desmentido –, explicasse para os destinatários das leis a linguagem do direito, isto é, da forma direito e do código jurídico, unicamente no interior da qual é possível uma autolegislação.

No papel de autores, os cidadãos já não dispõem mais de nenhuma outra linguagem que não envolva as três primeiras categorias do direito. É nesse sentido que elas possibilitam a autonomia pública, sem restringi-la, ao mesmo tempo que, por meio da autonomia pública, as três primeiras recebem positivação jurídica concreta. Com isso, se tornaria compreensível a cooriginariedade de autonomia pública e privada. Enquanto linguagem própria do direito, as categorias dos direitos privados não podem ser vistas como "direitos naturais ou morais, que apenas aguardam pela força de sua positivação", nem podem ser apenas instrumentalizados para "fins de uma legislação soberana" (FV, p.177-8).

A ideia fundamental da cooriginariedade se revela então na impossibilidade de que a autodeterminação política dos cidadãos se exercite no *medium* do direito, sem as três primeiras categorias do direito, já que, nesse caso, a própria participação política se daria sem a liberdade comunicativa necessária para que o princípio da democracia seja fonte de legitimação. Por sua vez, essas categorias não podem ser legitimadas e ganhar uma forma jurídica positiva sem o direito de comunicação e participação no processo de formação da vontade.

Desse modo, na construção da gênese lógica dos direitos fundamentais, nada é pressuposto antes da práxis política de autodeterminação, a não ser o princípio do discurso e o conceito de forma jurídica. A junção desses dois elementos forma imediatamente as três primeiras categorias constitutivas do código jurídico. Enquanto tais, essas três primeiras categorias não devem ser vistas como direitos naturais ou morais que comandam o exercício legislativo. Elas são, antes, condições necessárias que "só *possibilitam* o exercício da autonomia política". Na qualidade de condições de possibilidade, elas "não podem *limitar* a soberania do legislador" (FV, p.178).

Com a insistência sobre a impossibilidade de conferir um *status* moral ou natural aos direitos subjetivos de liberdade, Habermas quer evitar uma espécie de avatar da ideia de contrato social. Isso se torna mais claro quando perspectiva inicial do teórico reconstrutivo é relativizada. A recusa de ver os direitos fundamentais de liberdade como direitos naturais dados antes e determinando o legislador democrático tem como contrapartida o ancoramento histórico da reconstrução. Pois esses direitos só vêm à consciência em uma prática constituinte dada, de cujas regras intersubjetivamente estruturadas e juridicamente condicionantes os participantes têm um saber intuitivo:

> Esse sistema de direitos, entretanto, não é dado anteriormente ao legislador constitucional como um direito natural. [...] Ao promoverem uma leitura desse sistema de direitos aos olhos de sua própria situação, os cidadãos simplesmente explicitam o sentido do empreendimento com o qual já se comprometeram ao decidir regular legitimamente sua convivência por meio do direito. Um tal empreendimento já pressupõe uma compreensão intuitiva do princípio do discurso e do conceito de forma jurídica. Por isso, ao mencionarmos "o" sistema de direitos, queremos dizer, no melhor dos casos, aquilo com que concordam as diversas explicações da respectiva autocompreensão dessa prática. Também "nossa" introdução teórica dos direitos fundamentais em termos abstratos revela-se *ex post* um artifício. Ninguém pode ter acesso a um sistema de direitos singular independentemente das interpretações históricas já existentes. Não existe "o" sistema de direitos em pureza transcendental. (FV, p.179)

Tal como na reconstrução da ação comunicativa e das regras pragmáticas da linguagem, como tentamos delinear no Capítulo 2, parte-se aqui de um saber intuitivo já operante em determinada práxis social, o qual é traduzido em um saber explícito e teórico. Para tanto, o teórico reconstrutivo tem de assumir a posição de um participante, a partir da qual ele pode compreender, já em si mesmo, que regras dão sentido a determinado construto simbólico. Busca-se descobrir o seu significado por meio das condições de validade pressupostas em todo ato de fala. Elas equivalem a condições de possibilidade em um sentido quase-transcendental. "Quase" porque se trata sempre de um experimento teórico que deve ser corroborado por pesquisas empíricas junto aos participantes concretos, no sentido do falibilismo já discutido aqui. Do mesmo modo, em *Facticidade e validade*, Habermas entende a gênese como um "experimento teórico" cuja finalidade é uma "explicação do significado". Ou seja, trata-se de expor o que significa adotar a forma direito para a regulação legítima (isto é, por um princípio que exige o assentimento de todos) do convívio.

Porém, esse experimento só é possível se se dispõe de uma reconstrução vertical, de uma teoria da evolução social, que explica, em primeiro lugar, porque nenhuma outra fonte de legitimação está disponível na modernidade exceto o princípio do discurso, deduzido das condições da socialização linguística, e, em segundo lugar, porque a moral pós-tradicional tem de ser completada pela forma direito para as finalidades da integração social. Em outros termos, a própria forma direito precisa de uma introdução à parte, já que ela, enquanto tal, não está inscrita nas condições da socialização linguística da mesma maneira que a moral universalista ou o próprio princípio do discurso. É por isso que o teórico tem de dizer, no seu experimento, aos parceiros de direito quais direitos eles devem se atribuir reciprocamente caso utilizem a forma jurídica para a regulação legítima de seu convívio. Essa própria forma não pode ser deduzida do princípio do discurso, já que a reconstrução do seu significado tem de ser de outra ordem, justamente aquela da evolução social.

Com isso, se pode esclarecer a perspectiva externa do teórico que diz aos cidadãos o código jurídico, já que ela pode induzir a pensar que se trata simplesmente da perspectiva de um observador, que apenas acompanha de fora um jogo de linguagem, que ele descreve mas não compreende no sentido hermenêutico. Essa impressão é sugerida também por uma passagem, do início da Seção III destinada a apresentar o sistema de direitos fundamentais, em que Habermas parece se filiar ao modo de operar do direito racional clássico. "Como no direito racional clássico, tais direitos devem ser introduzidos pela perspectiva inicial de um não participante" (FV, p.168). Vimos que essa perspectiva é depois interiorizada tão logo os sujeitos do direito, os destinatários, adotem a posição de cidadãos, momento que corresponde ao passo da introdução dos direitos políticos. Porém, não se pode tratar da perspectiva de um observador pelo fato de que não cabe a este dizer aos envolvidos o que significa adotar o código jurídico como *medium* de organização social. No experimento teórico, esse ato de dizer de fora só pode significar que, de início, os envolvidos não podem derivar do princípio do discurso a forma direito. É o sentido desta que precisa ser esclarecido previamente. Por outro lado, há algo que os participantes já devem saber intuitivamente: a junção do princípio do discurso e da forma jurídica exige uma distribuição equitativa de direitos. Não a forma direito enquanto tal, mas o código jurídico tem de apresentar características legitimadoras derivadas das estruturas de simetria do discurso.

Acresce a isso o fato de que a posição do teórico é artificial, ele já está inserido em tradições constitucionais que lhe dão o horizonte de referência para a reconstrução da prática constituinte, isto é, de seu significado elementar. Para tal, porém, o exercício da abstração é indispensável. Ele precisa reduzir os elementos até contar com apenas dois: a forma do direito e o princípio do discurso, sendo que o primeiro só pode ser explicado por uma teoria da evolução social, e o segundo, a partir de uma reconstrução horizontal da socialização linguística. A gênese lógica só pode contar com esses dois elementos mínimos.

Com isso, porém, não explicitamos inteiramente o sentido reconstrutivo dessa gênese. Vimos que, para Habermas, ela forma um "processo circular" e ao mesmo tempo explicita a cooriginariedade do código jurídico (direitos de liberdade de ação e de autodeterminação) e o princípio de democracia (direitos de comunicação e participação). O círculo se deve à cooriginariedade e a explicita simultaneamente. Para Ingeborg Maus, as duas coisas demonstram a estrutura reflexiva do direito. Se por um lado é preciso dizer que "não um direito superior, mas o princípio da democracia engendra legitimidade, e a forma direito organiza o processo democrático, mas o direito legítimo é somente possível em virtude daquela última", por outro, cumpre observar que a "democracia verdadeira não é possível sem que esteja baseada no direito a iguais liberdades subjetivas e seus correlatos: todo ataque a esse direito viola seu próprio princípio organizacional" (Maus, 2002, p.92). Ou seja, o código jurídico pressupõe a democracia, e a democracia pressupõe o código jurídico. A violação dos direitos subjetivos pelo legislador democrático significa atacar os próprios fundamentos do procedimento democrático. Uma coisa remete a outra, ambas se pressupõe reciprocamente, uma é condição de possibilidade da outra. A reflexividade do direito se revela então no fato de que a legitimação democrática do direito positivo só pode se dar no *medium* do direito, isto é, a própria legislação, os próprios direitos de comunicação e participação são organizados juridicamente (Melo, 2005, p.70).

Aqui não se trata de uma circularidade viciosa, no sentido dedutivo de pressupor no início o que está no fim. Não se pode tratar de um círculo teórico dedutivo devido à própria cooriginariedade conceitual de direito e democracia. Porém, é preciso começar a exposição por um lado ou por outro, pelos direitos fundamentais de liberdade que formam o código jurídico ou pelos direitos fundamentais de participação que constituem o princípio da democracia. O que passa ser decisivo, então, na interpretação da gênese é a porta de entrada no círculo. "Em outras palavras, de acordo com um dito bem-conhecido, não importa evitar o círculo mas entrar nele no lugar certo" (Maus, 2002, p.96). Para Maus, conforme o ponto em que se entra, tende-se mais a uma leitura liberal enfatizando a primazia dos direitos de liberdade, ou mais a uma leitura republicana, sublinhando a primazia da soberania popular. E o mesmo vale para as críticas respectivas em relação à exposição de Habermas.

O fato de a exposição da gênese lógica começar efetivamente pelos direitos subjetivos de liberdade pareceria, assim, contradizer toda a crítica habermasiana ao direito natural racional. Uma razão apontada para esse começo na ordem da exposição consiste na necessidade de apresentar a linguagem ou, como diz, Günther (1994, p.471), a gramática profunda do processo deliberativo democrático. As três primeiras categorias de direitos fundamentais constituem o código jurídico, sem o qual a democracia não poderia se organizar institucionalmente. Como uma gramática, no entanto, as categorias de direitos não restringiriam a práxis deliberativa, elas não determinariam por si só um vocabulário para o legislador, que está livre para inclusive interpretar e configurar positivamente essa gramática. Dessa maneira, não se trata de restabelecer, para a produção legítima de direitos, uma subordinação da legislação aos princípios dos direitos liberais, já que eles mesmos são configurados em concreto pelo legislador.

Como uma gramática mínima que permite a geração de linguagens especiais, o código jurídico apenas possibilita, mas não restringe, as proposições dessas. Porém, para evitar mal-entendidos, é preciso não perder de vista que a reconstrução da "gramática" só é possível a partir do que foi gerado supostamente através dela. É da prática constituinte dada que se deve partir e não de um *a priori* inquestionável. Aqui se aplica também uma fundamentação "transcendental fraca", sempre alicerçada em uma explicação do significado que tem como horizonte uma prática histórica determinada. Eis porque nunca existiu um código jurídico em "pureza transcendental". Além disso, essa gramática não é de natureza moral. Ela diz respeito a um princípio do discurso que reúne os pressupostos da fala isenta de dominação, o qual é, em si mesmo, neutro em relação à moral. Refere-se ainda às regras mínimas de uma forma direito que tampouco deriva ou se fundamenta moralmente. A reconstrução do sistema de direitos dispensa fundamentação moral, para abrir-se a uma práxis política cujos limites não são dados de uma vez para sempre, e apenas no interior da qual os participantes podem colocar e interpretar suas próprias demandas.

Mas há mais uma razão para o começo da exposição se dar a partir da forma jurídica como tal. Essa razão é de ordem metodológica, como tentei sugerir desde o início. Uma vez que a reconstrução da gênese lógica do sistema de direitos é uma tentativa de explicitar o significado da práxis constituinte, ela opera desde o início com uma redução dessa práxis a dois elementos, o princípio do discurso, do qual os cidadãos dispõem saber intuitivo, e o conceito de forma jurídica. O princípio do discurso, isoladamente, pode ser objeto de uma reconstrução interna, pela qual os participantes da práxis deliberativa podem reconhecê-lo como imanente a essa práxis. Isso porque o princípio do discurso se assenta nos pressupostos da socialização linguística em geral. O mesmo não se passa com a forma jurídica, que não pode ser derivada das condições comunicativas da linguagem. Daí o início abstrato, externo, e por fim artificial de um teórico que diz aos destinatários do direito quais devem ser as categorias jurídicas fundamentais caso eles queiram regular democraticamente seu convívio por meio do direito. Porém, completado o círculo, e internalizado o significado da forma direito, qualquer ponto de entrada é possível, desde que não se perca de vista que a reconstrução tem de ser de duplo viés: soberania popular e direitos fundamentais de liberdade se condicionando reciprocamente.

7
TRANSPARÊNCIA E PUBLICIDADE: POLÍTICA DELIBERATIVA E A ESFERA PÚBLICA EM HABERMAS

Este capítulo propõe a questão de saber se a concepção habermasiana de política deliberativa e de esfera pública não representaria um conceito de política que exige normativamente a transparência como valor, ao mesmo tempo constitutivo e crítico, do debate público. Por transparência do debate público não se entendem aqui as medidas que tornam claras as regras de organização do debate em várias instâncias – nesse aspecto, Habermas considera obviamente que o processo deliberativo precisa ter "publicidade e transparência" (Habermas, 2006, p.4). Antes, trata-se de saber se a publicidade e transparência das regras, tomadas como procedimentos da deliberação política, não são pensadas desde o início com a meta de alcançar a maior transparência possível no interior do debate. Isto é, trata-se de saber se os procedimentos deliberativos não requerem dos participantes que eles façam transparecer todos os motivos de seus argumentos, submetendo-os à crítica do público, uma vez que eles se engajaram no debate.

Salvo engano, é nesse sentido que Chantal Mouffe tem constantemente criticado o modelo de democracia deliberativa de Habermas e de Rawls, entre outros, justamente porque ele compreenderia um ideal de sociedade e de deliberação transparentes, o que, na sua opinião, pode até mesmo desencadear uma tendência totalitária.

Todavia, sua crítica é, até onde posso ver, pouco específica, supondo sempre uma ideia racionalista de consenso que exigiria a eliminação da opacidade da sociedade e dos sujeitos políticos (Mouffe, 2000, p.34; 1989, p.41).

Contudo, há razões para supor que o conceito de política deliberativa, e seu quadro de referências concreto dado pelo conceito de esfera pública, promove, entre outras coisas, também isso. Interessa aqui duas delas. A primeira é que, em geral, Habermas parece partir de uma oposição rígida entre ação estratégica e discussões racionais no interior dos debates públicos. Uma vez que a ação estratégica depende de uma separação entre razões e motivações, ela não pode se infiltrar na deliberação pública senão ao preço de escapar de um princípio de transparência. A segunda seria uma contrapartida da primeira: de fato, Habermas estabelece em diversos lugares de sua obra que faz parte do conceito de discurso racional o pressuposto de que os participantes devam dizer apenas aquilo em que eles acreditam (cf. MKH, p.98; IO, p.100; ZNR, p.89). Ou seja, não é possível entregar-se a uma discussão sobre algo, buscando convencer o outro da validade do que é dito, se as partes não pressupõem reciprocamente que elas são verazes ou sinceras. Esse pressuposto pode ser chamado de "regra da veracidade". O que ela exige pode, a meu ver, ser engatado com um princípio de transparência: é preciso poder saber o que está atrás dos discursos, dos argumentos etc. A supressão da ação estratégica no interior das deliberações públicas e, em relação com isso, a regra da veracidade convertida em princípio de transparência podem contribuir para uma concepção ética da política em que os agentes são forçados, pelos procedimentos da deliberação pública, a serem virtuosos, honestos e sinceros, em suma, transparentes.

Vou tentar mostrar que essa consequência não se impõe, na medida em que a política deliberativa, interpretada nos termos da teoria do discurso, é vista em seu quadro de referências efetivo, isto é, a esfera pública política. O modo como Habermas reconstrói o discurso como forma reflexiva da ação comunicativa não coincide com o modo como ele reconstrói a efetividade das estruturas comunicativas no interior de esferas públicas tomadas por relações de poder e diversos tipos de luta. Essa diferença obriga uma acomodação da teoria do discurso, para a qual a posição da "regra da veracidade" é bastante ilustrativa.

Para analisar essa posição da regra da veracidade, vou deixar de lado alguns aspectos importantes envolvidos na questão, como aquele sobre o limiar que separa o público e o privado. Também vou apenas relembrar de início o fato – amiúde esquecido – de que o conceito habermasiano de política compreende zonas de ação estratégica que são opacas por definição e que alguns desses domínios não se submetem e, além disso, não é desejável submetê-los a um processo de democratização direta. Ou seja, o conceito habermasiano de política não coincide inteiramente com aquele de política deliberativa – o que já se afirmava desde a crítica de Habermas ao conceito de Hannah Arendt do poder como consenso. Mais relevante para a questão, na medida em que ela faz referência à eliminação de ações estratégicas no campo da deliberação pública, é o fato de que também a política deliberativa compreende contextos de ação estratégica que Habermas designa pelo termo "negociações". A análise desse componente da política deliberativa permite, por sua vez, fazer forte distinção entre a publicidade do e a transparência no processo de deliberação. Enfim, apresentando as principais características do conceito habermasiano de esfera pública – e limitando-me aqui apenas àquele apresentado em *Facticidade e validade*, destaco que importantes aspectos da deliberação política não podem ser compreendidos em função da regra de veracidade, mesmo quando não se trata de "negociações", mas sim de discursos morais e éticos.

De início, é preciso entender que a política deliberativa não coincide inteiramente com o conceito de política em Habermas. O campo do poder político abarca as relações estratégicas para obter e exercer poder, por meio do qual se realizam determinados interesses. Nesse aspecto, vale retomar brevemente a crítica que Habermas endereça, já em 1976, a Hannah Arendt quanto ao conceito de poder político.

Habermas considera que Arendt contribuiu decisivamente para o pensamento político contemporâneo ao propor seu conceito de poder como consenso. Tal concepção de poder é categorialmente distinto da violência e da lógica instrumental da violência (Arendt, 2009), distinguindo-se assim da maneira moderna de pensar a política como relação estratégica de imposição da vontade, que vai de Hobbes a Weber. Habermas vai se apoiar nesse conceito arendtiano de poder para formular sua própria ideia de "poder comunicativo", entendido como única força autorizadora e legitimadora do sistema político constituído.

Porém, com isso, ele não quer pagar o preço, excessivamente idealista e nostálgico da pólis grega, de "eliminar da esfera política todos os elementos estratégicos, definindo-os como violência". Pelo contrário, "a luta (estratégica) pelo poder político foi mesmo institucionalizada no Estado moderno, tornando-se, portanto, um elemento normal do sistema político" (PPP, p.240, 243). O erro de Hannah Arendt consistiria em não ter distinguido entre a aquisição e preservação do poder, de um lado, e a gestação comunicativa do poder, de outro. A aquisição e preservação do poder não é realisticamente pensável sem a lógica da ação estratégica e dotada de uma grande dose de violência, de ameaças e potenciais de sanção. A gestação do poder político, por sua vez, se refere ao processo deliberativo e comunicativo em que se forma a opinião pública, promovendo e legitimando instituições e leis.

Dezesseis anos depois, em *Facticidade e validade*, Habermas vai repetir a crítica a Hannah Arendt, distinguindo entre o poder comunicativo, que gera poder político, e o poder administrativo, que exerce o poder através de sanção, organização e execução burocrática, o qual é objeto de disputa entre os partidos políticos. "O conceito de poder comunicativo", escreve Habermas, nos obriga a fazer "uma diferenciação no conceito de poder político. A política como um todo não pode coincidir com a práxis daqueles que falam uns com os outros e agem de maneira politicamente autônoma" (FV, p.202).

Na disputa por posições no interior do sistema político, desempenha papel relevante também o poder social de grupos de interesses, grandes organizações e empresas, o qual é definido, bem weberianamente, como "como medida para a possibilidade que um ator social possui para impor nas relações sociais seus próprios interesses mesmo diante da resistência de outros atores" (FV, p.231). O poder social influi no processo político dirigindo-se tanto diretamente ao poder administrativo, incluído aí o governo, como indiretamente por meio de partidos, e na esfera pública política por meio de campanhas publicitárias e utilização seletiva das mídias. Embora o poder social possa favorecer a formação do poder comunicativo por oferecer uma infraestrutura material adequada, no mais das vezes Habermas se interessa por seu papel deformador e impositivo sobre as estruturas da comunicação pública e privada. De modo geral, pode-se dizer, então, que o campo do político se desdobra em três poderes, de maneira que os resultados da política deliberativa podem ser compreendidos como poder produzido comunicativamente, o qual entra em concorrência com o poder social de atores seguramente ameaçadores, de um lado, e com o poder administrativo dos detentores de cargos oficiais, de outro (FV, p.437). Assim, o campo do político integra também ampla gama de relações estratégicas, baseadas em capacidade de sanção e de ameaças.

Porém, se a concepção de política deliberativa de Habermas se interessa justamente pelas condições da formação discursiva de uma vontade comum, pelas condições, portanto, de gestação e articulação do poder comunicativo na esfera pública política, então a diferenciação do conceito de político deve significar também uma restrição da política deliberativa apenas para um lado desse conceito. Isto é, tal diferenciação empurra todo elemento de estratégia, competição e luta para o outro lado, para o poder administrativo e o poder social. Mais que isso, essa diferenciação supõe a tarefa crítica de delimitar o terreno em que se pode dar legitimamente à formação autônoma da vontade política. Enfim, a luta pelo poder político não é da alçada do modelo normativo de política deliberativa e tampouco do modelo sociológico de esfera pública; ela se interessa, no entanto, pelos mecanismos destrutivos dessa luta no interior das práticas deliberativas. É nesse sentido que a questão deve, então, ser repetida: a política deliberativa, expurgada de todo elemento estratégico, não se define como uma concepção de política transparente, ou que em todo caso exige normativamente a transparência dos participantes? Sem dúvida, esta questão não coincide com aquela sobre a possibilidade de uma sociedade autotransparente. Na exata medida em que Habermas diferencia o campo do político, ele também busca realizar uma espécie de autodelimitação do sentido e da capacidade da política deliberativa. Ela não pode ser tomada como "o modelo de todas as instituições sociais (nem mesmo de todas as instituições estatais)" (FV, p.390). A política deliberativa apresenta-se como forma de democracia radical que não tem pretensões de dissolver o poder administrativo, eliminando as diferenças entre sociedade e Estado. Isso não seria possível nem desejável em sociedades modernas, que são caracterizadas por diferenciação cada vez maior de sistemas funcionais e estruturais, seja para a reprodução material da sociedade como um todo, seja para a reprodução do saber cultural, das normas legítimas e dos mecanismos de socialização. Uma desdiferenciação entre sociedade e Estado, na base de uma ideia revolucionária de sociedade auto-organizada em sua totalidade, pode ter efeitos contraproducentes tanto na reprodução material como na reprodução simbólica dos sujeitos socializados. Além disso, tal desdiferenciação pode acarretar danos na proteção da privacidade dos sujeitos socializados, afetando sua autonomia privada, a qual é indispensável para a formação da autonomia pública. As expectativas normativas que Habermas confere à política deliberativa residem no fato de que só o poder comunicativo pode legitimar o sistema político, e que dessa maneira ele pode ao menos orientar a programação jurídica do poder administrativo. Ao mesmo tempo, estas expectativas se referem à possibilidade de a política deliberativa poder promover o desenvolvimento de formas de vida emancipadas. Porém, essas formas de vida devem se constituir no curso de democratizações cada vez mais abertas e inclusivas, mas não podem ser criadas pelo poder administrativo.

Disso resulta que, se há exigência estrutural de transparência no interior da concepção habermasiana de política deliberativa, ela não pode ir tão longe a ponto de pretender eliminar de uma vez por todas certa opacidade do poder administrativo, nem de todas as estruturas sociais, como parecia ser o caso de ideias muito difundidas de socialismo. Mais modesta em suas intenções, a política deliberativa não deixa de ser, em Habermas, bastante mais exigente do que as propostas de democracia direta, na medida em que exige não apenas participação, mas uma participação qualificada, e em que os procedimentos da deliberação devem possibilitar a discussão de todos os aspectos relevantes de um assunto de interesse público. Em sociedades modernas complexas, a política deliberativa deve ser pensada por duas vias, uma dada pelo princípio parlamentar de corporações deliberativas, e a outra dada pela esfera pública política, em que se desenrola o processo de formação da opinião.

Porém, ao se debruçar sobre as deliberações públicas parlamentares, desenvolvidas sob a concorrência de partidos políticos, Habermas precisa incluir no seu conceito de política deliberativa uma atividade política fundamental, que parece se dar às custas de um princípio de transparência.

"O coração da política deliberativa reside", afirma Habermas, "em uma rede de discursos e negociações que deve possibilitar a solução racional de questões pragmáticas, morais e éticas" (FV, p.410). O que Habermas chama de "negociações" diz respeito à formação de compromissos entre partes concorrentes, quando os interesses e os valores defendidos não podem alcançar um acordo por via argumentativa. Nesse caso, as partes influenciam-se reciprocamente, com base em relações de poder, ameaças e promessas. A negociação "não se efetua nas formas de um discurso racional que neutraliza o poder e exclua a ação estratégica" (IO, p.408). Porém, os procedimentos que asseguram chances iguais de influência recíproca devem ser fundamentados por meio de uma discussão sobre o que é igualmente bom para todos. Uma negociação bem-sucedida deve resultar em um compromisso, cuja legitimidade para as partes envolvidas se baseia não no compromisso ele mesmo, mas nos procedimentos que permitem chances iguais de exercer seu potencial de influência, ainda que esse potencial seja desigual. O acordo é aceito por razões diferentes, distinguindo-se de discursos pragmáticos, éticos e morais, nos quais os acordos respectivos representam entendimentos a serem obtidos por meio de argumentos que devem poder convencer da mesma maneira os envolvidos. Enquanto os discursos pragmáticos são suscitados por questões quanto aos meios mais adequados para a obtenção de fins dados, como programas políticos já decididos, os discursos éticos surgem para obter um autoentendimento reflexivo sobre os valores mais profundos de uma coletividade política concreta, e os discursos morais, por sua vez, remetem à necessidade de solucionar questões de justiça sobre o que é igualmente bom para todos, as quais emergem de conflitos sobre os valores e interesses fundamentais.

Os procedimentos deliberativos coincidem, em boa parte, com os procedimentos da discussão racional em geral, aos quais Habermas buscou reconstruir em uma série de tentativas teóricas. Não caberia aqui refazer essa reconstrução, que foi discutida com mais detalhes no Capítulo 2. Retomo apenas a ideia básica da teoria do discurso, no que se refere à deliberação política. Ela consiste em que tudo aquilo que deve permitir um discurso isento de coerções precisa encontrar uma institucionalização adequada no processo de formação da opinião e da vontade que tem lugar na esfera pública política e nas corporações parlamentares. Entre os principais procedimentos discursivos em geral se encontram a sua máxima acessibilidade e a inclusão a todos possíveis concernidos pelo objeto de discussão (uma teoria, uma lei, uma norma moral, uma valorização ética). A tradução política e sociológica desse pressuposto de todo discurso racional recebe o nome de "publicidade". Uma deliberação é pública no sentido de que, em princípio, todos os possíveis concernidos têm acesso ao seu processo, condições e argumentações, de modo que eles podem tomar posição a favor ou contra em relação às propostas, o que equivale a dizer que eles devem poder examiná-las criticamente. É também em termos de "acesso" e "abertura" à comunicação que Habermas define o "limiar que separa a esfera privada da esfera pública". Este limiar "não é marcado por um conjunto fixo de temas ou relações, mas por condições de comunicação modificadas. Certamente, estas alteram a acessibilidade, protegendo a intimidade, de um lado, e a publicidade, de outro" (FV, p.464). Disso, porém, não se pode inferir que na esfera privada, cujos limites não são fixos, não possam desenrolar discussões tomadas como formas de comunicação exigentes. Nesse caso, os próprios participantes restringem, em última instância com base em direitos subjetivos de liberdade, o acesso dessa discussão, conforme seus interesses, assegurando para si a conservação de uma relação íntima.

Contudo, como dito de início, entre as condições de uma discussão racional em geral encontra-se também a exigência reciprocamente levantada de que os participantes afirmem apenas aquilo em que eles mesmos acreditam. Porém, a regra da veracidade não encontra e não pode encontrar uma tradução jurídica, em termos de procedimento da deliberação política. Se as liberdades comunicativas são asseguradas pelos direitos políticos de participação no processo de formação da opinião e da vontade, a própria forma do direito não pode obrigar ninguém a um uso não estratégico dessas liberdades, o que significa que ninguém pode ser obrigado a dizer o que ela ou ele pensa verdadeiramente nesse processo:

> O código do direito não dá outra opção: os direitos de comunicação e participação precisam ser formulados em uma linguagem que deixe os sujeitos de direito autônomos livres para decidir, conforme a ocasião, se e como pretendem utilizá-los. (FV, p.180)

Desse modo, se a política deliberativa exige algo como uma transparência dos sujeitos uns em relação aos outros, os seus fundamentos jurídicos tornam impossível que essa exigência seja institucionalizada por meio do direito. O que significa que a interpretação da política deliberativa nos termos da teoria do discurso supõe um redimensionamento dessa mesma teoria em função de sua própria contribuição para o direito. O fato de não se dar a devida atenção para as diferenças de método entre a teoria do discurso e a teoria da esfera pública acarreta contrassensos como pensar uma institucionalização formal da regra da veracidade.

Nesse contexto, é relevante notar que, para Habermas, quando mais forte e formalmente se institucionaliza os procedimentos discursivos, tanto mais se pode discernir um

> relativo desacoplamento entre o modo de comunicação e as atitudes dos atores participantes. Na medida em que o poder político e a força (*Gewalt*) social intervêm, cresce a necessidade de uma organização formal e do vínculo jurídico das relações interativas. Em particular a grande carência de legitimação do Estado democrático de direito é dependente da institucionalização de negociações e deliberações. Aqui se pode observar como a racionalidade comunicativa entra em jogo na formação da opinião e da vontade, mesmo sem o recurso à atitude dos diversos participantes, orientada ao entendimento mútuo. (Habermas, 2007, p.417-8)

Assim, nos discursos judiciários, as razões contam "independentemente de as partes fazerem suas contribuições com intenção estratégica ou não". Tampouco as discussões parlamentares se deixam analisar pelas atitudes dos atores, dado que discursos e negociações formam aí um "amálgama dificilmente discernível" (ibid.).

Por outro lado, tem-se a impressão de que aquilo que se espera de discursos morais, éticos e pragmáticos, enquanto componentes da política deliberativa, isto é, um entendimento com bases nas mesmas razões, possa ser alcançado sem tal exigência de veracidade. Evidentemente, um princípio de transparência, no que diz respeito a uma deliberação política, parece estar intrinsecamente ligado à ideia de veracidade, isto é, de que os participantes devam expressar os verdadeiros motivos de suas posições argumentativas; ou que eles devem ser submetidos a essa espécie de crítica em função da própria gramática normativa da deliberação, mesmo se, do ponto de vista jurídico, seja impossível garantir a transparência.

De todo modo, publicidade e transparência, esta última tomada agora como expressão política possível da regra da veracidade, desempenham papéis diferentes à luz da teoria do discurso, uma vez que a primeira exige acessibilidade sem a qual não se constitui um público; a segunda, por sua vez, exige reciprocamente dos participantes uma atitude de abertura subjetiva, para verificar se há ou não hiato entre razões e motivações. Ora, em primeiro lugar, as negociações afetam diretamente o princípio de transparência, já que os participantes assumem de antemão uma atitude estratégica. Quanto à publicidade, as coisas são um pouco mais difíceis.

De início, parece que uma negociação só é possível na medida em que ela conserva algo de não público, de não acessível a todos, o que contém efetivamente boa parte das ameaças e promessas. De fato, citando Jon Elster, Habermas considera que é justamente isso que acontece nas barganhas políticas. Como negociações são contadas no conceito de política deliberativa, resta supor que, do ponto de vista da teoria habermasiana do discurso, a formação de compromissos só pode se dar por certa delimitação do princípio de publicidade. De fato, Habermas admite, como vimos, que a teoria do discurso se ajusta de maneira indireta aos processos de negociação, isto é, não à formação dos compromissos propriamente ditos, mas aos procedimentos que os regulam, garantindo direitos iguais para a influência recíproca. Trata-se aí, porém, não de delimitação da publicidade da deliberação, mas da organização das negociações para uma distribuição equitativa de chances de poder influenciar. Trata-se, em suma, de uma regulação das negociações forçando as partes a negociarem publicamente, ainda que os argumentos sejam carregados de pressão que não pode ser exercida em público. Habermas fala assim de "negociações reguladas publicamente" e de "tentativas não públicas de pressão" (FV, p.462).

Chama a atenção que Habermas envolva no seu conceito de política deliberativa um componente carregado de disposições estratégicas e mesmo apontado para um espaço não público. Se negociações e disputas por poder possuem um lado "oculto", isso parece contar muito pouco para a publicidade do processo deliberativo no qual se inserem as negociações. A acessibilidade aos processos deliberativos deve significar que as propostas e os argumentos pró e contra podem se submeter ao exame crítico. Disso resulta, mesmo para o desenrolar de negociações em corporações parlamentares, uma função de filtro. Os procedimentos institucionalizados da deliberação são considerados "arranjos que atuam sobre as preferências dos participantes; eles examinam temas e contribuições, informações e razões, de modo que, idealmente, apenas sugestões 'válidas' passem pelo filtro das negociações equitativas e dos discursos racionais, adquirindo grande importância para as tomadas de decisão" (FV, p.437).

Ora, a validade dos argumentos e propostas depende, em primeira instância, de sua capacidade de torná-los públicos: "nem todos os interesses podem ser defendidos publicamente. Por isso, a esfera pública de comunicações políticas (salientada por Kant), junto à expectativa de que os proponentes sejam consistentes em seus enunciados e expliquem com coerência suas propostas, exerce uma coerção procedimental salutar" (FV, p.436). A coerção procedimental força os participantes a darem uma justificação viável para os seus interesses. Ou seja, eles precisam ser aceitáveis. E a aceitabilidade no caso de negociações passa por arranjos públicos de interesses, nos quais se discute a possibilidade de garantir certo equilíbrio na composição dos compromissos. É possível inferir até mesmo que os partidos tratem o princípio de publicidade como ameaça interna sobre formação de compromissos não aceitáveis.

Em suma, a publicidade da deliberação se liga, antes, às condições de um processo argumentativo aberto à crítica e não à eliminação prévia, em todo caso impossível nas sociedades modernas, de uma composição estratégica de argumentos. Assim, guarda-se uma distância considerável entre a publicidade do processo deliberativo e a transparência dos participantes do processo deliberativo. Essa distância se mede pelo fato de o princípio de publicidade não se referir de antemão a composições estratégicas anteriores ao processo público de deliberação, enquanto o princípio de transparência reivindica o exame justamente disso.

No entanto, negociações podem até ser os elementos mais recorrentes na política cotidiana, mas estão longe de ser o que mais importa, conforme as expectativas da política deliberativa. São antes os discursos morais e os ético-políticos aos quais Habermas mais confere força crítica e emancipatória, no sentido de que seu encaminhamento radical, com efetiva participação de todos os concernidos, pode levar ao reconhecimento de formas de vida diferenciadas e, com isso, a um autoaprendizado a respeitos de interesses e preferências. Justamente por isso as deliberações legislativas sobre o justo e o bom devem se abrir ainda mais à esfera pública política. As deliberações legislativas não podem ser vistas como representativas das posições dadas de antemão do conjunto de eleitores, elas devem ser vistas antes como o ponto de fuga de discussões que se iniciam na esfera pública política. É por meio de discursos morais e éticos que se gesta o poder comunicativo, capaz de exercer pressão sobre o processo altamente formalizado do legislativo. Porém, tão logo passamos para a esfera pública informal constituída por um público de cidadãos que discute questões substantivas da sociedade como um todo, a imagem de discursos racionais depurados de elementos estratégicos, exigindo transparência entre os participantes, é bastante relativizada. É verdade que agora esses elementos estratégicos têm pouco a ver com a mera imposição de interesses particulares. Trata-se, primeiramente, de uma série de recursos por meio dos quais os participantes privilegiados das discussões públicas também disputam "influência" sobre a totalidade do público.

Até agora, minha análise da política deliberativa em função da relação entre publicidade, transparência e política estratégica se limitou às deliberações institucionalizadas em corporações legislativas, as quais são determinadas por procedimentos jurídicos da formação democrática da vontade. Apoiando-se em Bernard Peters, Habermas considera que o sistema político como um todo pode ser visto como constituído de um núcleo e de uma periferia. O complexo parlamentar, contando aí os partidos políticos e os processos eleitorais, constitui, juntamente ao sistema judiciário e administrativo, incluindo o governo, o núcleo do sistema político em sociedades modernas. O sistema político apresenta também dois tipos de periferia, uma interna ao sistema administrativo, como universidades, câmaras e fundações, e uma externa ao sistema político inteiro, a qual se divide entre sistemas de negociação que buscam extrair do sistema político os resultados que lhes interessam para sua própria reprodução e expansão, de um lado, e grupos, associações e movimentos que buscam influir o sistema político, por meio de comportas do sistema parlamentar, mas também do administrativo e do judiciário, a fim de tematizar problemas sociais, articular interesses e necessidades, estabelecer agendas políticas, determinar projetos de lei etc. Tais associações formam a infraestrutura civil da esfera pública informal que constitui o verdadeiro contexto periférico.

Tal infraestrutura social da esfera pública é chamada por Habermas, na esteira dos trabalhos de Jean Cohen e Andrew Arato, de "sociedade civil", ou seja, de uma rede de associações civis, criadas por pessoas privadas, as quais não se confundem nem com as organizações e empresas do sistema econômico, nem com as organizações estatais e partidárias que estão no núcleo do sistema político. Diferentemente de sua primeira grande obra sobre esfera pública, em que Habermas não podia contar senão com um conceito hegeliano de sociedade civil, isto é, como uma "sociedade civil-burguesa" estruturada em forma de mercado e regulada pelo direito privado, de um lado, e de outro a esfera da privacidade como intimidade da pequena família-burguesa, o conceito contemporâneo de sociedade civil permite-lhe empurrar o mercado como um sistema funcional diferenciado da esfera pública, da mesma forma que o sistema do Estado. Disso resulta que, ao preservar a ideia original de que o público se constitui de um encontro de pessoas privadas voltadas para determinadas questões culturais e políticas, altera-se a referência social dessas "pessoas privadas". Da mesma maneira, altera-se também a esfera da privacidade, que deixa de ser vista como âmbito social delimitado, inacessível à tematização pública.

Do ponto de vista do conceito de política deliberativa, a imagem do sistema político como constituído de um núcleo e de uma periferia interessa a Habermas na medida em que ela está na base da compreensão da circulação do poder político. O poder comunicativo, que se constitui na periferia como um fluxo de comunicação exercendo sua capacidade de influência na qualidade de uma opinião pública mais ou menos preponderante sobre outras opiniões públicas, deve passar pelas comportas mais largas do sistema parlamentar e as mais estreitas do sistema jurídico e administrativo, de modo que, por meio do direito, possa exercer influência sobre o sistema político.

Grande parte das expectativas normativas da política deliberativa, na concepção habermasiana, dirige-se às estruturas periféricas da esfera pública política não institucionalizada e mais ou menos espontânea. Ela é vista como uma caixa de ressonância de tematizações e questionamentos públicos, onde encontram eco problemas e crises sociais, a serem elaborados pelo sistema político. A sensibilidade e a capacidade de percepção de problemas, a qual caracteriza potencialmente a esfera pública política se deve ao fato de que ela se constitui não por procedimentos institucionalizados, mas por procedimentos próprios de discussões e comunicações cotidianas, e com isso abertas para a expressão de sofrimentos sentidos na vida privada.

Não sendo institucionalizada, mas dependendo de todo modo de amplos direitos subjetivos que garantam a autonomia privada e pública, a esfera pública é constituída, em um nível elementar, pela própria linguagem, quando num encontro de pessoas privadas cada uma reserva à outra as liberdades comunicativas de questionar, tematizar e criticar qualquer tipo de proferimento. Pela própria lógica dessa discussão informal, ela está aberta para parceiros potenciais do diálogo, isto é, para um público possível. Porém, seu contexto de interações concretas transita constantemente entre o limiar do público e do privado. Conforme o grau de concretude dessa discussão, a esfera pública pode ser analisada em níveis diversos de esferas públicas. Assim, pode-se falar de esferas públicas episódicas, como encontros em bares e cafés, esferas públicas de presença organizada, como o público de teatro e cinema, e esferas publicas abstratas, possibilitadas e condicionadas pelas mídias, como o público leitor e espectador, no qual os participantes são em geral pessoas anônimas e estranhas entre si.

Esses níveis de esfera pública estão, para Habermas, interligados, e se pode passar de uma à outra muito rapidamente. Porém, para a efetividade do conceito de política deliberativa, interessa-lhe, sobretudo, a esfera pública mais abstrata, constituídas pelas mídias, já que é nela que se pode generalizar uma opinião pública capaz de exercer pressão sobre o sistema político. Como, porém, as mídias já apresentam, por seu modo de funcionamento e por seu vínculo com o poder social, papel bastante seletivo de temas e aspectos, os fluxos de comunicação que se originam nos níveis mais concretos precisam vazar as barreiras da própria mídia. Isso significa diversas diferenciações: de um lado, é preciso haver articulação e solidarização das associações da sociedade civil e grupos de intelectuais em torno de movimentos sociais. Ou seja, é preciso desencadear lutas por reconhecimento e lutas por interpretação de necessidades que têm origem na vida privada de pessoas socialmente excluídas e reprimidas. De outro lado, a esfera pública se diferencia internamente entre um público que acompanha as lutas e os embates, e os atores políticos que os levam adiante, a fim de obter o assentimento mais ou menos geral do público. Nesse caso, o conceito de ator é tirado do teatro, pois tal diferenciação significa relativa distinção entre um público espectador e um palco onde os atores não só argumentam, ou melhor, argumentam na medida em que encenam sofrimentos, necessidades reprimidas etc. Em suma, na esfera pública política, na medida em que é ativa e, por assim dizer, despertada por crises, os atores têm não apenas de problematizar temas mas "dramatizar suas contribuições e encená-las de maneira tão eficaz que as mídias de massa passam a assumir suas questões." (FV, p.484). Pois o palco constituído na esfera pública é uma arena onde se luta sobretudo por influência.

Ora, luta por reconhecimento, luta por interpretação de necessidades, luta por influência, atores que encenam para um público – como esses ingredientes da esfera pública política podem se dar sem uma forte dose de ação estratégica e, mais ainda, como eles podem se dar segundo uma regra de veracidade? Uma ação estratégica, que certamente não pode ser pensada nos termos estritos de uma racionalidade meios-fins, mas que de modo se liga a algum critério de eficácia, de prudência e de persuasão, já que esses atores, descreve Habermas, são "jogadores" (*Spieler*), e visam a um determinado tipo de "sucesso". Certamente, Habermas não se debruça sobre a tarefa de desvendar conceitualmente esses elementos "estratégicos" próprios de deliberações públicas. Ele se limita a compreender a influência sobre o público como um objeto de disputa, cujas armas são a reputação, o prestígio, a credibilidade, isto é, outras formas simbólicas de influência, mas também a dramaticidade das falas dos atores e mesmo ações espetaculares e protestos organizados, o que é fundamental para que lutas por reconhecimento adentrem nas arenas da esfera pública. No entanto, o mais interessante desse conceito de esfera pública internamente diferenciada é que as deliberações entre os atores não visam os próprios atores, mas unicamente o público-espectador:

> Os papéis dos atores, que se profissionalizam e se multiplicam cada vez mais com a complexidade de organização e o alcance da mídia, são providos com oportunidades diferenciadas de influência. Porém, a influência política que os atores ganham pela comunicação pública deve se apoiar, em última instância, sobre a ressonância, mais precisamente sobre o consentimento de um público de leigos igualitariamente composto. (FV, p.462)

A diferenciação interna da esfera pública em uma "galeria" e uma "arena", um público que é objeto e fonte de influência e atores que disputam essa mesma influência repercute sobre o conceito de política deliberativa. Ao mesmo tempo, muitas das discussões que se desenrolam na esfera pública em geral são de natureza moral e ética. Lutas por reconhecimentos e lutas por interpretação de necessidades desencadeiam discussões morais sobre a exclusão de determinados grupos em relação a direitos já alcançados por outros, ou desencadeiam discussões éticas sobre quais valores devem determinar a autocompreensão de uma comunidade política. Dessa maneira, pode-se compreender que a política deliberativa, desenvolvida pelos trilhos da esfera pública política, não conta com um desenvolvimento por assim dizer pacífico de discursos morais e éticos. Porém, mais do que isso, ela não conta na esfera pública diferenciada em arena e palco que os atores políticos devem se articular reciprocamente, uns em relação aos outros, segundo todas as regras imediatas de um discurso racional, pois desde o início eles se voltam para o auditório. Para que a deliberação política ocorra nesse nível, não é necessário que os atores pressuponham reciprocamente algo como a efetivação de uma regra da veracidade, já que eles não pretendem se convencer entre si, mas antes convencer o público. De novo, o que parece ser constitutivo do processo deliberativo, pelo menos nesse nível da esfera pública, é não a transparência em relação aos motivos, a visibilidade das motivações, mas a publicidade da discussão ela mesma, por meio da qual o público pode avaliar os argumentos, e cuja função crítica é promover, pelo aumento de número de atores que a acessibilidade permite em princípio, o maior leque possível de perspectivas, preferências e interpretações. Além disso, se a regra da veracidade tivesse nesse nível de discussão política uma função constitutiva e, ao mesmo tempo, normativa, a própria ideia de um ator que joga em uma arena perderia sua condição de efetividade, já que encenar supõe um exercício de controle sobre si mesmo, um exercício de manifestação e ocultação, de ênfase e omissão.

Sem dúvida, Habermas trata o tempo todo de diferenciar atores políticos que agem estrategicamente no sentido de manipular a esfera pública, procurando criar convicções que apoiem interesses que eles não podem manifestar publicamente, e os atores que disputam a influência sobre o público visando convencê-lo da legitimidade de uma causa. Em um caso, os atores se aproveitam da esfera pública para fins alheios, no outro, eles participam da esfera pública e com isso ajudam a reproduzi-la. Nessa distinção, não ocorreria uma fusão entre publicidade e transparência? A publicidade não seria o modo pelo qual se pode testar a transparência de um discurso? Enfim, a mencionada coerção procedimental do princípio de publicidade não estaria fincada justamente nessa possibilidade de testar a credibilidade dos atores políticos?

De fato, Habermas considera que a credibilidade é indispensável para a influência de um ator sobre o público, e decerto não parece possível pensar em credibilidade sem a coerência entre o que é dito e aquilo em que se acredita. Porque os atores precisam manter sua credibilidade, eles são forçados a se comprometer com o conteúdo normativo de suas justificações, levantadas de maneira puramente estratégica. Assim, se nem todos os interesses podem ser defendidos em público, os seus defensores precisam ocultá-los sob forma de argumentos éticos ou morais. Esse expediente, porém, "coage a obrigações autoimpostas que, na primeira oportunidade, desmascaram um proponente como sendo inconsistente ou, no interesse de manter sua credibilidade, levam-no a considerar respectivamente os interesses dos outros". (FV, p.436)

Essa e outras passagens de *Facticidade e validade* sugerem que o princípio de publicidade retira sua força de filtro quando submete os atores políticos a um teste de transparência. No entanto, a questão incide menos nesse teste em particular do que em outro teste que está subentendido: o fato de que tais "interesses não podem ser publicamente defendidos". Quem age estrategicamente já realiza de antemão um teste sobre a aceitabilidade de seus interesses. Ora, é esse tipo de teste que os discursos morais e éticos devem desempenhar em esferas públicas. Por sua própria lógica, questionamentos morais forçam as partes a encontrar e elaborar argumentos sobre o que é bom para todos, assim como questionamentos éticos forçam, à luz de tradições dadas, para uma comunidade em particular. Dependendo do questionamento, aumenta o leque da participação exigida em princípio. Normas morais exigem expansão tendencial do círculo dos concernidos até romper os limites de uma coletividade concreta. Elas podem expandir os limites públicos dos discursos até abarcar a humanidade. E o primeiro teste da aceitabilidade de um interesse ou de uma norma que encarna um interesse é a capacidade de ela ser justificada para um público virtualmente expandido, constituída de pessoas possivelmente concernidas, sem exclusão. Dessa maneira, interesses que não podem ser defendidos em público são interesses incapazes de ser justificados sem exclusão, isto é, sem restringir a publicidade potencialmente requerida.

Porém, em sociedades social e funcionalmente diferenciadas e de massas, o questionamento moral e ético depende de efetiva disputa argumentativa – depende em primeira linha de movimentos sociais que expandem o círculo do público. O questionamento moral e ético não se dá por meio de atores absolutamente francos uns com os outros, mas por atores que lutam entre si para convencer o público, isto é, lutam para produzir o melhor argumento criando poder comunicativo. Em analogia com a concorrência dos partidos, a disputa entre os diversos atores políticos é produtiva para a deliberação política, seja sobre questões morais, seja sobre questões éticas.

Assim, que o público exija dos atores coerência entre discurso e atos, entre interesses defendidos e interesses ocultos, é uma coisa, que uma regra de transparência seja condição da deliberação pública sem a qual ela não poderia ser chamada como tal é outra bem diversa. Do contrário, Habermas teria de lidar com a diferenciação interna de arena e galeria como normativamente problemática desde o início, pois a deliberação no palco é constituída como um jogo em que as partes desempenham argumentos não umas para as outras, mas para o público. Assim, se os que agem de maneira puramente estratégica podem comprometer sua credibilidade, não é a credibilidade que, para Habermas, serve de critério para distinguir atores que se aproveitam da esfera pública e atores que participam da esfera pública. Longe disso, importa saber quais atores estão dispostos, para além do seu campo de interesses, "enfrentar formas abertas ou veladas de exclusão e repressão de minorias ou grupos marginalizados" (FV, p.476). Ou seja, o critério é, antes, saber quem pretende ampliar a acessibilidade e a participação em esferas públicas. O critério é, em suma, a própria publicidade.

A regra da veracidade parece assim recuperar seu sentido integral em outros âmbitos da esfera pública, justamente aqueles em que as interações são mais concretas e que mal se distinguem dos âmbitos da vida privada. Ou seja, nos âmbitos em que se diminui naturalmente o acesso e a publicidade da discussão. Ela está intrinsicamente vinculada às relações concretas de reconhecimento recíproco. Mas é bem aí que não se pode atribuir aos atores, agora no sentido de atores sociais, a mesma consciência e representatividade de interesses que caracterizam os atores do teatro da esfera pública mais abstrata.

Ou seja, não se pode atribuir a eles que saibam exatamente quais são seus interesses como se fossem grandezas objetivas, prontas e acabadas. Mais do que em qualquer outro âmbito sociopolítico, é aqui que, com mais força, se impõe a observação de Habermas, segundo a qual a percepção dos próprios interesses depende de interpretações e valores culturais, sendo que essa interpretação é o que deveria se tornar acessível à crítica (MKH, p.78). Assim, menos do que exigir transparência do outro, a exigência de veracidade ganha o sentido de despertar em cada um a reflexão sobre seus próprios interesses e orientações valorativas – o que certamente é também papel importante das discussões especializadas na esfera pública abstrata em relação ao público espectador.

Dessa maneira, se Habermas parte de um conceito extremamente exigente de discurso racional para pensar a deliberação política, as condições efetivas dessa deliberação provocam um redimensionamento constante do conceito de discurso racional. Redimensionamento que já começa pela institucionalização jurídica dos procedimentos discursivos e, nos âmbitos da esfera pública informal, se opera conforme o grau de concretude do contexto de interação. O que resta em todo caso como princípio norteador da política deliberativa é a função crítica do princípio de publicidade. Ou seja, o uso público da razão nos âmbitos da esfera pública política é indispensável. A transparência dos atores, por sua vez, pode ser discutida, mas não é uma condição que determina a política deliberativa em todos os seus âmbitos públicos e tem função crítica relativamente limitada.

Considerações finais

Os escritos que dão corpo a este livro, ou, mais propriamente, a este percurso, tentam se infiltrar nos meandros de uma complexidade metodológica e política que, somada à sua amplitude peculiar, não recebe na obra de Habermas uma condensação visível, facilmente acessível. Como dito na Apresentação, estes estudos, embora liguem pontes entre método e política, não pretendem superar todas as lacunas que vão se apresentando no desenrolar do pensamento habermasiano quanto ao método da reconstrução.

Tive de restringir a pretensão teórica, limitando-me a dois pontos principais de articulação entre reconstrução e política, no sentido mais geral de um pensamento que exige o envolvimento de diversas perspectivas de conhecimento e ação. Um deles, tratamos na Introdução a título de "crítica imanente". Ali a pergunta era: até que ponto a reconstrução mantém sua filiação com um conceito de emancipação que não apenas demanda fundamentação normativa – exigência que de resto será uma das características principais da teoria crítica habermasiana –, mas se prende a um sentido de transformação que confere efetividade às potencialidades emancipatórias.

O segundo ponto consiste nas relações mais locais da inter-relação entre método e política, no que a obra posterior à *Teoria do agir comunicativo*, principalmente *Facticidade e validade*, parece ganhar a forma de laboratórios em que os expedientes metodológicos ganham contornos muitas vezes inesperados. Assim, uma discussão meramente metodológica à primeira vista, o falibilismo da teoria reconstrutiva, torna-se o fio condutor para mostrar como Habermas vai pouco a pouco transformando sua teoria do discurso segundo uma perspectiva de democracia radical. A reconstrução não conduz ao lugar acima da práxis, em que o filósofo pode ditar padrões de racionalidade para a sociedade em suas disputas políticas, ele só pode alimentar o sentido democrático reconstruído dessas práticas. É nesse sentido que entendemos o progressivo afastamento de Habermas em relação ao predomínio do questionamento moral no interior dos discursos práticos, a especificação cada vez mais incisiva das peculiaridades da forma direito, a qual não se deixa fundamentar normativamente em seu todo, mas se deixa reconstruir em um sentido evolutivo. É nesse sentido também que o pensamento reconstrutivo se protege de qualquer exigência de transparência subjetiva, para se determinar fundamentalmente como ligado ao uso público da razão.

A renúncia à exaustividade também aparece como a recusa de conferir interpretações gerais sobre o percurso do pensamento habermasiano em forma de fases mais ou menos delimitadas. Quando chamei a atenção para as diferenças de modelo, principalmente no primeiro capítulo, foi com a intenção de mostrar também continuidades, modificações, novas possibilidades. Esse raciocínio se aplica aos estudos subsequentes, em que o interesse teórico se volta àquelas articulações locais que produzem mudanças teóricas no âmbito do direito e da democracia.

Que me permita o leitor terminar com a manifestação de algumas expectativas que estavam na origem deste livro. Na tradição do pensamento teórico social, o vínculo entre método e política sempre foi colocado em primeiro plano. O desenvolvimento especializado operou aqui para a fragmentação. Espero assim ter feito uma pequena contribuição para a recuperação desse elo, que é, acredito, constitutivo do pensamento crítico e reflexivo. Creio que o conceito habermasiano de reconstrução, buscando se alojar no espaço aberto entre a reflexão kantiana e a dialética hegeliana – até hoje os dois grandes conceitos de método politicamente carregados, ao lado da genealogia nietzschiana –, tem ainda muito a oferecer para uma rearticulação da Teoria Crítica, para além da releitura dos textos.

Por outro lado, desde que a série de estudos aqui apresentados teve início, a expectativa política de fundo apostava ainda na principal razão de ser (pelo menos a meu ver) da recepção do pensamento habermasiano no Brasil: o processo de democratização e radicalização da democracia, em que o país iria enfrentar a atualidade de uma esfera pública dinamizada. As primeiras décadas do século XXI viram parte considerável da esfera pública, incluindo a acadêmica, discernindo as estruturas profundas do racismo, do sexismo, das padronizações e hierarquizações de sexualidade, além das classistas, todas remontando em grande medida à sociedade ao mesmo tempo capitalista, escravagista e patriarcal que determina a história brasileira. Vivenciamos agora um movimento de reacionarismo cuja natureza antidemocrática é tão patente quanto sua resiliência. Embora a teoria habermasiana do neoconservadorismo dos anos 1980 possa oferecer ainda meios conceituais para compreender o presente fenômeno em sua dimensão mundial, as fusões paranoicas que o reacionarismo sem peias promove recoloca em outro nível o tipo de poder que "se instala nos poros dos discursos e das práticas cotidianas", ou simplesmente é de outra natureza. Assim, aquela expectativa também precisaria ser reconstruída no sentido de buscar outras possibilidades para a realização dos objetivos que ela projeta.

Lista de abreviaturas

Obras citadas de Jürgen Habermas

CI – *Conhecimento e interesse*. Trad. Luiz Repa. São Paulo: Editora Unesp, 2014.

DFM – *O discurso filosófico da modernidade*. Trad. Luiz Repa e Rodnei Nascimento. São Paulo: Martins Fontes, 2000.

ED – *Erläuterungen zur Diskursethik*. Frankfurt am Main: Suhrkamp, 1991.

FV – *Facticidade e validade – Contribuições para uma teoria discursiva do direito e da democracia*. Trad. Rúrion Melo e Felipe Gonçalves Silva. São Paulo: Editora Unesp, 2020.

IO – *A inclusão do outro*. Trad. Denílson Luís Werle. São Paulo: Editora Unesp, 2018

KHDV – *Kommunikatives Handeln und detranszendentalisierte Vernunft*. Stuttgart: Reckam, 2001.

LS – *Legitimationprobleme im Spätkapitalismus*. Frankfurt am Main: Suhrkamp, 1973.

MEEP – *Mudança estrutural da esfera pública*. Trad. Denílson Luís Werle. São Paulo: Editora Unesp, 2014.

MKH – *Moralbewußtsein und kommunikatives Handeln*. Frankfurt am Main: Suhrkamp, 1983. [Ed. Bras.: *Consciência moral e agir comunicativo*. Trad. Guido de Almeida. Rio de Janeiro: Tempo Brasileiro, 1989.]

NO – *A nova obscuridade: pequenos escritos políticos V*. Trad. Luiz Repa. São Paulo: Editora Unesp, 2015.

NR – *Die nachholende Revolution. Kleine Politische Schriften VII*. Frankfurt am Main: Suhrkamp, 1990.

PPP – *Philosophisch-politische Profile*. Frankfurt am Main: Suhrkamp, 1998.

RMH – *Para a reconstrução do materialismo histórico*. Trad. Rúrion Melo. São Paulo: Editora Unesp, 2016.

TCI – *Técnica e ciência como "ideologia"*. Trad. Felipe Gonçalves Silva. São Paulo: Editora Unesp, 2014.

TGS – *Theorie der Gesellschaft oder Sozialtechnologie – Was leistet die Systemforschung?* Frankfurt am Main: Suhrkamp, 1971 (em parceria com N. Luhmann).

TKH1 – *Theorie des kommunikativen Handelns*, v.I. Frankfurt am Main: Suhrkamp, 1995.

TKH2 – *Theorie des kommunikativen Handelns*, v.II. Frankfurt am Main: Suhrkamp, 1995.

TP – *Teoria e práxis*. Trad. Rúrion Melo. São Paulo: Editora Unesp, 2013.

VETKH – *Vorstudien und Ergänzungen zur Theorie des kommunikativen Handelns*. Frankfurt am Main: Suhrkamp, 1995.

WR – *Wahrheit und Rechtfertigung*. Frankfurt am Main: Suhrkamp, 1999.

ZLS – *Zur Logik der Sozialwissenschaften*. Frankfurt am Main: Suhrkamp, 1985.

ZNR – *Zwischen Naturalismus und Religion*. Frankfurt am Main: Suhrkamp, 2005.

ZU – *Zeit der Übergänge*. Frankfurt am Main: Suhrkamp, 2001.

Referências bibliográficas

ABROMEIT, J. *Max Horkheimer and the Foundations of the Frankfurt School.* New York: Cambridge University Press, 2011.
ADORNO, Th. W. *Dialética negativa.* Rio de Janeiro: Zahar, 2009.
ALBERT, H. *Traktat über kritische Vernunft.* Tübingen: J.C.B. Mohr (Paul Siebeck), 1969.
ALLEN, A. *The End of Progress:* Decolonizing the Normative Foundations of Critical Theory. New York: Columbia University Press, 2016.
ALMEIDA, G. A. Consciência de si e conhecimento objetivo na "dedução transcendental" da *Crítica da razão pura. Analytica*, v.1, n.1, 1993.
APEL, K-O. _____. Das Apriori der Kommunikationsgemeinschaft und die Grundlagen der Ethik. In: *Transformation der Philosophie*, v.2. Frankfurt am Main: Suhrkamp, 1973.
_____. Normative Begründung der "Kritischen Theorie" durch Rekurs auf lebensweltliche Sittlichkeit? Eine transzendentalpragmatisch orientierter Versuch, mit Habermas gegen Habermas zu denken. In: HONNETH, A. et. al., *Zwischenbetrachtungen. Im Prozess der Aufklärung.* Frankfurt am Main: Suhrkamp, 1989.
_____. Auflösung der Diskursethik? Zur Architektonik der Diskurs-differenzierung in Habermas' Faktizität und Geltung (Dritter Versuch, mit Habermas gegen Habermas zu denken). In: *Auseinandersetzungen.* Frankfurt am Main: Suhrkamp, 1998a.
_____. Das Problem der philosophischen Letztbegründung im Lichte einer transzendentalen Sprachpragmatik. In: *Auseinandersetzungen in Erprobung des transzendentalpragmatischen Ansatzes.* Frankfurt am Main: Suhrkamp, 1998b.

APEL. K.-O et al. *Com Habermas, contra Habermas: direito, discurso e democracia*. São Paulo: Landy, 2004.
ARAÚJO, L. B. A. *Religião e modernidade em Habermas*. São Paulo: Loyola, 1996.
_____. *Pluralismo e justiça*: estudos sobre Habermas. São Paulo: Loyola, 2010.
ARENDT, H. *Sobre a violência*. Rio de Janeiro: Civilização Brasileira, 2009.
AVRITZER, L. Teoria crítica e teoria democrática. *Novos Estudos CEBRAP*, n.53, março de 1999.
BANNWART Jr., C. J. A dimensão prático-moral sob a perspectiva da evolução social em Habermas. In: MULLER, M. C.; CENCI, E. M. (Orgs.). *Ética, política e linguagem* – confluências. Londrina: Edições CEFIL, 2004.
BAYNES, K. Democracy and *Rechtsstaat*: Habermas's *Faktizität und Geltung*. In: White, S. K. (Org.). *The Cambridge Companion to Habermas*. Cambridge: Cambridge University Press, 1995.
BENHABIB, B. *Critique, Norm and Utopia*. New York: Columbia University Press, 1986.
_____. Sobre um modelo deliberativo de legitimidade democrática. In: WERLE, D.; MELO, R. S. *Democracia deliberativa*. São Paulo: Esfera Pública, 2008.
BERTEN, A. Por que Habermas não é e não pode ser contratualista". In: PINZANI, A.; DUTRA, D. V. *Habermas em discussão*. Florianópolis: Nefipo, 2005.
BONβ, W. "The programm of interdisciplinary research and the beginnings of critical theory. In: BONSS, W.; BENHABIB, S.; McCOLE, J. (Orgs.). *On Max Horkheimer*: New Perspectives. Cambridge: MIT Press, 1993.
_____. Warum ist die Kritische Theorie kritisch? Anemerkungen zu alten und neuen Entwürfen. In: DEMIROVIC, A. (Org.). *Modelle kritischer Gesellschaftstheorie. Traditionen und Perspektiven der kritischen Theorie*. Stuttgart: Metzler, 2003.
CALORI, F. "Laut Denken: a transparência em Kant". In: LIMONGI, M. I, FIGUEIREDO, V.; REPA, L. (Orgs.). *O público e suas normas*. São Paulo: Barcarola, 2015.
CELIKATES, R. From Critical Social Theory to a Social Theory of Critique: On the Critique of Ideology after the Pragmatic Turn. *Constellations*, v.13, n.1, p.21-40, 2006.
_____. *Kritik als soziale Praxis: Gesellschaftliches Selbstverständigung und Kritische Theorie*. Frankfurt am Main: Campus Verlag, 2009.
_____. O não-reconhecimento sistemático e a prática da crítica: Bourdieu, Boltanski e o papel da teoria crítica. *Novos Estudos Cebrap*, n.3, p.29-42, 2012.

CENCI, A. V. *A controvérsia entre Habermas e Apel acerca da relação entre moral e razão prática na ética do discurso*. Campinas, 2006. 251p. Tese (Doutorado em Filosofia) – Instituto de Filosofia e Ciências Humanas, Universidade Estadual de Campinas.

COHEN, J.; ARATO, A. *Civil Society and Political Theory*. Cambridge: MIT Press, 1992.

COHN, G. A teoria da ação em Haberma". In: Carvalho, M. C. B. *Teorias da ação em debate*. São Paulo: Cortez, 1993. p.63-75.

_____. *Crítica e resignação*: Max Weber e a teoria social. São Paulo: Martins Fontes, 2003.

COOKE M. *Language and Reason*: A Study of Habermas's Pragmatics. Cambridge/London: The MIT Press, 1994.

COSTA, S. Direitos humanos e antirracismo no mundo pós-colonial. *Novos Estudos Cebrap*, n.68, p.23-38, 2004.

DUBIEL, H. *Wissenschaftsorganisation und politische Erfahrung. Studien zur frühen Kritischen Theorie*. Frankfurt am Main: Suhrkamp, 1978.

DURKHEIM, E. *As regras do método sociológico*. São Paulo: Companhia Editora Nacional, 1971.

DUTRA, D. J. V. *Razão e consenso em Habermas*. A teoria discursiva da verdade, da moral, do direito e da biotecnologia. Florianópolis: Editora da UFSC, 2005.

_____; Rousseau e Habermas. *Argumentos*, ano 4, n.18, 2012.

ENGELS, F. *Herrn Eugen Dührings Umwälzung der Wissenschaft*. (MEW, v.20).

FERRY, J.-M. Penser avec Apel contre Apel. In: BOUCHINDHOMME, C.; ROCHLITZ, R. *Habermas, la raison, la critique*. Paris: Les Éditions du Cerf, 1996.

FORST, R.; HARTMANN, M.; JAEGGI, R.; SAAR, M. (Orgs.). *Sozialphilosophie und Kritik*. Frankfurt am Main: Suhrkamp, 2009.

FRASER, N. Rethinking the public sphere: a contribution to the critique of actually existing democracy. In: CALHOUN, C. (Org.). *Habermas and the public sphere*. Cambridge: MIT Press, 1992.

FREITAG, B. *Piaget*: encontros e desencontros. Rio de Janeiro: Tempo Brasileiro, 1985.

GIANNOTTI, J. A. Habermas: mão e contramão. *Novos Estudos Cebrap*, n.31, p.7-23, 1991.

GUIDDENS, A. et al. *Habermas and Modernity*. Cambridge: MIT Press, 1988.

GÜNTHER, K. Diskurstheorie des Rechts oder liberales Naturrecht in diskurstheoretischem Gewande? *Kritische Justiz*, n.27, p.470-87, 1994.

GÜNTHER, K. Communicative Freedom, Communicative Power, and Jurisgenesis. In: Rosenfeld, M. e Arato, A. (Orgs.). *Habermas on Law and Democracy* – Critical Exchanges. Berkeley: University of California Press, 1998. p.234-54.

HABERMAS, J. Entgegnung. In: HONNETH, A.; JOAS, H. (Orgs.), *Kommunikatives Handeln. Beiträge zu Jürgen Habermas' "Theorie des kommunikativen Handelns"*. Frankfurt am Main: Suhrkamp, 1986. p.255-77.

_____. Political Communication in Media Society – Does Democracy still enjoy an epistemic dimension? The impact of normative theory on empirical research. In: INTERNATIONAL COMMUNICATION ASSOCIATION ANNUAL CONVENTION, Dresden, 2006. *Communication Theory*. Dresden: ICA, 2006.

_____. Kommunikative Rationalität und grenzüberschreitende Politik: eine Replik. In: Niesen, P, Herborth, B. (Orgs.) *Anarchie der kommunikativen Freitheit*. Frankfurt am Main: Suhrkamp, 2007.

HEGEL, G. W. F. *Enciclopédia das ciências filosóficas em compêndio*. São Paulo, Loyola, 1995. v.1.

_____. *Fenomenologia do espírito*. Petrópolis: Vozes, 2008.

HONNETH, A. *Kritik de Macht*. Frankfurt am Main: Suhrkamp, 1986.

_____ . Rekonstruktive Gesellschaftskritik unter genealogischen Vorbehalt. In: _____. *Pathologien der Vernunft*: Geschichte und Gegenwart der Kritischen Theorie. Frankfurt am Main: Suhrkamp, 2007.HONNETH, A. *Das Recht der Freiheit*: Grundriß einer demokratischen Sittlichkeit. Berlin: Suhrkamp, 2011.

_____. *Ciência da lógica 2. A doutrina da essência*. Petrópolis: Vozes, 2017.

HORKHEIMER, M. Teoria Tradicional e Teoria Crítica. In: BENJAMIN, W. et al. *Textos escolhidos*. São Paulo: Abril Cultural, 1975. p.125-62.

_____. A presente situação da filosofia social e as tarefas de um instituto de pesquisas sociais. *Praga*, n.7, p.121-32, 1999.

_____. *Eclipse da razão*. São Paulo: Centauro, 2002.

HORKHEIMER, M.; ADORNO, T. W. *Dialética do esclarecimento*. Rio de Janeiro: Zahar, 1985.

ISER, M. *Empörung und Fortschritt*: Grundlagen einer kritischen Theorie der Gesellschaft. Frankfurt am Main: Campus, 2008.

_____. Rationale Rekonstruktion. In: BRUNKHORST, H.; KREIDE, R.; LAFONT, C. *Habermas-Handbuch*. Stuttgart: Metzler, 2009.

JAEGGI, R. Repensando a ideologia. *Civitas*, v.8, n.1, p.137-65, 2008.

_____. *Kritik von Lebensformen*. Frankfurt am Main: Suhrkamp, 2014.

JAEGGI, R.; WESCHE, T. (Orgs.). *Was ist Kritik?*. Frankfurt am Main: Suhrkamp, 2009.
JAY, M. *A imaginação dialética*. Rio de Janeiro: Contraponto, 2008.
KANT, I. Kritik der reinen Vernunf. In: _____. *Akademieausgabe von Immanuel Kants Gesammelten Werken*. v.III.
_____. Über den Gemeinspruch: Das mag in der Theorie richtig sein, taugt aber nicht für die Praxis. In: _____. *Akademieausgabe von Immanuel Kants Gesammelten Werken*, v.VIII.
_____. Die Metaphysik der Sitten. In: _____. *Akademieausgabe von Immanuel Kants Gesammelten Werken*. v.VI.
_____. Grundlegung zur Metaphysik der Sitten. *Werkausgabe*, in 12 Bänden, v.VII.
KETTNER, M. The Disappearance of Discourse Ethics in Habermas's *Between Facts and Norms*. In: SCHOMBERG, R., BAYNES, K. (Org.) *Discourse and democracy. Essays on Habermas's Between Facts and Norms*. New York: State Universtity of New York Press. 2002.
KNEER, G. *Die Pathologien der Moderne. Zur Zeitdiagnose in der Theorie des kommunikativen Handelns von Jürgen Habermas*. Opladen: Westdeutscher, 1990.
KOCH, F. *Jürgen Habermas' Theorie des kommunikativen Handelns als Kritik von Geschichtsphilosophie*. Frankfurt am Main/Bern/New York: Lang, 1985.
KUHLMANN, W. Philosophie und rekonstruktive Wissenschaft. In: *Zeitschrift für philosophische Forschung*, 40m, 1986.
KUNSTMANN, W. *Gesellschaft, Emanzipation, Diskurs. Darstellung und Krik der Gesellschaftstheorie von Jürgen Habermas*. Munich: Wilhelm Fink Verlag, 1977.
KUPKA, TH. Habermas' diskurstheoretische Reformulierung des klassischen Vernunftrechts. *Kritische Justiz*, n.27, p.461-9, 1994.
LARMORE, Ch. Die Wurzeln radikaler Demokrati". *Deutsche Zeitschrift für Philosophie*, n.41, p.321-7, 1993.
LENK, H. Philosophische Logikbegrundung und Rationler Kritizismus. *Zeitschrift für philosophische Forschung*, v.24, n.2, p.183-205, 1970.
LOPES, A. C. *Norma e utopia*: a transformação da ética do discurso na teoria crítica de Seyla Benhabib. Campinas, 2019. Tese (Doutorado em Filosofia) – Instituto de Filosofia e Ciência Humanas, Universidade Estadual de Campinas.
LUKÁCS, G. *História e consciência de classe*. Trad. Rodnei Nascimento. São Paulo: Martins Fontes, 2003.

MANIN, B. Legitimidade e deliberação política. In: WERLE, D. L.; MELO, R. S., *Democracia deliberativa*. São Paulo: Esfera Pública, 2007. p.15-45.
MARCUSE, H. Algumas implicações sociais da tecnologia moderna. In: Kellner, D. (Org.). *Tecnologia, guerra e fascismo*. São Paulo: Editora Unesp, 1999.
MARX, K. *Grundrisse der Kritik der politischen Ökonomie*. Europäische Verlagsanstalt Frankfurt: Europa Verlag Wien, 1967.
_____. *O capital*. São Paulo: Abril Cultural, 1983. v.I.
MARX, K; ENGELS, F. *A ideologia alemã*. Rio de Janeiro: Civilização Brasileira, 2007.
MAUS, I. Liberties and Popular Sovereignty: On Habermas's Reconstruction of the System of Rights. In: BAYNES, K.; SCHOMBERG, R. (Ed.). *Essays on Habermas's "Between Facts and Norms"*. Albany: Suny, 2002.
MCCARTHY, T. *Critical Theory of Jurgen Habermas*. Cambridge: MIT, 1989.
MELO, R. S. Habermas e a estrutura "reflexiva" do direito. *Revista Direito GV*, v.1, n.1, p.67-78, 2005.
_____. A Teoria Crítica e os sentidos da emancipação. *Caderno CRH*, v.24, n.62, p.249-62, 2011a.
_____. *O uso público da razão*: pluralismo e democracia em Jürgen Habermas. São Paulo: Loyola, 2011b.
_____. *Marx e Habermas* – Teoria Crítica e os sentidos da emancipação. São Paulo: Saraiva, 2013.
MELO, R. S.; SILVA, F. G. Crítica e reconstrução em *Direito e democracia*. In: NOBRE, M.; REPA, L. *Habermas e a reconstrução*. Campinas: Papirus, 2012.
MILMAN, L. O argumento de Putnam contra o Sr. Skep. Por que Kant estava certo quanto à existência do mundo exterior?. *Revista Veritas*, v.46, n.1, p.131-52, 2001.
MOUFFE, C. Radical Democracy: Modern or Postmodern?. *Social Text*, n.21, p.31-45, 1989.
_____. *The democratic paradox*. London: Verso, 2000.
MULLER-DOOHM, S. *Das Interesse der Vernunft*. Rückblicke auf das Werk von Jürgen Habermas seit "Erkenntnis und Interesse". Frankfurt am Main: Suhrkamp, 2000.
NIESEN, P.; HERBORTH, B. (Orgs.) *Anarchie der kommunikativen Freiheit*. Frankfurt am Main: Suhrkamp, 2007.
NIQUET, M. *Teoria realista da moral*. São Leopoldo: Unisinos, 2003.
NOBRE, M. *Os limites da reificação*. São Paulo: Editora 34, 2001.
_____. *A teoria crítica*. Rio de Janeiro: Zahar, 2004.

NOBRE, M. Teoria crítica hoje. In: PERES, D. T et. al. (Orgs.). *Tensões e passagens*: crítica e modernidade – uma homenagem a Ricardo Terra. São Paulo: Singular, 2008a.

_____. (Org.). *Curso livre de teoria crítica*. Campinas: Papirus, 2008b.

_____. Reconstrução em dois níveis: um aspecto do modelo crítico de Axel Honneth". In: MELO, R. (Org.). *A teoria crítica de Axel Honneth*: Reconhecimento, liberdade e justiça. São Paulo: Saraiva, 2013. p.11-54.

NOBRE, M.; REPA, L. (Orgs). *Habermas e a reconstrução*: sobre a categoria central da teoria crítica habermasiana. Campinas: Papirus, 2012.

OUTHWAITE, W. *Habermas* – A Critical Introduction. Cambridge: Polity Press, 1994.

PEDERSEN, J. Habermas' method: rational reconstruction. *Philosophy of social sciences*, v.38, n.4, p.457-85, dec. 2008.

PETERS, B. On reconstructive legal and political theory. In: DEFLEM, M. (Ed.). *Habermas, Modernity, and Law*. London: Sage Publications, 1996.

PICHÉ, C. Entre la philosophie et la science: le reconstructionnisme herméneutique de J. Habermas. *Dialogue*, v.XXV, n.1, p.119-42, 1986.

PINZANI, A. *Diskurs und Menschenrecht – Habermas' Theorie der Rechte im Vergleich*. Hamburg: Verlag Dr. Kovac; Boethiana, 2000. (Forschungsergebnisse zur Philosophie, v.43).

_____. A teoria jurídica de Jürgen Habermas: entre funcionalismo e normativism". *Veritas*, v.46, p.19-28, 2001.

_____. *Habermas*. Porto Alegre: Artmed, 2009.

POLLOCK, F. A situação atual do capitalismo e as perspectivas de uma nova ordem de planificação econômica (1932). In: FLECK, A., CAUX, L. Ph. (Orgs.). *Crise e transformação estrutural do capitalismo*: artigos na Revista do Instituto de Pesquisa Social, 1932-1941. Florianópolis: Nefipo, 2019a.

_____. Observações sobre a crise econômica (1933". In: FLECK, A.; CAUX, L. Ph. (Orgs.). *Crise e transformação estrutural do capitalismo*: artigos na Revista do Instituto de Pesquisa Social, 1932-1941. Florianópolis: Nefipo, 2019b.

POWER, M. Habermas und das Problem der transzendentalen Argumentation. In: Müller-Doohm, S. *Das Interesse der Vernunft. Rückblicke auf das Werk von Jürgen Habermas seit "Erkenntnis und Interesse"*. Frankfurt am Main: Suhrkamp, 2000. p.242-73.

RAPIC, S. *Habermas und der Historische Materialismus*. Munich: Verlag Karl Alber, 2015.

REHG, W.; BOHMAN, J. Discourse and Democracy: The Formal and Informal Bases of Legitimacy in Between Facts and Norm". In: SCHOMBERG, J.; BAYNES, K. (Ed.). *Discourse and democracy*, 2002. p.219-45.

REPA, L. Filosofia como ciência reconstrutiva e as exigências da teoria crítica. In: PINZANI, A.; DUTRA, D. V. (Org.). *Habermas em discussão*. Florianópolis: Nefipo, 2005.

_____. A unidade da razão em Jürgen Habermas. In: PERES, D. T. (Org). *Justiça, virtude e democracia*. Salvador: Quarteto, 2006.

_____. *A transformação da filosofia em Jürgen Habermas*: os papéis de reconstrução, interpretação e crítica. São Paulo: Singular, 2008.

_____. Totalidade e negatividade: a crítica de Adorno à dialética hegeliana. In: *Caderno CRH*, v.24, n.62, p.273-84, 2011.

_____. Reconstrução da história da teoria: observações sobre um procedimento da *Teoria da ação comunicativa*.. In: NOBRE, M.; REPA, L. (Orgs.). *Habermas e a reconstrução*: sobre a categoria central da teoria crítica habermasiana. Campinas: Papirus, 2012.

_____. Reconstrução e crítica imanente: Rahel Jaeggi e a recusa do método reconstrutivo na Teoria Crítica. *Cadernos de filosofia alemã*, v.21, n.1, p.13-27, 2016.

_____. Compreensões de reconstrução. Sobre a noção de crítica reconstrutiva em Habermas e Celikates. *Trans-form-ação*, v.40, n.3, p.10-28, 2017a.

_____. Crítica da esquerda, crítica da razão: uma visão de conjunto sobre o pensamento de Horkheimer nos anos 1940. *Cadernos de filosofia alemã*, v.22, n.2, p.31-48, 2017b.

_____. The Human Rights between Morals and Politics: On Jürgen Habermas's Cosmopolitanism. In: OLIVEIRA, N.; HRUBEC, M.; SOBOTTKA, E. (Orgs.). *From Social to Cyber Justice. Critical Views on Justice, Law, and Ethics*. Porto Alegre/Prague: PUCRS/Filosofia, 2018. p.191-208.

_____. A essência da crítica: sobre o limiar da crítica imanente em Hegel. *Discurso*, v.49, n.2, p.269-85, 2019.

RORTY, R. "A historiografia da filosofia: quatro gêneros". In: RORTY, R. *Verdade e progresso*. Barueri: Manole, 2005.

_____. Verificationism and Transcendental Arguments. *Noûs*, v.5, p.3-14,1971.

ROUSSEAU, J-J. *Du contrat social*. Paris: Flammarion, 2001.

SCHEUERMAN, W. E. Between Radicalism and Resignation: Democratic Theory in Habermas's *Between Facts and Norms*. In: BAYNES, K.; SCHOMBERG, R. (Orgs.) *Discourse and democracy*: Essays on Habermas's Between Facts and Norms. New York: State University of New York Press, 2002.

SCHNÄDELBACH, H. *Philosophie in Deutschland 1831-1933*. Frankfurt am Main: Suhrkamp, 1999.

SCHÖNRICH, G. *Kategorien und transzendentale Argumentation. Kant und die Idee einer transzendentalen Semiotik*. Frankfurt am Main: Suhrkamp, 1981.

SEEL, M. Die zwei Bedeutungen "kommunikativer" Rationalität'. Bemerkungen zu Habermas' Kritik der pluralen Vernunft. In: HONNETH, A.;

JOAS, H. (Orgs.), *Kommunikatives Handeln*. Frankfurt am Main: Suhrkamp, 1986.

SILVA, F. G. *Liberdades em disputa*: a reconstrução da autonomia privada na Teoria Crítica de J. Habermas. Campinas, 2010 (Doutorado em Filosofia) – Instituto de Filosofia e Ciências Humanas, Universidade de Campinas.

STAHL, T. *Immanente Kritik. Elemente einer Theorie sozialer Praktiken.* Frankfurt am Main: Campus, 2013a.

_____. Habermas and the Project of Immanent Critique. *Constellations*, v.20. n.4, p.533-52, 2013b.

STRAWSON, P.F. *Individual. An Essay in Descriptive Metapysics.* New York: Doubleday, 1959. [Ed. bras.: *Indivíduos*: um ensaio de metafísica descritiva. São Paulo: Editora Unesp, 2019.]

STROUD, B. Transcendental Arguments. *The Journal of Philosophy*, v.65, n.9, p.241-56, 1968.

STRYDOM, P. *Contemporary Critical Theory and Methodology*. London/New York: Routledge, 2011.

TERRA, R. Notas introdutórias sobre sistema e modernidade: Kant e Habermas. In: *Passagens: estudos sobre a filosofia de Kant*. Rio de Janeiro: Editora UFRJ, 2003.

TEUBNER, G. *De Collisione Discursuum*. Communicative Rationalities in Law, Morality, and Politics. In: Rosenfeld, M.; Arato, A. (Ed.). *Habermas on Law and Democracy*. Berkeley: University of California Press, 1998. p.901-18.

TOMBERG, F. *Habermas und der Marxismus. Zur Aktualität einer Rekonstruktion des H-istorischen Marerialismus*. Würzburg: Königshausen & Neumann, 2003.

VOIROL, O. Teoria Crítica e Pesquisa Social: da dialética à reconstrução. *Novos Estudos Cebrap*, n.93, p.81-99, 2012.

WEBER, M. Zwischenbetrachtung: Theorie der Stufen und Richtungen religiöser Weltablehnung. In: _____. *Gesammelte Aufsätze zur Religionssoziologie*. v.I. Tübingen: Mohr, 1988.

WELLMER, A. *Ética y diálogo* – Elementos del juicio moral em Kant y en la ética del discurso. Barcelona: Anthropos, 1994.

_____. Consenso como *telos* da comunicação lingüística". *Novos Estudos Cebrap*, n.48, p.85-96, 1997.

WERLE, D. L. *Justiça e democracia. Ensaios sobre John Rawls e Jürgen Habermas*. São Paulo: Esfera Pública, 2008.

WIGGERSHAUS, R. *A escola de Frankfurt*. Rio de Janeiro: Difel, 2002.

WHITE, S. K. *Razão, justiça e modernidade* – a obra recente de Jürgen Habermas. São Paulo: Ícone, 1995.

SOBRE O LIVRO

Formato: 13,7 x 21 cm
Mancha: 23,7 x 42,5 paicas
Tipologia: Horley Old Style 10,5/14
Papel: Off-white 80 g/m^2 (miolo)
Cartão Supremo 250 g/m^2 (capa)
1ª edição Editora Unesp: 2021

EQUIPE DE REALIZAÇÃO

Edição de texto
Marcelo Porto (Copidesque)
Maísa Kawata (Revisão)

Capa
Negrito Editorial

Editoração eletrônica
Sergio Gzeschnik (Diagramação)

Assistência editorial
Alberto Bononi
Gabriel Joppert

Impressão e Acabamento